Hans-Jörg Schmidt
Tschechien

Hans-Jörg Schmidt

Tschechien

Eine Nachbarschaftskunde für Deutsche

Mit aktuellen Fotos von Björn Steinz

Ch. Links Verlag, Berlin

Die Deutsche Nationalbibliothek verzeichnet
diese Publikation in der Deutschen Nationalbibliografie;
detaillierte bibliografische Daten sind im Internet
über http://dnb.d-nb.de abrufbar.

3., aktualisierte und erweiterte Auflage, Mai 2010

Schönhauser Allee 36, 10435 Berlin, Tel.: (030) 44 02 32-0
www.christoph-links-verlag.de; mail@christoph-links-verlag.de
Umschlaggestaltung: KahaneDesign, Berlin,
unter Verwendung eines Fotos von der Karlsbrücke in Prag
(dpa-Picture-Alliance) sowie dreier Fotos von Björn Steinz
Satz: Nadja Rein, Berlin
Druck und Bindung: Druckerei F. Pustet, Regensburg

ISBN 978-3-86153-591-1

Inhalt

Für Libuše

1 Praha – Prag
2 Středočeský kraj – Mittelböhmischer Bezirk
3 Plzeňský kraj – Bezirk Plzeň (Pilsen)
4 Karlovarský kraj – Bezirk Karlovy Vary (Karlsbad)
5 Ústecký kraj – Bezirk Ústí nad Labem (Aussig)
6 Liberecký kraj – Bezirk Liberec (Reichenberg)
7 Královéhradský kraj – Bezirk Hradec Králové (Königgrätz)
8 Pardubický kraj – Bezirk Pardubice (Pardubitz)
9 Olomoucký kraj – Bezirk Olomouc (Olmütz)
10 Moravskoslezský kraj – Bezirk Mährisch-Schlesien
11 Zlínský kraj – Bezirk Zlín (Zlin)
12 Jihomoravský kraj – Südmährischer Bezirk
13 Vysočina – Bezirk Vysočina (Böhmisch-mährische Hochebene)
14 Jihočeský kraj – Südböhmischer Bezirk

Brno – Brünn
Ceské Budějovice – Budweis
Dečin – Tetschen
Hradec Králové – Königgrätz
Karlovy Vary – Karlsbad
Labe – Elbe
Morava – March
Olomouc – Olmütz
Ostrava – Mährisch-Ostrau
Plzen – Pilsen
Ústí nad Labem – Außig an der Elbe
Vltava – Moldau

Basisdaten Tschechische Republik (2009)

Fläche: 78 866 km², damit etwas größer als Bayern
Einwohner: 10,51 Mio. = 133 je km², etwa so viele wie Baden-Württemberg
Ausländeranteil: 3,8 %, darunter 126 000 Ukrainer, 72 000 Slowaken, 56 000 Vietnamesen, 24 500 Russen, 21 000 Polen und 110 000 aus anderen Staaten (legal mit ständigem Aufenthalt oder langfristigem Visum)
Geburtenrate: 11 / 1000 Einwohner (2009) (Deutschland: 7,9 / 1000)
Kinder je Frau: 1,4 (Deutschland: 1,37)
Lebenserwartung: Männer 74,1 Jahre; Frauen 80,5 Jahre (Deutschland: Männer 77,6 Jahre; Frauen 82,3 Jahre)
Hochzeiten: 52 457 (2008)
Scheidungen: 31 300 (2008)
Religiöse Zugehörigkeit: 30 % christlich Gebundene, 59 % Konfessionslose, 3 % sonstige
Hauptstadt: Praha (Prag), 1,3 Mio. Einwohner
Amtssprache: tschechisch
Gliederung: 14 Bezirke, einschließlich der Hauptstadt Prag
Grenzlänge: mit Deutschland 810 km, mit Polen 761 km, mit Österreich 466 km, mit der Slowakei 252 km
Längste Flüsse: Vltava (Moldau) 440 km, Labe (Elbe) tschechischer Teil 370 km
Höchster Berg: Snezka (Schneekoppe) 1602 m
Währung: Euro
Bruttoinlandsprodukt je Einwohner: 13 097 Euro, das entspricht 82 % des EU-Durchschnitts (2008)
Beschäftigungsgrad: 65,2 % (EU 64,8 %, Deutschland 71,0 %)
Arbeitslosigkeit: 7,3 %
Langzeitarbeitslosigkeit: 2,5 %
Inflationsrate: 1,0 %
Exportgüter: KFZ und KFZ-Teile, Maschinen
Importgüter: Elektronik, Chemikalien und chemische Erzeugnisse

Quellen: Tschechisches Statistisches Amt (ČSU), UniCredit, CEE Quarterly 3/2008, Statistisches Bundesamt, Auswärtiges Amt

Einleitung

Häufig genug hatte ihm früher die angeschlagene Gesundheit auch bei Feierlichkeiten einen Strich durch die Rechnung gemacht. Fünf Jahre in kommunistischer Haft haben bei Václav Havel Spuren hinterlassen. Doch am 14. November 2009 war der Held der Samtenen Revolution, der spätere tschechoslowakische und tschechische Präsident, nicht nur putzmunter, sondern auch bester Laune. Er hatte in die frühere St.-Anna-Kirche eingeladen, um an den Beginn der friedlichen Revolution in seinem Land vor zwanzig Jahren zu erinnern.

Die Kirche in der Prager Altstadt ist eine Begegnungsstätte der Stiftung Havels und seiner zweiten Ehefrau Dagmar und gab einen würdigen Rahmen für ein Gala-Konzert. Mit Künstlern, die, wie Havel betonte, »in die Freiheit verliebt sind, in der dunkelsten Epoche mit uns solidarisch waren, und dies noch heute sind«: Joan Baez, Suzanne Vega, der Altrocker Lou Reed oder die amerikanische Sopranistin Renee Fleming. Mick Jagger hatte sich eigentlich auch einfinden wollen, aus persönlicher Freundschaft zu Havel, grüßte dann aber immerhin per Videoaufzeichnung. Wie auch Angela Merkel, der Dalai Lama, Barack Obama, Michail Gorbatschow, Peter Gabriel, Bob Geldof und Bono Vox. Sie alle würdigten die Ereignisse vor zwanzig Jahren, »die die ganze Welt inspiriert und dabei geholfen haben, die Freiheit in ganz Europa zu verbreiten«, wie es der US-Präsident formulierte.

Erstmals lenkte auch Havels Nachfolger auf der Prager Burg, Václav Klaus, seine Schritte in die St.-Anna-Kirche. Havel hatte dem Vernehmen nach lange überlegt, ob er Klaus einladen sollte. Immerhin waren unter den Gästen viele frühere Signatare der Bürgerrechtsbewegung Charta 77 wie Jiří Dienstbier, Petr Pithart oder Michal Kocáb gewesen. Klaus hatte denen in einer über Jahre andauernden Polemik die Rolle abgesprochen, die wichtigsten Protagonisten beim Niedergang des alten Regimes gewesen zu sein. Es seien vielmehr »die gewöhnlichen Bürger« mit ihrem »passiven Leben« gewesen, die die Grundlagen für die Samtrevolution gelegt hätten. Havel überwand am Ende seinen Widerwillen und lud Klaus ebenfalls ein. Und dieser konnte sich einer Ehrerbietung für Havel schlecht verweigern: Ungeachtet allen Streites sei für ihn eines klar, sagte Klaus: »Die Ereignisse, die sich vor zwanzig Jahren abgespielt haben, sind mit einer Person verbunden – meinem Vorgänger im Präsidentenamt. Ich möchte ihm für alles, was er für die Wiedererlangung unserer Freiheit getan hat, danken.« Einen versöhnlichen Händedruck zwischen beiden gab es dennoch nicht.

Der obligatorische Seitenhieb des amtierenden Präsidenten Klaus traf diesmal andere: die Organisatoren der ausufernden Feiern zum Jahrestag des Mauerfalls in Berlin. »Wir sind anders als die Deutschen«, sagte Klaus und spielte auf den kleinen Rahmen dieses Prager Konzerts an. Dabei übersah er, dass die Regie für das Konzert bei Havel gelegen hatte, mitnichten bei ihm. Die Prager Burg hatte überhaupt keine Feier zum Jahrestag der Revolution anberaumt. Und beim Wort »wir« mussten zahlreiche Gäste auch aus einem noch gewichtigeren Grund schmunzeln: Klaus selbst hatte nicht zu denen gehört, die damals ganz oben auf der Barrikade standen. Es blieb einem Studentenführer von 1989 vorbehalten, in einer kurzen Ansprache zu betonen, dass beileibe nicht alle Hoffnungen von einst in den Jahren danach umgesetzt worden seien. Und jeder wusste, dass diese Worte an Klaus gerichtet waren.

Die Bilder von einst, vom Wenzelsplatz oder dem Prager Letna-Hügel, wo Hunderttausende dem Regime mit Schlüsselbunden in den Händen das Sterbeglöckchen geläutet hatten, riefen während des Konzerts in der Prager St.-Anna-Kirche die aufregenden und alle Welt bezaubernden Tage der Revolution in Erinnerung. Dagmar Havlová und der in Prag gebürtigen früheren US-Außenministerin Madeleine Albright traten die Tränen in die Augen, als Joan Baez »We shall overcome« anstimmte. Lou Reed und Renee Fleming intonierten in einem faszinierenden Duett Reeds »Perfect day«. Den abschließenden Gospelsong »Oh freedom« widmeten Havel und seine Gäste all denen auf der Welt, die heute noch in Unterdrückung leben müssen.

Die Presse begrüßte die Wertschätzung Klaus' gegenüber Havel. Der Journalist Zbyněk Petráček lobte in der konservativen

Tageszeitung *Lidové noviny:* »Es ist wahr, dass die kommunistische Doktrin schon lange vor dem 17. November tot und die kommunistische Macht schwach war und die Menschen aufhörten, sie zu fürchten. Aber es ist nicht wahr, dass die Dissidenten an ihrer Beseitigung nicht den Löwenanteil hatten. Klaus hat jetzt die individuelle Rolle Havels anerkannt, was gut ist. (...) Doch die Realität ist vielschichtiger: Die tschechoslowakischen Dissidenten haben das Regime nicht besiegt, sie gaben aber dem Sieg und den zwanzig Jahren, die wir jetzt bilanzieren, ihr Gesicht. (...) Bei der Ausübung der Macht versagten sie, (...) doch es wäre zu einfach, das Ethos zu vergessen, das sie der Gesellschaft einpflanzten.«

Die Öffentlichkeit aber nahm dem amtierenden Präsidenten Klaus seine Lobpreisung Havels nicht ab. Als Klaus am 17. November 2009 an der Gedenktafel für den Marsch der Studenten in der Nationalstraße von Prag Blumen niederlegte, empfingen ihn neuerlich verbale Proteste. Die richteten sich jedoch zugleich gegen die lange Verzögerungstaktik des Präsidenten vor seiner Unterschrift unter den EU-Reformvertrag von Lissabon. Auf der anderen Seite waren auch Unterstützer des Präsidenten in die Nationalstraße gekommen. Klaus selbst versuchte den Spieß dann umzudrehen: »Die Pfiffe gegen mich sind ein Ausdruck der Demokratie.« Es sei ein großer Sieg, dass es heute möglich sei, die Stimme gegen den Präsidenten zu erheben. Klaus kam zugleich noch einmal auf das Konzert Havels zurück. Das sei »ohne Freude« über die Bühne gegangen. Dabei habe es schließlich etwas zu feiern gegeben. »Ich hatte aber den Eindruck, dass ich am falschen Platz war. Dort herrschte ein Gefühl der Frustration und der schlechten Laune.«

Während Klaus den Feiernden in Prag schlechte Laune attestierte, sahen Beobachter ein ganz anderes Bild. Zehntausende jubelten beispielsweise am Abend des 17. November in der Prager Nationalstraße Václav Havel zu, als der zu Beginn eines Rockkonzertes gemeinsam mit Joan Baez auf der Bühne erschien. Ganz Prag schien neuerlich einer Havelmanie zu unterliegen. In einer Umfrage nach der Persönlichkeit der Revolution und der nachrevolutionären Jahre in Tschechien, die von einer Zeitung in Auftrag gegeben worden war, lief Havel Klaus klar den Rang ab.

Im Umfeld des Jahrestages des Beginns der Samtrevolution liefen noch einmal nahezu pausenlos die Bilder jener Tage über die

Bildschirme der Fernsehstationen. Die Zeitungen brachten Sonderveröffentlichungen, die an die Tage der Revolution erinnerten. Und noch einmal Havel: In einer Fernsehansprache zog er Bilanz seit 1989 und machte sich Gedanken darüber, wie Tschechien in der Zukunft aussehen werde: »Werden wir in den kommenden zwanzig Jahren weiter vorankommen? Ich glaube ja. (...) Vor zwanzig Jahren habe ich gesagt, dass unser Land nicht blüht. Das könnte ich heute nicht sagen. Aber es blüht häufig sehr seltsam. (...) Wir ziehen keine Lehren, wiederholen jene Fehler, die andere längst begangen haben. Wir wollen ein Spiel spielen, fürchten uns aber davor, Spielregeln aufzustellen. Der Anstand nimmt ab, es wird gestohlen, und wenn jemand sagt, dass man nicht stiehlt, wird er ausgelacht. Aber auch unsere Gesellschaft blickt nach vorn, wird sich schrittweise ändern. Und dazu brauchen wir zum Glück keine Revolution mehr. Im Jahre 2029 werden wir weiter sein. Wahrheit und Liebe müssen siegen über die Lüge und den Hass.«

Spätestens an dieser Stelle wird klar, dass es sich hier um ein durchaus politisches Buch handelt, und das aus gutem Grund: Die Tschechen sind ein sehr politisches Volk. Das hat mit ihrer wechselvollen Geschichte zu tun, in der sie lange in fremde Einflussbereiche eingebunden waren. 300 Jahre lang waren sie Teil der österreichisch-ungarischen Monarchie, von 1939 bis 1945 litten sie unter der nationalsozialistischen Besatzung Böhmens und Mährens, von 1948 an waren sie mehr als vierzig Jahre Bestandteil des Ostblocks. Eine Ausnahme bildete die Zeit der Selbstbestimmung in der ersten Tschechoslowakischen Republik zwischen 1918 bis 1938. Die Jahrhunderte währende Fremdbestimmung bis hin zur Bedrohung der eigenen nationalen Identität prägte Verhalten und Mentalität. Um als kleine Nation an der Kreuzung Europas kulturell überleben zu können, mussten sich die Tschechen als anpassungsfähig, findig und innerlich unabhängig erweisen und Obrigkeiten die Stirn bieten.

Besonders schwierig gestaltete sich lange das Verhältnis zu den großen deutschen Nachbarn. Man sollte sich an das Münchner Abkommen zur Zerschlagung der Tschechoslowakei, an das NS-Ghetto Theresienstadt, an das dem Erdboden gleich gemachte Lidice, aber auch an den zerschlagenen Prager Frühling 1968 erinnern, wenn man als Deutscher in Tschechien nicht gleich mit offenen Armen empfangen wird. Andererseits bot das alte Westdeutschland über vierzig Jahre Tausenden Tschechen Zuflucht vor dem kommunistischen Regime in Prag. Und es waren die Deutschen aus der DDR, die 1989 über die Prager Botschaft den Weg in die Freiheit suchten und den Tschechen damit den letzten Anstoß für ihre eigene Revolution gaben. Havel hat das Verhältnis der Tschechen zu den Deutschen einmal als »Inspiration, aber zugleich auch Schmerz« bezeichnet. Dieses Buch versucht zu erklären, was Havel bei diesen Worten im Sinn hatte. Aber es bietet auch den Blick in den Alltag und auf die Marotten der Tschechen. Ich zehre beim Schreiben vor allem von meinen eigenen Begegnungen mit dem Nachbarland, in dem ich nicht nur seit 1990 lebe und arbeite, sondern das mir zur zweiten Heimat geworden ist.

Von welchem Land reden wir hier eigentlich?

Glauben die Tschechen ihren Sportlern bei internationalen Meisterschaften, dann leben sie nicht in der Tschechischen Republik oder in Tschechien. Zuletzt wieder bei den Olympischen Spielen in Vancouver prangte am Wettkampfanzug der Doppelolympiasiegerin im Eisschnelllauf Martina Sábliková anstelle der Landesbezeichnung die Aufschrift »Czech Team« (Tschechische Mannschaft). Nicht nur Sprachexperten kommen aus dem Kopfschütteln nicht heraus. Offiziell heißt unser Nachbarland *Česká Republika* (Tschechische Republik). Aber diese umständliche Formulierung benutzt kaum jemand im Alltag. So wie keinem Franzosen einfallen würde, vom einstigen »Königreich Frankreich«, vom »Kaiserreich Frankreich« oder von der »Republik Frankreich« zu reden. Immer war und bleibt Frankreich »Frankreich«. Doch so einen griffigen Kurznamen wie die Franzosen haben die Tschechen für ihre Heimat auch nach nunmehr 17 Jahren staatlicher Eigenständigkeit nicht. Der ehemalige Außenminister Jozef Zieleniec mag das geahnt haben. Als er kurz nach Entstehung der Tschechischen Republik 1993 von amerikanischen Journalistenkollegen gefragt wurde, wie das neue staatliche Kind denn nun heißen solle, zuckte er nur mit den Schultern: »Vielleicht Czechlands oder auch Czechia.«

Das Außenministerium wies zwar die diplomatischen Vertreter Prags im Ausland an, im Notfall das Kürzel *Česko* zu benutzen. Dem von der Profession her mit der Sprache vertrauten Václav Havel drehte sich bei dieser Wahl aber der Magen um, wie er sagte. Ihm sei so, als würden Schnecken über seinen Körper kriechen. Die Sprachkommission, die dem Außenministerium zuarbeitete, legte für *Česko* auch gleich die Übersetzungen fest: englisch »Czechia«, deutsch »Tschechien«, französisch »Tchequie« oder italienisch »Cechia«. Nicht nur Havel mag das nicht. Die Mehrheit der Tschechen wehrt sich dagegen. Einige sagen, die englische Version »Czechia« erinnere zu sehr an Balkan-Staaten (Bulgaria oder Serbia). Sie hätten lieber »Czechlands« nach dem Muster der Niederlande, das die Briten »Netherlands« nennen. Überdies sei »Czechia« auch leicht mit »Czeczenia« (Tschetschenien) zu verwechseln.

Mit *Česko* ist es auch deshalb nicht so leicht, weil sich da die Menschen im mährischen und mährisch-schlesischen Landesteil ausgebootet fühlen. *Česko* steht nämlich nicht nur für das ganze Land, also für »Tschechien«, sondern auch für Böhmen, also nur für einen Teil des Landes, auch wenn es sich dabei um den größten handelt. An diesem Punkt wird es dann naturgemäß heikel für die Mährer und Schlesier. Sieht man von einigen sprachlichen Besonderheiten ab, die aber eher dem Dialekt zuzuordnen sind, sprechen die Menschen dort natürlich nicht mährisch oder mährisch-schlesisch, sondern tschechisch.

Mehr noch: Die meisten Sprecher und Moderatoren in Hörfunk und Fernsehen kommen aus dieser Ecke des Landes, weil man dort das reinste Tschechisch spricht. Rufen in Prag Bekannte oder Kollegen aus Mähren an, wundern die sich häufig, weshalb man schon am ersten Wort erkennt, dass am anderen Ende Brno (Brünn) oder Olomouc (Olmütz) ist. Sosehr der Prager selbst kräftig mit der Sprache schludert, so hat er doch ein Ohr dafür, wenn sich jemand eines fast dialektfreien Tschechisch bedient. Aber die Mährer sind auch traditionsbewusst und fühlen sich immer von den Tschechen ein bisschen zurückgesetzt. Und die machten sich ewig einen Spaß daraus, die im Osten des Landes lebenden Mitbürger zu foppen. Zu Zeiten der Tschechoslowakei etwa bestand die Nationalhymne aus zwei Teilen, einem tschechischen und einem slowakischen. Böse Zungen sagten damals gern, die kurze Pause dazwischen sei der mährische Part. In der Phase der Teilung des tschechischen vom slowakischen Landesteil 1992/93 gab es denn auch ernsthafte Bestrebungen – glücklicherweise nur kleiner Gruppen –, auch einen eigenen mährischen Staat zu errichten.

Deutsche sollten sich bemühen, im Gespräch mit den Nachbarn nicht von der »Tschechei« zu reden. Obwohl dieser Begriff gleich nach der tschechoslowakischen Staatsgründung 1918 aufkam und anfangs völlig unverfänglich war, ist er seit der Kriegszeit negativ besetzt. Er erinnert die Tschechen daran, dass Hitler nach der Einverleibung des Sudetenlandes geringschätzig von der »Rest-Tschechei« sprach. Als ein bayerischer Staatsminister Mitte der 1990er Jahre in Prag in einer kleinen Journalistenrunde etwas ahnungslos und unbedacht das Wort »Tschechei« in den Mund nahm, verließ ein tschechischer Zeitungskollege empört den Raum, nicht ohne vorher dem Gast aus München ordentlich die Meinung gegeigt zu haben. »Tschechien« zu sagen ist für Deutsche also eine Frage des Anstands.

»Tschechien«, das in den deutschsprachigen Ländern als inoffizielles Kürzel üblich ist, wurde keineswegs unmittelbar nach der Teilung der Tschechoslowakei am 31.12.1992 vom österreichischen Rundfunk (ORF) »erfunden«, wie oft behauptet wird und wie selbst die meisten Tschechen vermuten. Diese Bezeichnung geht auf die österreichisch-ungarische Monarchie zurück und ist bereits 1876 belegt. In Wien orientierte man sich seinerzeit an Landesbezeichnungen wie »Kroatien« oder »Slawonien«.

Bei all diesem Kauderwelsch um den Kurznamen der Tschechischen Republik war es kein Wunder, dass sich 2003 die Sprachenkommission der UNO offiziell über die Tschechen beschwerte und einen klaren Kurznamen verlangte. Pikanterweise fand die Tagung jenes Gremiums damals ausgerechnet in Prag statt.

Beim Blick über die Grenze, in die Slowakei, können sich die Tschechen aber bequem zurücklehnen. Peinlichkeiten größerer Art, wie sie etwa dem früheren US-Präsidenten George W. Bush unterliefen, der die Slowakei mit Slowenien verwechselte, müssen sie nicht befürchten.

Was weiß der Durchschnittsdeutsche über die Tschechen?

Vergleicht man die Nachbarn Deutschlands nach der Länge der gemeinsamen Grenze mit der Bundesrepublik, dann liegt Tschechien ganz knapp hinter Österreich an zweiter Stelle. Dem Durchschnittsdeutschen dürfte aber erheblich mehr zu den Österreichern einfallen als zu den Tschechen. Gäbe es nicht das unverwüstliche Goldkehlchen Karel Gott, das Model Eva Herzigová, Fußballstars wie Tomáš Rosický, Jan Koller oder Pavel Nedvěd, Speerwerf-Olympiasieger Jan Železný, Zehnkampf-Weltrekordler Roman Šebrle, das Laufwunder Emil »Lokomotive« Zátopek, die einstige Turnkönigin Věra Čáslavská, die Tennislegenden Martina Navrátilová und Ivan Lendl, die Sex-Göttin und fast tschechische EU-Abgeordnete Dolly Buster oder den »braven Soldaten« Schwejk, dann hätte mancher kaum ein konkretes tschechisches Gesicht vor Augen. Kunstinteressierten fallen sicher noch Oscar-Regisseure wie Jiří Menzel und Miloš Forman ein, die Schauspielerin Dana Vávrová, die Komponisten Bedřich Smetana, Antonín Dvořák oder, schon mit Abstrichen, Leoš Janáček, Schriftsteller wie Bohumil Hrabal oder Pavel Kohout. Doch wer erinnert sich schon an den Lyriker Jaroslav Seifert, der den Literatur-Nobelpreis erhielt? Milan Kundera lebt und schreibt seit ewigen Zeiten in Paris und meidet seine tschechische Heimat. Und Franz Kafka wurde vor ein paar Jahren in einer Umfrage unter Lesern der Tageszeitung »Die Welt« zum wichtigsten »deutschen« Autor aller Zeiten gewählt. Bedenkt man, wie stiefmütterlich die Tschechen mit diesem deutsch-, aber auch tschechischsprachigen Prager Juwel eigentlich bis heute umgehen, eine geradezu folgerichtige Entscheidung. Václav Havel, Dissident, Dichter, Nachwendepräsident der Tschechoslowakei und später erstes Staatsoberhaupt der Tschechen, ist heute unter den Deutschen der bekannteste tschechische Politiker. Er erlangte seine allgemeine Berühmtheit aber auch erst nach 1989. Freilich unterscheiden sich die Deutschen in seinem konkreten Fall kaum von Havels Landsleuten. Die forderten zwar nach dem 17. November 1989, als die »Samtrevolution« begann, sehr schnell in einem kollektiven Aufschrei, Havel solle »auf die Burg«, also Präsident werden. Ihr Wissen über Havel hielt sich aber in Grenzen, so sie nicht aus dem kleinen Kreis der Bürgerrechtler stammten. Kein Wunder, dass es eine der ersten Aufgaben im Spätherbst des Umbruch-Jahres war, hurtig eine Biografie des neuen Staatsoberhauptes zu schreiben und zu drucken, und das in möglichst hoher Auflage.

Die »kulinarischen« Kenntnisse über die Tschechen sind sicher etwas größer. Viele Deutsche mögen deren National-Beilage Knödel und Pilsner Bier, das aus der gleichnamigen westböhmischen Stadt seinen Siegeszug um die ganze Welt antrat. Becherovka-Likör dürfte auch ein Begriff sein. Manches ist freilich auch etwas irritierend. Als ich mich in einem Tschechisch-Crashkurs auf Prag vorbereitete, gehörten gängige Speisekarten zu den wichtigsten Lernvorlagen. Schließlich wollte ich in meiner neuen Heimat weder verhungern noch verdursten. Als ich dort aber Gerichte mit den Namen *smažený hermelín* (Gebackener Hermelin) oder *španělsky ptáček* (Spanischer Vogel) fand, zweifelte ich ein wenig daran, es mit einem mitteleuropäischen Kulturvolk zu tun zu bekommen. In Prag wurde ich dann aber schnell aufgeklärt: Der *hermelín* ist mitnichten ein im heißen Fett dem Tode geweihtes Pelztier, sondern ein Camembert, und hinter dem spanisch daherkommenden Vogel verbirgt sich nichts anderes als eine Rindsroulade, wie sie auch jedes gutbürgerliche Restaurant in Deutschland anbietet.

Natürlich wabern auch reichlich Klischees über »die Tschechen« durch die Köpfe mancher Deutscher. Ein Westdeutscher, der vor 1989 mal seinen Mercedes bei unseren Nachbarn zu Schrott fuhr, hat mit Sicherheit die Fingerfertigkeit tschechischer Monteure schätzen gelernt, die das teure Stück schnell wieder flott bekamen. Auch die Tschechen selbst sind von ihren »goldenen Händen« zutiefst überzeugt und stützen damit das Klischee über sich. Das rührt noch aus der Zeit der Monarchie her, deren industriell entwickelter Teil die böhmischen Länder waren, wo man die Werte schuf, »während man in Wien regierte und in Budapest tanzte«, wie es bis heute heißt. Wie ernst man das nimmt, zeigte mir ein Besuch im südböhmischen Atomkraftwerk

Temelín, das von Beginn an den Zorn der Österreicher auf sich gezogen hatte. Die Arbeiter dort sprachen den österreichischen Kritikern des AKW jede fachliche Befähigung ab. Die Österreicher hätten, ganz im Gegensatz zu den Tschechen, noch nie etwas von »richtiger Arbeit« verstanden und könnten unmöglich beurteilen, was da unter »goldenen tschechischen Händen« für ein Schmuckstück des technologischen Fortschritts entstanden sei.

Es gibt auch Klischees über die Tschechen, die erst nach der »Samtrevolution« entstanden sind. An denen haben die in Prag akkreditierten Journalisten keinen geringen Anteil. Drei längere Berichte über betrügerische Taxifahrer in Prag reichten, damit das Thema in allen danach erschienenen Reiseführern Aufnahme fand. Da wurde dann freilich schnell ein vernichtendes Pauschalurteil über das komplette Gewerbe getroffen, das die Wahrheit verzerrt. Natürlich sind auch in Prag die ehrlichen Taxi-Kutscher in der Mehrheit. Gehörig auf den Magen schlägt den Tschechen, dass man in deutschen Medien immer wieder über das Thema Prostitution redet und das Land als neues Paradies für deutsche Pädophile hinstellt. Das Fass zum Überlaufen brachte der »Tatsachenbericht« einer deutschen Hilfsorganisation, der mit großem Pomp in Berlin veröffentlicht wurde und für blankes Entsetzen sorgte. Angeblich würden den deutschen Kinderschändern in Tschechien sogar Kleinkinder durch die Autofenster zum Missbrauch gereicht, obwohl es dafür keine glaubwürdigen Belege gab. Logisch, dass sich die Tschechen da kollektiv gedemütigt fühlten. Unverantwortlich ist, dass vorzugsweise private deutsche Fernsehstationen immer wieder gern mit Berichten aus der tschechischen Grenzregion vermeintlich Bedauern über das traurige Schicksal der Prostituierten vorspielen. In Wahrheit geht es ihnen darum, halbnackte Mädchen zu filmen, weil sich das gut verkauft und die Einschaltquoten hebt. Beim unbedarften Zuschauer muss der Eindruck entstehen, dass vor seiner Haustür Sodom und Gomorrha fröhliche Auferstehung feiern.

Gern bedienen sich deutsche Medien auch des Bildes vom tschechischen Schwejk. Das Problem dabei: Diese Figur, die einem auch in grandiosen Verfilmungen mit Rudolf Hrušínský oder Heinz Rühmann ans Herz wachsen musste, lässt sich überaus verschieden deuten. Die von Jaroslav Hašek geschaffene Kunstfigur Schwejk ist der kleine Mann von der Straße, der geschwätzig

Jaroslav Hašeks weltberühmte Figur des »braven Soldaten« Schwejk am Ortseingang von Lipnice nad Sázavou.

Loyalität vorgibt, den Deppen spielt und das leere Pathos der Monarchie und besonders deren Militärapparat auf die Schippe nimmt. Phrasen und Befehle gibt er der Lächerlichkeit preis, indem er sie anscheinend oder tatsächlich ernst und wörtlich nimmt und sie bis ins Detail ausführt. Er ist Feigling und tapferer Mensch zugleich, wirklicher Idiot und doch auch augenzwinkernder, raffinierter Kämpfer. Und er sonnt sich in seiner unerschütterlichen Überlegenheit gegenüber der Sinnlosigkeit des Ersten Weltkrieges und reibt sich an seinen »Herrschaften«, indem er sie immer wieder unnachahmlich austrickst. In Hašeks Roman gibt es keine häufigere Situation als das »Melde gehorsamst!«. Auch wenn der, der da meldet, in Wahrheit den Gehorsam verweigert, in jedem Fall meldet er – zur Freude seiner Vorgesetzten, die gar nicht begreifen, dass sie vorgeführt werden. Die von Schwejk meisterhaft beherrschte Abwehrtaktik des kleinen Mannes gegenüber der Obrigkeit hat die Monarchie überlebt. Auch der ČSR begegnete er mit Misstrauen und Skepsis. Und selbst nach 1989 verhielten sich viele Tschechen wie Schwejks. Die Umstellungen liefen bei ihnen im Vergleich zu anderen Reformländern wie Polen und Ungarn viel härter ab. Man musste den Tschechen keine großen Anleitungen geben, wie sie sich zu ändern hatten. Sie machten am Ende doch, was sie wollten, ließen sich nicht verbiegen, hörten nur selten auf das, was die politische Elite ihnen vorbetete. Und sie sind damit nicht schlecht gefahren. Das ist vielleicht der wichtigste Unterschied Tschechiens zu den anderen Staaten aus dem ehemaligen sowjetischen Machtbereich. Der frühere EU-Erweiterungskommissar Günter Verheugen hat die Tschechen »das wohl skeptischste Volk Europas« genannt. Besser trifft wohl die Einschätzung des früheren Dissidenten, langjährigen Botschafters und Chefs des Internationalen PEN-Clubs, Jiří Grušas, der den Durchschnittstschechen einen »nörgelnden Optimisten« nannte. »Die Zustände sind zwar schlecht, er selbst aber ist gut – oder besser als diese.«[1]

Zugegeben erregt eine Zeitungsüberschrift wie »Jetzt sind auch die Schwejks in der NATO« besondere Aufmerksamkeit beim Leser. Aber sie ist höchst ungerecht. Die tschechische Armee ist nämlich alles andere als ein Verein von Simulanten und Fußlahmen. Im Gegenteil: Die im nordböhmischen Liberec (Reichenberg) stationierte Truppe zur Bekämpfung von atomaren, chemischen und biologischen Waffen beispielsweise gehört zum absolut Besten, was die NATO aufbieten kann.

Prag – Mutter aller Städte

Wo die Stadt am schönsten ist

Eigentlich ist es völlig sinnlos, der tschechischen Metropole in wenigen Zeilen gerecht werden zu wollen. Auch der knappste Formulierer, der sich ohne wirkliche Sympathie für Prag (was gar nicht geht, wenn man diese Stadt einmal gesehen hat) an diese Aufgabe machte, würde irgendwann ermattet kapitulieren. Selbst wenn ich nur kurz und bündig meine Lieblingsplätze aneinander reihen wollte, käme ich in Schwierigkeiten. Also muss eine Auswahl her. Doch was lässt man weg?

Die Karlsbrücke vielleicht, weil die, mit der majestätischen Burg im Hintergrund, eh fast jeder vom Foto her kennt? Nein, unmöglich. Mich macht die berühmte gotische Moldauquerung von 520 Metern Länge und zehn Metern Breite, die Karl IV. beim deutschen Baumeister Peter Parler in Auftrag gegeben hatte, damit er nach dem Zusammenbruch der Vorgängerbrücke wieder trockenen Fußes von der Altstadt auf die Burg käme, immer ein bisschen traurig. In all den Jahren, die ich in Prag lebe, ist es mir nämlich nie gelungen, die Brücke einmal ganz für mich allein zu haben. Nicht einmal im November, wenn Nebelschwaden Brücke und Stadt in weiches Licht rücken. Selbst dann, nachts um drei, umhalst sich irgendwo im Schatten der barocken Statuen, die die Brücke säumen, ein Liebespaar, in Ermangelung geeigneter vier Wände oder einfach wegen der besonderen Atmosphäre. Die haben in den letzten Jahren vor allem vermehrt Japaner für sich entdeckt, die zum Heiraten nach Prag kommen und dann zur Statue des heiligen Nepomuk pilgern, um ihn mit ihren frisch beringten Händen zu berühren, was Glück bringen soll. Aber auch »normale« Touristen stehen Schlange, ohne recht zu erahnen, welch trauriges Schicksal den einstigen Generalvikar Johannes von Pomuk ereilte. Er wurde nämlich auf Geheiß des cholerischen Königs Václav IV. mit einem Sack über dem Kopf schlichtweg von der Brücke in die Moldau geworfen, angeblich,

Die Moldaubrücken von Prag; in der Mitte die Karlsbrücke.

weil er das süße Beichtgeheimnis der etwas leichtlebigen, sprich untreuen Königin Sophie nicht preisgeben mochte. Diese Story ist zwar rührend, aber leider nur erdacht. In Wahrheit musste der Nichtschwimmer Nepomuk kläglich ersaufen, weil er gegen den Willen des weltlichen Herrschers einen neuen Abt in sein Amt eingeführt hatte. Die andere Geschichte ist gewiss hübscher. Wer könnte besser Schutzpatron für Verliebte sein, als ein Geistlicher, der für wahre Liebe so viel Verständnis aufgebracht hat. Und wer bei seinem Gang über die Brücke zufällig gerade nicht in einen anderen Menschen verliebt ist, der verliebt sich mit Sicherheit in den Anblick, den er von der *Karlův most,* wie sie im Original heißt, auf die Burg, die Kleinseite oder die Altstadt hat.

Oder schweige ich über die eben erwähnte Burg? Undenkbar! Wallenstein war sie ein solcher Dorn im Auge, dass er direkt unterhalb sein gewaltiges Palais errichten ließ, um »denen da oben« seine Macht zu demonstrieren. Heute sitzt der Senat, die zweite Kammer des Parlaments, im Wallenstein-Palais und streitet sich, je nach politischer Zusammensetzung, auch mal mit dem Präsidenten hoch oben auf der Burg, tschechisch *hrad.*

Blick auf die Prager Burg mit dem Veits-Dom.

Ein anderer Zwist spielt sich seit Jahren auf dem Burgareal selbst ab: Wenn Erzbischof Kardinal Miloslav Vlk »seine« Kathedrale, den dort stehenden Veitsdom, betrat, lief er Gefahr, von der Burgwache als vermeintlicher Kirchenräuber verhaftet zu werden. Um derlei Unbill zu entgehen, musste der Geistliche jedes Mal die staatliche Burgverwaltung informieren, bevor er seine Schritte in den Dom lenkte. Der Grund: Das von Karl IV. initiierte und maßgeblich – wie die Karlsbrücke – von Peter Parler errichtete Gotteshaus ist de jure nicht Gottes Haus. Die kirchenfeindlichen Kommunisten hatten Mitte der 50er Jahre kurzerhand befunden, der Hradschin mit dem Dom gehöre »dem Volk«, und begründeten so nassforsch die entschädigungslose Enteignung der Kathedrale. Die befand sich bis dahin ganz selbstverständlich über Jahrhunderte immer in Kirchenhand. Die Kommunisten aber argumentierten nicht ganz ungeschickt, erinnerten daran, dass der monumentale Sakralbau, für den 1344 der Grundstein gelegt worden war, nur mit öffentlichen Geldern fertig gebaut werden konnte. Reichlich dreist entdeckten sie zudem ihre plötzliche Liebe zu den weltlichen böhmischen Herrschern. 22 von ihnen wurden im Veitsdom gekrönt, die Gebeine einiger sind dort begraben, und schließlich beherbergt das Gotteshaus auch die königlichen Krönungsinsignien. Bei den zumeist herzlich gottlosen Tschechen stießen die Kommunisten mit diesem Verweis auf offene Ohren. Nach 1989 bemühte sich die katholische Kirche um die Rückgabe der ihr gestohlenen Kathedrale. Doch mehr als ein eigener Schlüssel für den Dom sprang für die Kirchenführung im benachbarten Erzbischöflichen Palais zunächst nicht heraus. 1994 erstattete ein Prager Stadtbezirksgericht dann den Dom der Kirche zurück. Doch die bis dahin mit der Verwaltung betraute Präsidialkanzlei legte Berufung gegen das Urteil ein. Nicht so sehr aus eigener Überzeugung, sondern mehr unter dem Druck einer empörten Öffentlichkeit. Die mutmaßte gar, die Kirche werde den Veitsdom »aus Geldgier ans Ausland verschleudern«. Zuletzt unterzeichneten 107 der insgesamt 200 Abgeordneten des tschechischen Parlaments eine Petition gegen die Übergabe des Doms in die Hände der Kirche. Kommentatoren rauften sich seinerzeit die Haare. Offenbar sitze das Trauma der Niederlage der böhmischen Stände in der Schlacht am Weißen Berg 1620 und der daraufhin einsetzenden habsburgischen Gegenreformation noch sehr tief. Das sei jedoch eigenartig, würden die Tschechen doch andererseits die gerade in dieser Zeit zuhauf entstandenen prächtigen barocken Sakralbauten ihrer Hauptstadt nahezu kultisch verehren.

Wie dem auch sei – ein Gericht höherer Instanz kassierte 1995 die Entscheidung zur Rückgabe des Doms an die Kirche, sprach ihn allerdings auch nicht mehr dem Staat zu. So ging auch ein gut gemeinter Vorschlag von Kardinal Vlk ins Leere, wonach die Kirche zugunsten des tschechischen Volkes auf den Veitsdom verzichten sollte. Der Rechtsstreit, so der Kardinal, sei unwürdig und müsse beendet werden. Daher ziehe die Kirche ihre Forderung nach Rückgabe zurück. Als Voraussetzung nannte Vlk damals, dass das Verstaatlichungsdekret aus den 1950er Jahren aufgehoben werde und ein neues Gesetz die Eigentümer- und Nutzungsrechte regele. Die Kirche müsse in die Verwaltung des Domes eingebunden sein und ihn für religiöse Zwecke ungehindert nutzen können. Abgesehen davon, dass es zu einem solchen Gesetz nie kam – die Kirche hätte den Dom dem Volk auch gar nicht »schenken« können; sie besaß ihn ja gar nicht mehr. Am Ende blieb also nur wieder der Rechtsweg.

Der Dom gehört 2010 wieder dem Staat. Kardinal Vlk konnte zwar 2009, zum krönenden Abschluss seiner Amtszeit, den deutschen Papst Benedikt XVI. in Prag begrüßen. Aber bei seinen Bemühungen um den Dom wie generell um einen Ausgleich zwischen Staat und Kirche ist er – so sagte er selbst – »gescheitert«. Im Februar 2010 ernannte der Papst den Dominikanerpater Dominik Duka zum Nachfolger von Vlk. Dukas Wahl war ein guter Schachzug. Der Kirchenobere gilt als »der Politiker« unter den tschechischen Bischöfen. Außerdem hat er gute Kontakte zu Präsident Klaus. Das könnte dazu beitragen, die offenen Probleme mit dem Staat irgendwann doch zu lösen. Hilfreich könnte in diesem Sinne auch sein, dass sich Klaus sehr gut mit Papst Benedikt XVI. bei dessen Besuch in Tschechien verstanden hat. Ob das zu einem generellen Umdenken beim bislang eher kirchenfeindlichen Staatsoberhaupt führen wird, muss freilich erst noch abgewartet werden.

Ein wenig muss ich, bei aller Zurückhaltung, doch noch über die Burg schreiben. Oder die neuzeitlichen »Burgherren«, Václav I. und Václav II., Havel und Klaus. In der Spitze der Bürgerbewegten gab es kurzzeitig auch mal die Überlegung, den gebürtigen Slowaken Alexander Dubček dort zu inthronisieren. Die Russen und die eigenen orthodoxen Genossen hatten dem Führer des Prager Frühlings nach dem August 1968 übel mitgespielt. Über Jahre fristete er in Bratislava ein kümmerliches Dasein in einem Forstbetrieb, hielt sich politisch völlig zurück. Das änderte sich, als Gorbatschow in Moskau an die Macht kam und Glasnost und Perestroika propagierte. Dubček fühlte sich rehabilitiert. Es war ein sehr bewegender Moment, als Dubček im November 1989 gemeinsam mit Havel auf den Balkon des Prager Melantrich-Hauses trat und hunderttausend Menschen auf dem Wenzelsplatz mit Tränen in den Augen zuwinkte. Vielleicht hätte der Slowake, wenn er denn neuer Präsident geworden wäre, verhindern können, dass Tschechen und Slowaken am Ende des Jahres 1992 auseinander gingen. Doch seine Zeit und die für seine politischen Ziele war 1989 schon abgelaufen; in der Tschechoslowakei ging es schon nicht mehr darum, an den tragischen Prager Frühling anzuknüpfen. Es ging nicht mehr um eine Neuauflage des sich reformierenden Sozialismus, um einen »Sozialismus mit menschlichem Antlitz«. Es ging vielmehr um einen völligen gesellschaftspolitischen Neuanfang. Dubček durfte ihn bis zu seinem

Nach John Lennons Tod schufen alternative Künstler die legendäre Lennon-Mauer, die der sozialistischen Obrigkeit stets ein Dorn im Auge war.

tragischen Unfalltod ehrenhalber als Parlamentspräsident hochrangig begleiten. Doch diese Funktion war nie mehr als eine repräsentative.

An Dubčeks Stelle wurde Havel gewählt, vom alten kommunistischen Parlament, dem er immer als Staatsfeind Nummer Eins gegolten hatte. Besonders pikant die Einstimmigkeit des Votums. Später, bei seinen Wiederwahlen unter demokratischen Vorzeichen, sollte es Havel schwerer haben. Vor allem rechtsextremistische Republikaner pöbelten ihn in einer beschämenden Weise an. Bei seiner letzten Wiederwahl platzte der damals anwesenden zweiten Ehefrau Havels, der Schauspielerin Dagmar Havlová, der Kragen. Gekonnt wie ein Gassenjunge pfiff sie auf einem Finger den Chefpöbler der Rechten gnadenlos aus. Die Zeitungen zerrissen sich zwar die Mäuler über diesen Zwischenfall, ich als ausländischer Beobachter aber konnte nicht anders, als der Präsidentengattin zu ihrer Courage zu gratulieren.

Seit 2003 nun sitzt Václav Klaus auf der Burg, als Havel-Nachfolger. Ausgerechnet derjenige Politiker, mit dem Havel die meisten Sträuße ausgefochten hat …

Die Prager Altstadt mit ihren winkligen Gassen und schiefen Plätzen ist Europas zweitbeliebtestes Reiseziel.

Welche meiner Lieblingsplätze lasse ich noch weg bei meinem Prag-Bummel? Die historische barocke Kleinseite, in der die deutschen Siedler lebten, als sie vor 800 Jahren nach Böhmen geholt wurden? Die Kampa, eine grüne Insel zwischen Moldau und Čertovka, dem Teufelsbach? Dorthin hat es, nach Unterrichtsschluss, meine Tochter Irene als Gymnasiastin gern mit ihren tschechischen Mitschülern verschlagen, »bewaffnet« mit Gitarren, Wein und Gebäck, nur einen Katzensprung entfernt von der Lennon-Mauer, einer Art Mahnmal des Widerstandes der Unangepassten von Prag schon zu Zeiten des kommunistischen Regimes. An jedem Todestag des Beatles kreisen dort unter den Fans im Schein der Kerzen die Rotweinflaschen und werden seine Lieder gesungen.

Oder schweige ich mich weitgehend über den Rest des Königsweges aus, der vom Pulverturm über den Altstädter Ring führt, ehe er Richtung Karlsbrücke und Burg geht? Das fiele mir am leichtesten, weil es sich hierbei wirklich um eine reine Touri-Meile handelt, mit all den Klischees, die es nicht wirklich wert sind, aufgeführt zu werden. Nur soviel: Wer hier einkehrt, der ist selbst dran schuld. Die Küchen sind meist schlecht und die Kneipen zudem auch noch total überteuert. Es ist eh besser, man lässt als Prag-Besucher den Stadtplan oder den Reiseführer im Hotel und verläuft sich einfach im Gewirr der Gassen. Am Ende findet man immer wieder raus. In Prag führen alle Wege zur Moldau oder zum Wenzelsplatz. Gewarnt seien aber vor allem die Damen: Absatzschuhe sind auf dem häufig mittelalterlichen Pflaster nicht eben ideal. Es sei denn, sie wollen ihren Schuhmacher erfreuen oder den Handel beleben.

Spuren der tschechisch-deutsch-jüdischen Symbiose

Manches ist schon paradox zwischen Tschechen und Deutschen: Bei einem Empfang Václav Havels für Helmut Kohl Anfang der 1990er Jahre auf der Prager Burg wurde ich an einem Tisch platziert, an dem neben mir der Apostolische Nuntius, ein Italiener mit sehr guten Tschechisch- und Deutsch-Kenntnissen, saß. Dazu gesellte sich eine Reihe tschechischer Politiker und Abgeordneter. Wir acht Leute aßen ein auserlesenes böhmisches Menü, stießen mit mährischem Wein an und unterhielten uns. Freilich nicht tschechisch oder deutsch, wie das Jahrzehnte davor in Prag völlig normal gewesen wäre. Damals hörte man hier permanent zwei sich unterscheidende Sprachmelodien. Aber wir auf der Burg redeten englisch miteinander.

Am Vorabend jenes Kohl-Besuchs hatte ich mich auf den Weg gemacht, um zu sehen, wie es aktuell um eines der Symbole des früheren Zusammenlebens von Tschechen, Deutschen und Juden steht. Ich ging in die *Hybernská*, die frühere Hiberner-Gasse, zum Café »Arco«. 1908 hatte hier die progressive Prager Kultur eine neue Heimstatt gefunden. Bildende Künstler von der Kunstakademie gingen ein und aus, darunter die Mitglieder der Gruppe »Acht«, zu denen Tschechen wie Deutsche gehörten und die nach einer neuen, spezifisch böhmischen Ausrichtung des Expressionismus strebten. Schnell bildete sich auch ein Kreis von Literaten um Franz Werfel, Max Brod und Willy Haas. Franz Kafka gehörte zu den ständigen Gästen, lernte hier die tschechische Journalistin, Freundin und Briefpartnerin Milena Jesenská kennen. Der Militärdienst, zu dem viele prominente Dauergäste des Kaffeehauses eingezogen wurden, setzte den beliebten Lesungen im

»Arco« erst einmal ein Ende. Das Kaffeehaus blühte nach 1918 zwar noch einmal auf, verlor dann aber zunehmend an Bedeutung. Nach dem Zweiten Weltkrieg existierte es noch als Café niederer Kategorie, sank immer tiefer, bis es zu einer billigen Bierkneipe verkam, in der Reisende der Abfahrt ihrer Züge vom nahen Masaryk-Bahnhof harrten. Anfang der 90er Jahre ging das Haus in den Besitz der Prager Stadtpolizei über, die daraus allen Ernstes eine Kantine machte – nicht eben zur Freude traditionsbewusster Prager.

In den Tagen des Kohl-Besuchs stapelten sich hinter den Fenstern, die seit ewigen Zeiten nicht mehr geputzt worden waren, die Zementsäcke für den Umbau. An ein Fenster aber hatte jemand in krakeligem Tschechisch »Hier saß einmal Kafka« geschrieben. Anrührend und traurig zugleich.

Das Miteinander von Deutschen und Tschechen in Prag wird heute gern ein bisschen verklärt. So, als ob es keine nationalsozialistische Besetzung und die nachfolgende Vertreibung gegeben hätte; Zäsuren, die bis heute wirken. Es wird aber auch verdrängt, dass die Multikulturalität vielfach ein reines Nebeneinander und ein Konkurrieren gewesen ist. Kisch hat sehr schön das »deutsche« und das »tschechische« Prag vor dem Ersten Weltkrieg beschrieben: »Die fünfundzwanzigtausend Deutschen, nur fünf Prozent der Bewohnerschaft Prags, besaßen zwei prunkvolle Theater, ein riesiges Konzertgebäude, zwei Hochschulen, fünf Gymnasien und vier Oberrealschulen, zwei Tageszeitungen, die morgens und abends erschienen, große Vereinsgebäude und ein reges Gesellschaftsleben. Mit der halben Million Tschechen der Stadt pflog der Deutsche keinen außergeschäftlichen Verkehr. (...) Die deutsche und die tschechische Universität, die tschechische und die deutsche Technische Hochschule waren einander so fern, als wäre die eine am Nordpol, die andere am Südpol. (...) Für den botanischen Garten der einen Universität wurde vom Südsee-Archipel eine Pflanze bestellt, die man im botanischen Garten der anderen Universität hätte blühen sehen können, wenn dies nicht eine Mauer verhindert hätte. (...) Kein tschechischer Bürger besuchte jemals das deutsche Theater und vice versa. (...) Gleich bei meinem Eintritt in die Redaktion schärfte man mir die goldenen Regeln ein: kein tschechisches Wort ohne deutsche Übersetzung, denn wir muten unseren Lesern nicht zu, Tschechisch zu verstehen.«[2]

Nebenbei bemerkt: Mit Kafka haben die Tschechen bis heute ihre Probleme. Zwar ziert er T-Shirts, Tassen, Gläser und allen möglichen Tand, der vorwiegend bei den Touristen Absatz findet. Aber die Stadt Prag nahm sich unendlich Zeit, bis sie einen Platz nach einem ihrer größten Söhne benannte. Der Germanist Eduard Goldstücker, der schon in der Zeit des tschechoslowakischen Tauwetters vor dem Prager Frühling um die Anerkennung Kafkas rang, hat viele Jahre gebetsmühlenartig darum gekämpft. Mittlerweile hat die Stadt aber auch ein Denkmal für Kafka.

Allerdings gab es im historisch quasi zweigeteilten Prag auch zahlreiche Freundschaften zwischen Tschechen und Deutschen, wurde geliebt und geheiratet, wurden Familien gegründet, lebten tschechische, deutsche und jüdische Verwandte ganz selbstverständlich eng zusammen, bedienten sich auch beider Sprachen, ohne groß zu bemerken, wenn sie von einer in die andere wechselten. Während die Politik durch die tschechische nationale Emanzipation zum Konfliktfeld wurde, stand die Kultur in einem schöpferischen Wettbewerb.

Die letzten Deutschen, die mit den Tschechen vor dem Ende des Multikulturalismus an der Moldau zusammenlebten, waren die Emigranten, die nach Hitlers Machtantritt ihre Heimat verlassen mussten. Die Tschechoslowakei war nicht nur nah, sondern als ein Land mit einer über Jahrhunderte gewachsenen deutschen Kultur prädestiniert als Ziel der Verfolgten. Schon am 1. März 1933 hatten Prager Zeitungen einen Hilfsaufruf für die Opfer Hitlers veröffentlicht. Kurz darauf richteten humanitäre Organisationen in Prag Hilfsstellen für die deutschen Flüchtlinge ein. Sie vermittelten Essen, Kleidung und ein Dach über dem Kopf und setzten sich für die Gewährung von Asyl für die Deutschen ein. Außenminister Edvard Beneš versicherte im Dezember 1934 vor dem Völkerbund, sein Land sei bestrebt, »der politischen Emigration ein Asyl zu geben und zu respektieren«, und berief sich auf eine entsprechende »liberale Tradition, auf die wir in gewissem Sinne stolz sind«. Prominente Emigranten wie die Familie Thomas Mann, die die tschechoslowakische Staatsbürgerschaft zu ihrem Schutz bekam, wurden demonstrativ vom Präsidenten empfangen. Tschechische und jüdische Intellektuelle kümmerten sich rührend um aus Deutschland geflohene Künstler. Der berühmte Karel Čapek etwa förderte den damals noch völlig unbekannten Stefan Heym, indem er dessen Arbeiten ins Tschechische

Thomas Mann erwarb nach seiner Ausbürgerung durch Nazi-Deutschland 1936 die tschechoslowakische Staatsbürgerschaft und hielt sich mehrfach in Prag auf, lebte aber mehrheitlich in der Schweiz.

übertrug. Heym musste später aus Prag fliehen, ging in die USA, kehrte mit der US-Army nach Deutschland zurück, lebte in der DDR, war einer ihrer schärfsten Kritiker und kurz vor seinem Tod Alterspräsident des Deutschen Bundestages.

Doch die innenpolitische Lage in der Tschechoslowakei war zum damaligen Zeitpunkt kompliziert. National ausgerichtete Zeitungen machten die Emigranten für die diplomatischen Konflikte zwischen Prag und Berlin verantwortlich, riefen dazu auf, »kurzen Prozess« mit den Ausländern zu machen, die »internationale Unannehmlichkeiten« bereiteten. Diesen Blättern waren auch die »anderen« Deutschen ein Dorn im Auge, die vorrangig im Grenzgebiet lebenden Sudetendeutschen, die ihrerseits nie richtig in der Tschechoslowakei angekommen waren, mit Hoffnungen nach Berlin blickten und für die Exilanten und deren Ablehnung der neuen Verhältnisse in Deutschland kaum Verständnis aufzubringen vermochten. Es häuften sich Fälle, in denen Emigranten wegen ihrer antifaschistischen Überzeugung ohne sachlichen

Grund verhaftet und ausgewiesen wurden, obwohl das den Tod hätte bedeuten können. Der Einmarsch der deutschen Soldaten am 15. März 1939 setzte dem deutschen Exil in der Tschechoslowakei schließlich ein bitteres Ende.

Es gab nach 1989 mehrere bemerkenswerte Versuche, der gemeinsamen Geschichte von Tschechen, Deutschen und Juden in Prag neues Leben einzuhauchen. Überaus verdienstvoll ist dabei vor allem die Idee von Renata Vatková und Pavel Kohout gewesen, einmal im Jahr hochrangiges deutschsprachiges Theater zu einem Festival an die Moldau zu holen. Wie gründlich nationalsozialistische Okkupation, Vertreibung und vierzig Jahre Realsozialismus die Spuren deutschen Theaterlebens in Prag getilgt haben, wurde mir bewusst, als ich mich vor dem ersten Festival auf die Suche nach Dokumenten über das »Neue deutsche Theater« begab. Dieses Haus war seit seiner Gründung 1888 ein international anerkanntes Zentrum deutschsprachiger Bühnenkunst gewesen und galt als das Flaggschiff der deutschen Kultur an der Moldau schlechthin. Im Klementinum, der ehrwürdigen, zur Karls-Universität gehörenden Bibliothek, die die größte im ganzen Land ist, fanden sich lediglich einige wenige angestaubte Exemplare der »Theater-Zeitung« aus der Spielzeit 1919/20. Vermutlich hatte sie nur der Zufall vor dem Reißwolf bewahrt. Die Heftchen enthielten die damaligen Tagesprogramme, Theater- und Konzertnachrichten, einen Aufruf des seinerzeitigen Direktors Leopold Kramer »An das kunstsinnige Publikum«, Verständnis für die notwendige Erhöhung der Kartenpreise zu zeigen, oder auch die liebenswürdige Ermahnung an das Publikum, dem »leidigen zu spät Kommen und dem peinlichen zu früh Aufstehen bei Schluss der Vorstellung« zu widerstehen und für die »Promenade in den Wandelgängen zum Besuche des Büffets« nur die große Pause zu nutzen. Umrahmt wurde das alles von einer Vielzahl von Kleinanzeigen, die dem nachgeborenen Leser unter anderem eine Ahnung von der Breite des damaligen »deutschen« Prager Nachtlebens vermitteln.

Besser bestückt als das Klementinum erwies sich die winzige Bibliothek des Theaterinstituts in der *Celetná,* der früheren Zeltnergasse. Zwar konnte man dort auch nur zwei Schriften einsehen, darunter ein Bändchen zum 50. Gründungsjubiläum, in dem sich Stars wie Paul und Attila Hörbiger, Leo Slezak, Valerie von Martens, Ernst Deutsch, Richard Tauber, Albert Bassermann oder Elisabeth Bergner mit Glückwünschen verewigt haben. Die zweite Arbeit hatte es aber wirklich in sich. Es war dies eine zehnbändige, mit der Schreibmaschine notierte detaillierte Geschichte des »Prager deutschen Theaters« aus der Feder des langjährigen Dramaturgen des Hauses, Hans Demetz. Der beleuchtete darin alle Spielzeiten, setzte sie in den jeweiligen politischen Kontext und porträtierte obendrein wichtige Theaterleute wie den aus Wien stammenden Opernchef Alexander von Zemlinsky oder die Direktoren Heinrich Teweles und Leopold Kramer, die das Ansehen der Bühne nachhaltig geprägt haben. Er verschwieg auch nicht, wie sehr manchen einflussreichen Tschechen in der Ersten tschechoslowakischen Republik Masaryks das deutsche Theater ein Dorn im Auge war; 1920 machte sich, angeheizt durch eine antideutsche Pressekampagne, gar ein Prager Infanteriebataillon auf, um eine der damals noch zwei Spielstätten mitten während einer Vorstellung zu besetzen. Da hatte auch nicht geholfen, dass zum Dauerrepertoire des deutschen Opernensembles eine der tschechischsten aller tschechischen Opern, Smetanas »Verkaufte Braut«, gehörte. Für die Kreativität und den Arbeitseifer des Ensembles sprechen Zahlen. In der Spielzeit 1921/22 etwa standen beim Schauspiel je fünf Ur- und Erstaufführungen sowie elf Neuinszenierungen auf dem Programm. Hinzu kamen in besagtem Jahr zahlreiche Gastspiele und Soloabende, so von Fritz Kortner, Käthe Dorsch, Albert Bassermann oder des Prager Tschechen Vlasta Burian. Auch in den Folgejahren gaben sich Berühmtheiten die Klinke in die Hand: Curt Goetz, die Kölner Diva Cordy Millowitsch, Paula Wessely, Konrad Veidt, Emil Jannings, Curt Bois, Olga Tschechova, Trude Hesterberg, Tilla Durieux, Ewald Balser oder die Opernstars Jan Kipura und Joseph Schmidt.

Nach dem Machtantritt Hitlers wurde auch das »Prager deutsche Theater« zu einer Anlaufstelle vieler Emigranten. Besonders Format bewiesen die Brüder Petschek, deren Bankhaus dem damaligen Direktor Paul Eger eine zusätzliche jährliche Summe von einer Million Kronen unter der Bedingung zukommen ließ, bevorzugt aus Deutschland geflohene, nichtarische Bühnenkräfte zu verpflichten. Die Nationalsozialisten rächten sich später auf ihre Weise an den Petscheks; sie richteten in deren Palais ihr Prager Gestapo-Hauptquartier ein. Doch zuvor, 1935 nämlich, sorgte Eger mit der Inszenierung von Nathansons Schauspiel »Hinter Mauern«, das eine einzige schallende Ohrfeige für den Antisemitismus war, für einen Riesenerfolg. Im September 1938 endete das Kapitel der deutschen Prager Bühne. Was bis zur Sperrung aller Prager Theater 1944 folgte, gehört zum Traurigsten des Hauses. Ein halbes Jahr nach Hitlers Einmarsch in die »Rest-Tschechei« setzte Reichspropagandaminister Goebbels den seinerzeitigen Nazi-Intendanten des Münchner Gärtnerplatztheaters, Oskar Wallek, als Generalintendanten in Prag ein. Juden gab es fortan nicht mehr im Publikum; der gelbe Stern musste nun auch im Protektorat getragen werden und schränkte öffentliches Auftreten ein. Als Wallek im September 1942 die Operette »Wiener Blut« inszenieren ließ, wurden die Namen der beiden jüdischen Librettisten, Victor Leon und Leo Stein, schamhaft verschwiegen. Der am 2. September 1944 im Prager »Neuen Tag« veröffentlichte Nekrolog auf das deutsche Theater sprach noch von einem »vorübergehenden« Abschied, dem eine »neue erfolgreiche Ära« folgen werde. Doch dazu sollte es nicht mehr kommen. Die Deutschen, die die Juden ausgerottet und für die Tschechen ein Unterdrückungs-Schicksal vorgehabt hatten, wurden vertrieben.

Pavel Kohout hat die Folgen all dessen für das Theaterleben seines Landes trefflich beschrieben: »Die Tschechen blieben unter sich allein, und die Bretter, die angeblich die Welt bedeuten sollen, widerspiegelten bald das Leben einer sowjetischen Provinz. Fast ein halbes Jahrhundert waren, wie alle ihre Mitbürger, auch tschechische Künstler vom Wettbewerb ausgeschlossen. Trotz gewaltiger Einzelerfolge sind sie es eigentlich heute noch«, schrieb er zum Auftakt des ersten Jahrgangs des deutschsprachigen Theaterfestivals. Längst ist dieses Ereignis zu einem Fixpunkt im Prager kulturellen Leben geworden. Die Liste der Regisseure, die seither nach Prag gekommen sind, liest sich wie eine Bestenliste. Von Vertretern der älteren Regiegeneration wie Peymann, Dorn, Zadek, Tabori über Marthaler und einen Mann wie Castorf bis zu den Jüngeren wie Ostermeier, Kriegenburg, Stemann oder Thalheimer haben mittlerweile alle Leute von Rang und Namen ihre Arbeiten in Prag vorgestellt. Man kann Jutta Limbach, der Ex-Präsidentin des Goethe-Instituts, zustimmen, wenn sie behauptet, dass das Prager Publikum um diese Möglichkeit, neues deutschsprachiges Theater kennen zu lernen, nicht nur in New York, Paris oder Moskau beneidet wird, sondern sicher auch vielerorts in Deutschland.

Ein anderes Experiment deutschen künstlerischen Engagements in Prag ging leider ziemlich daneben und hat seinerzeit viel Porzellan zwischen Deutschen und Tschechen zerschlagen. Die Rede ist vom Engagement des deutschen Stardirigenten Gerd Albrecht beim musikalischen Juwel des Landes, der Tschechischen Philharmonie. Im September 1991 hatten die Philharmoniker Albrecht demokratisch zum ersten ausländischen Chefdirigenten in der damals fast hundertjährigen Orchestergeschichte gewählt. Sie ignorierten damit auch die Warnung des Verwaltungsrats-Chefs, Ivan Medek, der gemeint hatte, nur ein Tscheche könne die Tschechische Philharmonie leiten. Albrecht selbst reagierte auf seine Wahl spontan mit einer Mischung aus Stolz und Ablehnung. »Seid ihr wahnsinnig, euch ausgerechnet einen Deutschen auszugucken«, fragte er die Musiker. Aber nach einigem Nachdenken erkannte er die Einzigartigkeit des Angebots: »Ich weiß um die Leiden, die Deutsche den Tschechen in Theresienstadt oder Lidice angetan haben. Ich weiß, dass an der Zerschlagung des Prager Frühlings Deutsche, diesmal aus der DDR, beteiligt gewesen sind. Vielleicht habe ich ja die einmalige Chance, auf meine Art Schuld abtragen zu helfen, die Deutsche in der Vergangenheit gegenüber Tschechen auf sich geladen haben«, sagte er mir nachdenklich im Interview im Foyer des Prager Hotels »Intercontinental«. Albrecht trat den Posten an, er, den die Musiker wegen seiner besonderen Affinität zu tschechischen Komponisten »Herrn Dvořák« nannten. Ein Jahr vorfristig, im Oktober 1993, nahm er seine Arbeit in Prag auf. Doch der Ärger ließ nicht lange auf sich warten. Ihm wurde unterstellt, dass er die staatlichen Interessen Tschechiens beschädigt hätte, da er ein Konzert im Vatikan aus Termingründen absagen musste. Politische Missstimmungen führten zu haltlosen Bereicherungsvorwürfen. Die Feuilleton-Redaktionen in Deutschland wurden hellhörig. Ihre großen Geschichten überschrieben sie mit Titeln wie »Falscher Maestro« (Der Spiegel), »Der Feind« (FAZ) oder »Kassandra behielt recht« (Süddeutsche Zeitung). Sie stellten Albrecht als »Opfer tschechischer Nationalisten« dar. Obwohl der Chefdirigent dies auch schriftlich zurückwies, blieben Havel und der damalige Premier Václav Klaus dem Konzert zum 100. Gründungsjubiläum der Philharmonie fern. Wenige Tage später erklärte Havel, im Laufe der Ära Albrecht sei die Philharmonie in einen Zustand der Krise und des Zerfalls geraten. Dem Dirigenten wurden die

Kompetenzen beschnitten, was der Kulturausschuss des Prager Parlaments als »für einen Künstler vom Format Albrechts« als »unwürdig« und »unannehmbar« kritisierte. Dies erinnere an das Niveau einer »Bananenrepublik«. Albrecht, von tschechischen Medien wie dem früheren kommunistischen Zentralorgan »*Právo*« gezielt angegiftet, wehrte sich und überspannte dabei den Bogen. Auch die Fürsprache Jiří Grušas, damals Botschafter in Deutschland, half nicht mehr. Petr Příhoda, ein Psychologe, der sich seit langem mit dem deutsch-tschechischen Verhältnis beschäftigte, erklärte die Causa Albrecht medizinisch: »Er ist wie ein Fremdkörper aufgenommen worden, ja, wie ein Anti-Gen. Seine antigenen Eigenschaften wurden durch sein eigenes Verhalten beständig noch verstärkt. Das Resultat ist leider eine allergische Reaktion der tschechischen Öffentlichkeit.« Als Albrecht am Ende entnervt von sich aus schweren Herzens das Handtuch warf, war dies ein »Sieg der Kakophonie über die Harmonie«, wie eine Zeitung schrieb.

Im April 2004 dann sah man Gerd Albrecht selten so zufrieden und glücklich, wie nach dem Schlussakkord von Bruckners 6. Sinfonie im Prager Künstlerhaus Rudolfinum. Eigentlich wollte er nach dem geschilderten Desaster »nur noch als Tourist« nach Prag kommen. Aber die Zeit heilte manche Wunde. Der tosende Applaus an jenem Abend zeigte ihm, dass sich die Prager mit ihm versöhnt hatten. Die Tschechische Philharmonie hatte sich auch besonders ins Zeug gelegt für ihren ehemaligen deutschen Chefdirigenten. Auch die Musiker hatten nachgedacht und waren zu dem Ergebnis gekommen, dass seinerzeit die Zeit vermutlich einfach noch nicht reif gewesen war, einen Deutschen an der Spitze eines tschechischen Nationalheiligtums zu dulden. Gruša und Richard von Weizsäcker hatten Albrecht umgestimmt: »Warte ab, die Zeiten ändern sich.« Und in der Tat redeten Tschechen und Deutsche 2004 nicht mehr nur verbissen über gegenseitig zugefügtes Leid, hatte sich das Deutschlandbild in Böhmen und Mähren geändert. Diese Erwärmung des Klimas machte es auch möglich, dass Albrecht zu »seinem« Orchester zurückkommen und die Musiker wieder unter ihrem bis heute verehrten »Herrn Dvořák« aufspielen konnten. Eine Prager Journalistin, die seinerzeit an der Kampagne gegen den Dirigenten beteiligt war, sagte nach dem Konzert: »Wir haben allen Grund, uns bei Herrn Albrecht zu entschuldigen.«

Das aus dreihundert Jahren Donaumonarchie getrübte spezielle Verhältnis zwischen Tschechen und Österreichern blieb auch nach 1989 nicht ohne Spannungen. Dabei hätte Wien die Möglichkeit gehabt, die permanenten Zwistigkeiten zwischen Prag und Bonn respektive Berlin für sich zu nutzen. Doch sieht man einmal davon ab, dass es ein aktives österreichisches Kulturinstitut in der Nähe des Wenzelsplatzes gibt, hielt es Wolfgang Schüssel in seiner Zeit als Außenminister für überflüssig, mit Prag ein politisches Grundsatzdokument zur Aussöhnung nach dem Muster der Deutsch-Tschechischen Deklaration auszuhandeln. Als später künstlich geschürte Angriffe namentlich der Haider-Partei auf die benachbarten Tschechen gestartet wurden, bedauerte er diesen Mangel zutiefst.

Tschechien ist mehr als Prag

Es wäre ungerecht, wollte man Tschechien, seine architektonischen Schätze, vor allem aber das Leben der Tschechen auf die Hauptstadt reduzieren. Freilich ist unser Nachbarland sehr zentralistisch angelegt, vergleichbar etwa mit Frankreich. Nahezu alles von Gewicht spielt sich in Prag ab. Das bekümmert unter anderen auch die Tourismusexperten, die die ausländischen Besucher gern in andere Orte locken möchten. Einige allerdings brauchen keine spezielle Werbung.

Das Bäderdreieck mit Karlsbad, Marienbad und Franzensbad wurde einst nicht nur von Goethe geschätzt. Hier kuren auch heute viele Deutsche, manche, konkret in Karlsbad, sprechen aber nicht nur dem Heilquellwasser zu, sondern auch dem bekannten Kräuterbitter Becherovka, der hier seine Heimat hat. Die Deutschen bilden in Karlsbad beileibe nicht die Mehrheit der Ausländer. Die Stadt ist mittlerweile vielmehr fest in der Hand der Russen. Dabei geht es nicht nur um Kurgäste, die gern in den ersten Häusern am Platz logieren und sehr großzügig mit Bündeln von Geldscheinen wedeln. Die Russen haben sich in den vergangenen Jahren in Karlsbad reichlich mit Immobilien eingedeckt. Nicht immer sauber, manch tschechischer Ratsherr hat wohl auch beide Hände für Bestechungsgelder aufgehalten. Besonders schön ist nach wie vor das Filmfestival in Karlsbad, vor allem, weil es viele junge Kinogänger anzieht, die sich die Preise leisten können, weil sie nicht in den Superhotels Unterschlupf suchen, sondern alternativ übernachten, zur Not in Turnhallen. Zwar bemühen sich die Organisatoren jedes Jahr auch um Stars aus Hollywood und anderswo, aber das Festival lebt eigentlich mehr von den Besuchern, die sich die Filme tatsächlich anschauen und nicht nur auf Empfängen rumstehen.

Keine Werbung hat auch Český Krumlov (Krumau) nötig, ein kleines Städtchen an einem wunderschönen Moldaubogen im Schatten einer großartigen Burganlage. Die Stadt galt einst als Geheimtipp, ist aber mittlerweile von Touristen, vor allem aus dem nahen Österreich, völlig überlaufen. Ähnliches gilt für das mährische Telč, dessen Marktplatz besonders hübsch ist. Kroměříž (Kremsier) wäre zu nennen, oder das barocke Olomouc (Olmütz), bekannt auch durch seine Quargeln, eine Art Harzer Käse, der in den Kneipen in den verschiedensten Varianten angeboten wird und wirklich lecker schmeckt.

Sehr spannend verspricht die künftige Entwicklung der Stadt Ostrava (Mährisch-Ostrau) zu werden. Die nordmährisch-schlesische Metropole war einst das »stählerne Herz« des Landes und hatte zudem zahlreiche Steinkohlegruben. Doch die existieren mittlerweile zumeist nur noch als technische Museen. Ostrava hat einen Paradigmenwechsel vor sich, wie ihn derzeit in Deutschland das Ruhrgebiet durchmacht. Die Stadt hat im Übrigen auch kulinarisch einiges zu bieten, so etwa die über Tschechien hinaus bekannte Kneipenmeile Stodolní. In Ostrava findet man zudem mit U Dvořáčků das wahrscheinlich beste tschechische Wild-Restaurant. Der zum Haus gehörende Catering-Service der Familie Radim Dvořáček, der bis zu 5000 Personen auf einen Schlag vom Feinsten versorgen kann, hat einen guten Ruf mittlerweile auch bei verwöhnten Kunden aus den Nachbarländern Deutschland und Österreich. Kein Wunder, der agile Firmenchef holt sich für seine Aktionen auch regelmäßig die Spitzenköche des ganzen Landes zusammen.

Was sollte man darüber hinaus als Ziel anpeilen? České Budějovice (Budweis) etwa, die Wiege des leckeren Budweiser Biers, das nahe gelegene Schloss Hluboka (Frauenberg), Liberec (Reichenberg), die Perle Nordböhmens unter dem Hausberg Ještěd (Jeschken), der von einem architektonisch interessanten Fernsehturm gekrönt wird, die Weindörfer in Südmähren, die alte deutsche Bischofsstadt Litoměřice (Leitmeritz) an der Elbe mit ihrem pittoresken Marktplatz oder unweit davon Úštěk (Auscha), ein Städtchen am Rande des Böhmischen Mittelgebirges, das komplett unter Denkmalschutz steht. In Südmähren sind ferner Brno (Brünn), die zweitgrößte Stadt des Landes, oder Zlín, eine einmalig funktionale Stadt mit der Handschrift des Schuhkönigs Tomáš Baťa, unbedingt sehenswert. Landschaftlich hat Tschechien eine Menge zu bieten, sowohl für Sommerfrischler wie für Wintersportler. Das einzige, was fehlt, ist das Meer.

Die meisten Tschechen leben in kleinen oder mittelgroßen Städten, in denen es sehr viel ruhiger zugeht als in Prag, die aber vor allem nach der »Wende« liebevoll restauriert wurden und zunehmend in altem Glanz erstrahlen. Diese Städte haben vieles gemeinsam. Auf den Marktplätzen finden sich zumeist Mariensäulen aus der österreichisch-ungarischen Doppelmonarchie, die Rathäuser sind mit Sgraffito-Techniken verziert, die Kirchen stammen vorwiegend aus der Zeit des Barock und sind reich ausgestattet. Leider findet man am Rande dieser Städte fast überall die tristen Plattenbausiedlungen aus kommunistischer Zeit, die so gar nicht ins Bild passen mögen.

Wieder anders, einfacher, ist das Leben in den tschechischen Dörfern. Mich hat die Liebe 2009 in ein solches Dorf verschlagen, herrlich gelegen in einem großen Hopfenanbaugebiet Nordböhmens. Dort lebe ich jetzt auf einen alten Bauernhof aus dem Jahre 1831. Mein Dorf hat etwa 200 Einwohner, einen Gemischtwarenladen, wo ich morgens kurz nach 6 Uhr bei einem ersten Schwatz meine Zeitungen und Hörnchen einkaufe, aber zur Not auch eine Fliegenklatsche bekomme. An einer Kneipe mangelt es leider im Revier; man trinkt das Bier halt aus der Flasche. Die einheimischen Jugendlichen laufen vier Kilometer über die Landstraße zum Wirtshaus im nächsten Dorf, wo es zum Gerstensaft Würstchen oder ein Schweinesteak gibt. Nicht eben eine große Auswahl, aber für die Leute durchaus ausreichend. Fast jeder im Dorf hält sich Vieh, wir versorgen Ziegen und Schafe und lassen beim Nachbarn ein Schwein mästen, das im Winter geschlachtet wird. »Arschfrische« Eier bringt eine andere Nachbarin rum. Aus jedem Gehöft bellt mindestens ein Hund, die Katzen haben reichlich Mäuse zu vertilgen.

Morgens fahren die Leute zur Arbeit in die nächstgrößere Stadt oder auch eine Stunde bis nach Prag, abends geht es zurück. Im Sommer baden die Kinder im Löschwasserteich, im Winter laufen sie darauf Schlittschuh oder jagen einem Puck nach. Auf der einzigen Dorfstraße trifft man immer jemanden zu einer Unterhaltung. Braucht man Hilfe, weil beispielsweise die eigene Kreissäge den Geist aufgegeben hat, dann ist das kein Problem. Man unterstützt sich gegenseitig, ganz selbstverständlich. Dass die Häuser teilweise in einem gewöhnungsbedürftigen, sprich dringend reparaturbedürftigen Zustand sind, hat mit den teurer werdenden Handwerkerleistungen und den steigenden Zinssätzen der Banken für Kredite zu tun. Außerdem verdient man außerhalb Prags erheblich weniger, bestimmte Berufsgruppen aus dem Dienstleistungsbereich haben nicht einmal die Hälfte des Geldes in der Tasche, das sie mit dem gleichen Job in der Moldaustadt verdienen würden.

Das nicht immer einladende Antlitz der Dörfer hängt aber unter anderem damit zusammen, dass die Häuser dort nicht von den Tschechen erbaut wurden, die jetzt darin wohnen. In meinem Dorf lebten zu 95 Prozent Sudetendeutsche, die nach 1945 weg mussten. Die nachfolgenden Besitzer – sie mussten die Häuser freilich auch kaufen – waren bei meinem Haus Tschechen, die aus Wolhynien stammten, einer Region im Nordwesten der Ukraine. Sie wurden nach dem Krieg hier angesiedelt, aber zu ihrer Heimat ist das Dorf bis heute nicht geworden. Ich als Deutscher wurde denn auch anfangs etwas verstört beäugt, man vermutete in mir einen Sudetendeutschen, der auf unsaubere Weise sein altes Eigentum zurück bekommen habe. Nicht eben förderlich für meine Eingewöhnungsphase war der etwas preisintensivere Typ meines Autos mit dem deutschen Kennzeichen. Derlei macht einen auf einem tschechischen Dorf per se »verdächtig«. Mittlerweile werde ich akzeptiert. Auch, weil ich mich nicht davor verschließe, Samstag vormittags beim Kauf meiner Zeitungen mit der um den Tisch vor dem Gemischtwarenladen versammelten Runde ein paar Birnen- oder Pflaumenschnäpse zu trinken. Da wird denn auch in Sachen Auto gefachsimpelt, werden die Vorzüge und Nachteile meines Wagens gegenüber einem einheimischen Škoda aus der VW-Gruppe abgewogen. Wenn es um die Mängel der deutschen Karosse geht, nickt man besser, auch wenn man anderer Meinung ist. Und wenn man als Deutscher dann auch noch den Škoda ausgiebig lobt – der ja eigentlich in gewisser Weise auch ein deutsches Auto ist, was der tschechische Dorfbewohner aber nicht für relevant hält –, hat man gute Karten.

Das Leben auf dem Dorf verläuft in sehr geregelten Bahnen. Jeden Morgen gegen 4 Uhr streiten die Trecker von den Höfen mit den Hähnen um den ersten Krach, um sich dann in Richtung der Ställe zu begeben, um das Vieh zu versorgen und die Milch abzufahren. Mittwochs kommen die Jungs von der Müllabfuhr, samstags mit Sondersignal der Mensch von Family-Frost. Die Post wird täglich gegen 9 Uhr in den Briefkasten geworfen, die Flaschencontainer dürfen am Wochenende wegen des Lärms nicht gefüllt werden – ebenso typisch tschechisch wie deutsch. Zwischen 14 und 16 Uhr haben die Kreissägen zu ruhen, weil dann die Dorfbewohner, so sie nicht arbeiten, ein Mittagsschläfchen halten. Kommt uns auch irgendwie bekannt vor. Die Gemeindeverwaltung hat genau eingehaltene Öffnungszeiten, obwohl man dort nicht sehr viel mehr zu tun hat, als viermal im Jahr die Scheine zu holen, die man für die Müllabfuhr benötigt und die man mit einem Stück Draht an der Mülltonne befestigen muss, bevor man sie an den Straßenrand hievt. Im Sommer spielen die Einheimischen auf einem Freizeitplatz Tennis oder Tischtennis. Bei einbrechender Dunkelheit werden die Hunde zur Erfrischung in den Feuerlöschteich gescheucht, ungeachtet des Verbotsschildes der Gemeindevertretung. Vieles sieht man auf dem Dorf nicht so eng. Schließlich gibt es hier auch noch ein mehr oder minder reges Vereinsleben. Die freiwillige Feuerwehr beispielsweise hat auf dem Land keine Nachwuchssorgen.

Gänzlich anders als in Prag ist die Ernährung. Man geht zum Mittagessen nicht in die Kneipe, sondern man kocht selbst. Und es landet dabei noch bewusst das im Topf, was der eigene Garten zur jeweiligen Jahreszeit anbietet. Im Winter werden sehr häufig dicke Suppen aus Hülsenfrüchten gegessen, die nicht nur nahrhaft sind, sondern auch richtig durchwärmen. In der Erntezeit wird massiv eingeweckt, denn böhmische Winter können sehr lang und hart sein. Die Dörfler sind in der Regel auch große Pilzesammler. Pilze sind ein wichtiger Bestandteil ihrer Küche. Wer außerhalb arbeitet, kocht auch gern am Wochenende für die ganze Woche vor. Abends muss man die Gerichte dann praktischerweise nur aufwärmen. Wurst wird kaum im Laden gekauft. Derlei macht man selbst beim Schlachten, aber auch zwischendurch.

Wer dem einfachen Dorfleben mal entfliehen will, der setzt sich abends ins Auto und fährt in die nächste Stadt. Dort gibt es zumindest ein Kino, wenn man Glück hat sogar ein Theater, das meist von Schauspielern aus Prag bespielt wird, die regelmäßig auch in der Provinz auftreten. Hinter dem Mond lebt man auf dem tschechischen Dorf also keinesfalls. Schon deshalb nicht, weil es überall auch Internet gibt, mit dem man sich nicht nur bis nach Prag, sondern in die ganze weite Welt klicken kann.

Tschechen und Deutsche im Versuch des Zusammenlebens

Kaiser, Hussiten, Fensterstürze und ein Totenfries

Wer sich von der Prager Kleinen Seite die Alte Schlossstiege hinauf auf die Burg müht, wird mit einem wunderbaren Panorama der Stadt belohnt. Stein gewordene Geschichte, wohin man schaut. Paläste, die den Atem vergangener Zeiten noch in sich zu haben scheinen. Beeindruckend die architektonischen Zeugnisse aus der Zeit Karls IV., des Luxemburgers, der 1355 in Rom zum deutschen Kaiser gekrönt worden war. Zu den Ländern der böhmischen Krone gehörten seinerzeit auch Luxemburg und Brabant, Brandenburg, die Lausitz und Schlesien. Karl IV. ist unlängst zum »größten Tschechen aller Zeiten« gewählt worden. Ihm verdankt Prag, damals die Hauptstadt des Heiligen Römischen Reiches Deutscher Nation und mit rund 50000 Einwohnern eine der bedeutendsten Städte des Kontinents, unter anderem die erste mitteleuropäische Universität. Ein großer Platz in der Neustadt trägt seinen Namen, natürlich die Karlsbrücke, an deren Altstädter Ende ein Denkmal für den Luxemburger steht. Die ebenfalls nach ihm benannte Universität zieht seit 1989 auch zunehmend deutsche Studenten an; sie ist zu einer guten Adresse geworden.

Die Bethlehems-Kapelle kann man von der Burg aus nur erahnen, auch weil sie keinen Turm hat. Hier wirkte seit 1400 der Priester Jan Hus. Er förderte die tschechische Sprache, predigte tschechisch und wurde zum Begründer der tschechischen Nationalkirche. Sein scharfes Auftreten gegen den Ablasshandel erregte das Missfallen von Papst Johannes XXIII., der ihn zunächst exkommunizierte und 1415 zu einem Konzil nach Konstanz holte. Als Hus dort nicht widerrief, wurde er auf dem Scheiterhaufen verbrannt. Und das, obwohl ihm der deutsche König Sigismund schriftlich freies Geleit zugesichert hatte. Die Kunde von Hus' Tod sorgte zu Hause für Aufruhr. Er gipfelte darin, dass Jahre später die Prager eine etwas eigentümliche Spezialität für sich erkoren – die Fensterstürze. Als erstes erwischte es 1419 die Ratsherren im Rathaus der Prager Neustadt, was die Hussitenkriege auslöste, die das Land verheerten. 1618 erlagen zwei kaiserliche Statthalter der körperlichen Übermacht mehrerer Ständevertreter und der Schwerkraft, sie plumpsten aus einem Fenster der Prager Burg, blieben zwar unverletzt, eröffneten mit ihrem Sturz aber den Dreißigjährigen Krieg. »Ein Fenster ist für einen echten Prager immer ein allzu verführerisches Argument«, frotzelte der englische Humorist Jerome K. Jerome. »Ich glaube, Prag hätte sich die Hälfte aller Leiden ersparen können, wenn es kleinere Fenster gehabt hätte.« Wallenstein fällt einem beim Stichwort Dreißigjähriger Krieg natürlich ein, der grandiose Heerführer, der dem Kaiser in Wien treu diente, dann aber dessen Misstrauen erregte, des Hochverrats geziehen und im westböhmischen Eger gemeuchelt wurde. Das Wallenstein-Palais liegt direkt unterhalb der Burg und der pittoresken Burggärten, die inzwischen mit finanzieller Hilfe des kunstsinnigen britischen Thronfolgers Prinz Charles wieder instand gesetzt worden sind.

Wer zählt die Türme der zumeist prachtvollen Barockkirchen? Man hat gut zu tun damit. Sind es hundert oder mehr? Wie auch immer, die Prager lieben sie über alles. Doch an die Zeit, in der sie entstanden, möchten sie bis heute besser nicht erinnert werden. Es war die Zeit der Gegenreformation, nach der verlorenen Schlacht der böhmischen (tschechischen und deutschen evangelischen) Stände gegen das kaiserliche Heer. Zwei Stunden nur dauerte das Scharmützel auf dem Weißen Berg am Rande der Stadt, wo heute zwei Straßenbahnlinien enden und Freizeitsportler joggen. Doch die Folgen wirkten sehr viel länger. Die verlorene Schlacht bedeutete das Ende der böhmischen Staatlichkeit; es begann das *temno*, die »Zeit der Finsternis«. Prag wurde nunmehr von Wien aus regiert. Alleinige Amtssprache wurde Deutsch. Auf dem Altstädter Ring, unterhalb des Rathausturmes mit der astronomischen Uhr, kann man die Zeugnisse der blutigen Rache sehen, die die Kaiserlichen am 21. Juni 1621 an den Ständen übten: 27 weiße Kreuze stehen für die auf dem Schafott hingerichteten Adligen und Bürger beider Zungen, die Elite Böhmens. Zehntausende Protestanten mussten das Land verlassen, kamen zum Teil in den deutschsprachigen Nachbarländern unter. Davon zeugt unter anderem das Böhmische Viertel in Berlin-Neukölln. Die Tschechen,

Der Fenstersturz zu Prag im Jahre 1618; zeitgenössischer Stich von 1662.

die blieben, mussten sich anpassen. Fast dreihundert Jahre hatten jetzt die Habsburger das Sagen. Grund genug für patriotische Tschechen, nach der Gründung der Tschechoslowakei 1918 die Mariensäule auf eben diesem Altstädter Ring zu schleifen. Sie ist trotz vieler Anläufe bis heute nicht wieder aufgebaut.

Vielleicht hatte der Weiße Berg aber auch etwas Gutes für Prag, in jedem Fall aber wohl für einen seiner Lieblinge – Mozart. Er fühlte sich nirgends so verstanden wie in der Stadt an der Moldau. Die Prager sangen und pfiffen Melodien aus dem »Figaro«, bejubelten seine D-Dur-Sinfonie, KV 504, die als »Prager Sinfonie« in die Musikgeschichte eingehen sollte, und ließen bei der Uraufführung des »Don Giovanni« im Ständetheater ihrer Begeisterung freien Lauf. Es gibt nicht wenige, die sagen, die enthusiastische Aufnahme Mozarts und seiner Kompositionen in Prag seien auch Ausdruck einer Oppositionshaltung des Prager Publikums gegenüber Habsburg gewesen, deren Hofschranzen mehr der italienischen Musik zuneigten. Die Prager wollten den Wienern zeigen, dass an der Moldau ein höheres Maß an Bildung und Musikverständnis zu finden sei als am kaiserlichen Hofe. In jedem Fall bewahrheitete sich der Satz Mozarts »Meine Prager verstehen mich« auch über seinen Tod hinaus. Eine

Denkmal für den heiligen Wenzel, den Schutzpatron Böhmens, auf dem Wenzelsplatz in Prag.

ganze Stadt betrauerte ihn und an die dreitausend Menschen lauschten ergriffen, als die Mozart eng verbundene Sopranistin Josefine Duschek in der St. Niklaskirche ein Requiem für den Verblichenen sang. Heute wird Mozart den Prag-Touristen aufgespielt. Die Musiker, die Tag für Tag mit demselben Repertoire auftreten, können einem eigentlich leidtun. Man kann nur hoffen, dass sie selbst auch richtige Fans von Mozart sind. Trotzdem dürften ihnen die »Kleine Nachtmusik« und andere Werke irgendwann zu den Ohren herauskommen. Ich habe die Serenade in G-Dur, KV 525, wie die »Kleine Nachtmusik« offiziell heißt, einmal in einem Galeriekonzert auf der Burg in knapp neun Minuten regelrecht durchlitten; gemeinhin braucht ein Orchester dafür sechzehn Minuten. Die Musiker hatten an jenem Nachmittag mindestens noch einen weiteren Auftrittstermin ...

Wo man keine Gebäude mehr antrifft, kommt die Geschichte in Bronze daher. Etwa in Gestalt des Wenzel-Denkmals auf dem Wenzelsplatz. Es erinnert an Václav I. (Wenzel I.), den böhmischen Landespatron, der nach seiner Ermordung im Jahre 929 durch seinen Bruder Boleslav später heilig gesprochen wurde.

Der 28. September, sein Todestag, wird heute noch begangen. Jeder Schlacht der böhmischen Heere stand der heilige Wenzel bei. Jahrhunderte erklang der Wenzelschoral als Landeshymne: »Lass uns und die Zukünftigen nicht untergehen!« Mit Wenzel ist aber auch eine andere tschechische Tradition verbunden, die einer Überlebensstrategie kleiner Völker ähnelt: die Politik, einem Konflikt aus dem Wege zu gehen, Streit zu vermeiden, letztlich vor einer Übermacht zu kapitulieren. Die Nazis missbrauchten dies mit der Stiftung eines Sankt-Wenzels-Adlerordens. Er wurde in der Zeit des Protektorats an Leute verliehen, die sich für die Zusammenarbeit mit dem Hitler-Reich, für politischen Verzicht und Unterordnung einsetzten. Es gab deshalb im neuzeitlichen Tschechien durchaus Streit darüber, ob der 28. September tatsächlich ein Feiertag bleiben sollte.

Lange ließe sich über das jüdische Prag reden, von dem nicht mehr viel geblieben ist. Von der Burg aus gesehen, erstreckt sich das Gelände der alten Judenstadt hinter dem Künstlerhaus Rudolfinum bis an die prachtvolle Pariser Straße und den Altstädter Ring, der von der Tyn-Kirche dominiert wird, in der der Astronom Tycho de Brahe begraben liegt. Ganze Heerscharen von Touristen belagern die Judenstadt täglich, auf den Spuren des Wunder-Rabbiners Jehuda Löw, der sich der Legende nach aus Lehm den künstlichen Menschen Golem geschaffen haben soll.

Das Prager Judengetto war nicht irgendeines. Als die Juden im 18. Jahrhundert ein Viertel der Bewohner Prags ausmachten, gab es 17 Synagogen, zahlreiche Lehrstätten, eine talmudistische Hochschule, mehrere Krankenhäuser und zwei Friedhöfe. Heute hütet Prag eine der größten Schatzkammern des Judentums. Perverserweise wurde vieles von dem, was dort zu sehen ist, von den Nazis zusammengetragen, in ihrem »Institut für Rassenstudien«. Kultgegenstände, die sie den Ermordeten geraubt hatten, um den Untergang der jüdischen Rasse mit deutscher Gründlichkeit zu demonstrieren. Die Pinkassynagoge verzeichnet mehr als 77000 Namen der Umgebrachten. Ein schrecklicher Totenfries. Heute gibt es wieder Leben in der jüdischen Gemeinde Prags, aber die Gemeinde ist zerstritten.

Bei der Wiedergutmachung gegenüber den Juden blamierten sich viele in Tschechien. Deutlich wurde dies am Gezerre darüber, ob das Jüdische Museum der jüdischen Gemeinde zuerkannt

Die Figur des Golem, eines aus Lehm geformten künstlichen Menschen, im jüdischen Viertel von Prag.

wird, oder im Besitz des Staates bleiben sollte. Der Staat überließ es den örtlichen Gemeinden, ob die das alte jüdische Eigentum zurückerstatteten. Dabei stellte sich heraus, dass einstige Gebetsräume in Kinos, Diskotheken oder Lagerhallen »umfunktioniert« worden waren, auf die die Ortschaften nicht so einfach verzichten wollten. Gern gab man dagegen alte jüdische Friedhöfe heraus, für deren Unterhaltung die jüdischen Gemeinden aber kein Geld hatten. Da halfen auch kleine Bitt-Zettelchen auf der Tumba, dem Grabstein des Wunderrabis Löw auf dem alten jüdischen Friedhof, nichts.

Berührung und Kampf

Fährt man in Prag mit der Straßenbahn aus Richtung Süden kommend am Moldauufer entlang und biegt in die Neustadt zum Karlsplatz ein, dann verwirrt im ersten Moment die Stationsansage. Gleich zwei Haltestellen hintereinander nämlich heißen Palacký-Platz. Das hat schlicht etwas mit der Linienführung zu tun, könnte aber auch ein Zeichen der besonderen Würdigung František Palackýs sein, dem auf dem Areal auch ein großes Denkmal gewidmet ist. Palacký gilt als »Vater der Nation«. 1798 als Sohn eines protestantischen Lehrers in Nordmähren geboren, ging er in Pressburg, dem heutigen Bratislava, zur Schule und kam 1823 nach Prag. Anfangs bekannte er sich zur böhmischen Nation, in der es keinen Unterschied machte, ob jemand tschechischer oder deutscher Zunge war. In einer »Geschichte Böhmens«, zuerst auf Deutsch erschienen, sprach er von einer Synthese zwischen dem Slawentum und dem Deutschtum. Die tschechische Ausgabe war aber schon keine »Geschichte Böhmens« mehr, sondern eine »Geschichte der tschechischen Nation in Böhmen und Mähren«. Kurz: die eigentlichen Erben des Königreiches seien die Tschechen. »Der Hauptinhalt und der Hauptzug der ganzen böhmisch-mährischen Geschichte ist ... die andauernde Berührung und der Kampf des Slawentums mit den Romanen und dem Deutschtum. (...) Man kann auch sagen, dass die böhmische Geschichte hauptsächlich aus dem Streit mit dem Deutschtum besteht.«[3] Palacký berief sich dezidiert auf die Hussiten, die nicht nur eine religiöse, sondern vor allem auch nationale Bewegung dargestellt hätten. Die hussitische Revolution sei ein »Kampf um die Interessen und Güter des menschlichen Geistes« gewesen, nationale Anliegen seien mithin allgemein menschliche. Die Deutschen seien Konkurrenten, ja Gegner im tschechischen Kampf gegen Unfreiheit, Feudalismus und Barbarentum, herrschsüchtig und reaktionär. Immerhin sprach Palacký aber noch von »naši Němci« – »unseren Deutschen«. Ein Begriff, der sich bis heute auch im tschechischen Journalismus finden lässt.

Die Deutschen in Böhmen, die sich ihrer wirtschaftlichen und kulturellen Überlegenheit bewusst waren, belächelten anfangs das tschechische Emanzipationsstreben. Bernhard Bolzano, Prager Philosoph, Priester und Mathematiker, plädierte engagiert für eine böhmische Nation »ohne Scheidewand«: »Tschechen und

Deutsche, ihr müsst ein Volk ausmachen, ihr könnt nur dann stark sein, wenn ihr euch freundschaftlich vereinigt zusammentut. Ihr müsst euch als Brüder verstehen und brüderlich umarmen. Es lerne einer die Sprache des anderen, damit er auch zum Gleichen wird.«[4]

Seinen symbolischen Höhepunkt erreichte dieser Bohemismus während der Revolution von 1848. In jener Zeit entstand auch ein ursprünglich für eine Oper gedachtes Lied von Jozef Kajetán Tyl, das später, in der Ersten Republik, als Staatshymne auch von deutschen Kindern in den Schulen gesungen wurde: »Wo ist mein Heim, mein Vaterland? Wo durch Wiesen Bäche brausen, wo auf Felsen Wälder sausen, wo ein Eden uns entzückt, wenn der Lenz die Fluren schmückt: Dieses Land so schön vor allen, Böhmen ist mein Heimatland.«

Doch diese Euphorie hielt nicht lange. Während in der Frankfurter Paulskirche die Deutsche Nationalversammlung tagte, gab es mit dem Slawenkongress in Prag eine Gegenveranstaltung; zwei unterschiedliche nationale Konzeptionen waren unübersehbar. Als in Prag Aufrufe laut wurden, deutsche Läden tschechisch umzubenennen, war schnell von den »verräterischen Tschechen« die Rede. Schritt für Schritt drifteten Deutsche und Tschechen im gemeinsamen böhmischen Kronland der Habsburger weiter auseinander. Welch groteske Formen das in Prag annahm, ist in den Beschreibungen von Kisch nachzulesen.

Die Erste Tschechoslowakische Republik

Es hatte durchaus nicht nur etwas mit Baumaßnahmen im Künstlerhaus Rudolfinum zu tun, dass das Musikfestival »Prager Frühling« über Jahre seinen Auftakt im prachtvollen Jugendstilbau des »Obecní dům«, des Gemeindehauses am Platz der Republik, hatte, stets mit Smetanas sinfonischem Zyklus *»Má vlast«* (Mein Vaterland). Jenes Gebäude nämlich erlebte am 28. Oktober 1918 die Gründung des selbständigen tschechoslowakischen Staates. Am Wenzelsplatz wurden slawische Hymnen intoniert und natürlich das »Kde domov můj« – die Nationalhymne. Bengalische Feuer in den slawischen Farben Weiß, Rot und Blau brannten damals auf der Rampe vor dem Nationalmuseum am oberen Ende des Platzes. Der Doppeladler der Monarchie wurde beseitigt, die

Mariensäule auf dem Altstädter Ring, das Denkmal für Kaiser Franz Joseph, das Radecky-Denkmal auf der Kleinseite. Die Elisabethstraße hieß nunmehr Revolutionsstraße, der Josephsplatz mutierte zum Platz der Republik, die Ferdinandstraße zur Nationalstraße, der Bahnhof in der Stadtmitte wurde nach Masaryk umbenannt, der Hauptbahnhof, bis dahin Franz-Josephs-Bahnhof, bekam den Namen Wilsons. Jener Wilson, damals Präsident der USA, hatte im Januar 1918, im letzten Kriegsjahr, ein 14-Punkte-Programm erlassen, in dem er unter anderem eine größtmögliche Autonomie für die Völker Österreich-Ungarns verlangte. Die Monarchie war am Ende.

Der Boden für die Entstehung der Republik war im Exil gelegt worden. Die Schlüsselrollen hatten der Philosoph, Politiker und spätere erste Präsident Tomáš G. Masaryk sowie Edvard Beneš inne, ein Handelsakademie-Aushilfslehrer und Privatdozent an der Prager Universität. Masaryk war 1914 aus Prag ins Schweizer Exil gegangen, mit einem klaren Plan, die Habsburger Monarchie zu zerstören. Beneš blieb als eine Art Stellvertreter in der Heimat, bis er ihm ein Jahr später in die Emigration folgte. Im Juni 1918 erkannte Frankreich in Paris das tschechische Exil und die Rechte der tschechoslowakischen Nation offiziell an, später folgten dem Großbritannien und die USA. Am 14. Oktober ernannte sich Masaryk selbst zum Präsidenten der Exilregierung und bestimmte Beneš zu seinem Außenminister.

Wie unterschiedlich die Tschechen und die Deutschen in Böhmen das Jahr 1918 sahen, hat der Historiker Niklas Perzi treffend zusammengefasst: »In der tschechischen Geschichtsschreibung lesen sich die Dinge heute so: Die Tschechoslowakei war nicht nur Nachfolge-, sondern auch Siegerstaat im Weltkrieg. Die deutschen Gebiete waren seit jeher Bestandteil der Böhmischen Länder, mit denen sie auch unzählige Fäden wirtschaftlicher, kultureller und verkehrstechnischer Natur verbanden. Die Frage der Zugehörigkeit stellte sich eigentlich nicht. Das Selbstbestimmungsrecht der Deutschen wäre auf Kosten des neuen Staates gegangen. (…) Die sudetendeutsche Erzählung lautet dagegen so: Der Zerfall der Habsburger Monarchie wurde nicht zuletzt von tschechischen Politikern mit dem Selbstbestimmungsrecht für ihre Nation aktiv betrieben. Dieses nahm man zwar für sich selbst in Anspruch, verweigerte es aber den Deutschen, die in einen tschechoslowakischen Nationalstaat hineingezwängt wurden.«[5]

Masaryk hatte klare Vorstellungen: Er strebte nach einem Staat aus den historischen böhmischen Ländern und der Slowakei. Unter Hinweis auf das Selbstbestimmungsrecht sollte dabei verhindert werden, dass zehn Millionen Tschechen und Slowaken – er sprach von »Tschechoslowaken«, die es nie gegeben hat – unter deutscher Herrschaft stünden. Stattdessen wollte er die in Böhmen lebenden drei Millionen Deutschen in den neuen tschechoslowakischen Staat einordnen. Die Deutschen sollten davon überzeugt werden, dass genau das in ihrem Interesse liege. Für die Deutschnationalen war Masaryks Vorstellung die reine Katastrophe; sie konnten sich ihre Zukunft nicht in einem tschechoslowakischen Staat als Minderheit vorstellen und sahen in der Vereinigung mit dem »deutschen Muttervolk« den einzigen Ausweg. Eine Abstimmung über die Zukunft der Deutschböhmen hat es nie gegeben. Masaryk, am 21. Dezember 1918 als Präsident des neuen Landes triumphal in Prag empfangen, baute den Deutschen eine Brücke, räumte in einer Rede auf der Burg ein, dass sie sich in einer schweren Lage befänden, weil sie »dem pan-germanistischen, antitschechischen Expansionsprogramm allzu bereitwillig zugestimmt« hätten. Bei einem demonstrativen Besuch des Deutschen Theaters in Prag tags darauf wurde er mit Loyalitätserklärungen empfangen und dankte dafür: »Ich hoffe und wünsche, dass der heutige Abend nur ein Prolog zu einem großen politischen Drama ist, das wir und unsere Deutschen gemeinsam spielen werden.«

Das Schicksal der Deutschböhmen lag jedoch nicht nur in der Hand Prags. Auf der Friedenskonferenz von St. Germain taten die Alliierten – freilich unter Einflüsterungen von Beneš stehend – alles, um die deutschen Kriegsverlierer nicht auch noch durch den Anschluss der deutschböhmischen Gebiete zu stärken. Damit schuf man sich aber selbst ein Problem, wie einige amerikanische Fachleute auf der Konferenz einräumten: man zog eine Grenze zwischen zutiefst unzufriedenen Deutschböhmen in der Tschechoslowakei und Millionen reichsdeutschen Sympathisanten auf der anderen Seite. In Deutschland hatte man zunächst andere Sorgen. Man empfahl den Deutschböhmen lediglich, »Tschechisch zu lernen und deutsch zu bleiben«. Doch die dachten gar nicht daran, sahen den neuen Staat nicht als den ihren an. Stattdessen wollten sie an den Wahlen zu einer verfassunggebenden Nationalversammlung in Wien teilnehmen. Als dies abgelehnt wurde,

Tomáš Garrigue Masaryk, 1918 bis 1935 Präsident der Tschechoslowakei, die er mitbegründet hatte.

riefen die Sozialdemokraten unter den Deutschböhmen für den 4. März 1919, dem Tag, an dem in Wien besagte Nationalversammlung zusammentrat, zu Protesten und einem Generalstreik auf. In einer Reihe von Städten schoss das Militär in die Menge; 54 Tote und Hunderte Verletzte waren die Folge. Die meisten Opfer gab es in Kaaden. Der 4. März hat sich seither tief ins kollektive Gedächtnis der Sudetendeutschen eingepflanzt, wenn man so will als eine Art »Weißer Berg« der sich diskriminiert fühlenden Volksgruppe. Die sudetendeutsche Identität bekam an diesem Tag ihre Begründung – durch den bewaffnet durchgesetzten Machtanspruch der Tschechen.

Um Bedenken der Alliierten gegen mögliche Diskriminierungen im neuen Vielvölkerstaat Tschechoslowakei zu begegnen, erfand Beneš den Begriff der »zweiten Schweiz«. Das war die ČSR jedoch zu keiner Zeit. Selbst kleinste Autonomiewünsche der Deutschen wurden abgelehnt, aus Angst um die Einheit des neuen Staates. Die Tschechen allein bestimmten, was in der Verfassung stand. Wert auf Mitarbeit durch die Deutschen wurde nicht mehr gelegt. So wurde zwar über die Deutschen, aber ohne sie entschieden. »Ohne uns über uns« – das ist tragischerweise später auch zu einem tschechischen Trauma geworden, als andere 1938 in München über ihr Schicksal bestimmten, ohne sie selbst anzuhören.

Die Weltwirtschaftskrise traf die Tschechoslowakei besonders hart, und dabei wiederum noch schlimmer die mehrheitlich von den Deutschen bewohnten Gebiete. Dass auf dem Höhepunkt an die 20 Prozent von ihnen, aber nur fünf Prozent der Tschechen von Arbeitslosigkeit betroffen waren, lag an der Struktur der Betriebe. In Nordböhmen, wo die meisten Deutschen lebten, hatten die Textil-, Leicht- und Konsumgüterindustrie ihre Bastionen, die besonders heftig litten. Zudem weigerten sich tschechische Banken in der Folgezeit, den deutschen Firmeninhabern Kredite zu gewähren, und benachteiligt wurden diese auch bei öffentlichen Aufträgen. Mitte der 1930er Jahre begannen in Hitlers Deutschem Reich die Kriegsvorbereitungen, die wie ein konjunktureller Aufschwung wirkten. Die Deutschen dies- und jenseits der Grenze konnten ihre Lebensverhältnisse vergleichen. Die Nationalsozialisten nahmen sich des Themas an, der Reichsrundfunk berichtete über den Glanz in Deutschland und das Elend im Sudetenland. Nach dem Verbot rechter Parteien wie der

Deutschen Nationalsozialistischen Arbeiterpartei, die als Gefahr für den tschechoslowakischen Staat betrachtet wurde, diente die von Konrad Henlein im Oktober 1933 gegründete Sudetendeutsche Heimatfront als Sammelbecken. 1935 zur Sudetendeutschen Partei umgewandelt, konnte sie noch im selben Jahr 68 Prozent aller sudetendeutschen Wähler hinter sich bringen. Am Ende des Jahres zog sich Masaryk aus seinem Präsidentenamt zurück und empfahl Edvard Beneš als seinen Nachfolger.

Der Anschluss Österreichs an das Deutsche Reich im März 1938 löste unter den Sudetendeutschen die Erwartung aus, dass auch ihr eigenes Schicksal sich bessern würde. Zwar wiesen die Sozialdemokraten im Prager Parlament darauf hin, dass »der deutsche Mensch hier mehr Freiheiten genießt als in Deutschland, in Danzig, in Österreich, in allen Ländern Europas mit Ausnahme der Schweiz ...«. [6] Doch Hitler hatte schon im März 1938 gegenüber Henlein erklärt, »dass er beabsichtige, das tschechoslowakische Problem in nicht allzu langer Zeit zu lösen«. Das Karlsbader Programm der Sudetendeutschen Partei vom April 1938 verlangte die Herstellung der vollen Gleichberechtigung der deutschen Volksgruppe mit dem tschechischen Volk und »die volle Freiheit des Bekenntnisses zum deutschen Volkstum und zur deutschen Weltanschauung«. Bei den Gemeinderatswahlen im Mai/Juni 1938 übte die Sudetendeutsche Partei Druck aus, keine anderen deutschen Listen mehr aufzustellen. Die Sozialdemokraten bildeten aber eine Gegenfront, gemeinsam mit Liberalen und Christsozialen. Im manchen Orten gab es Einheitslisten von demokratischen Deutschen und Tschechen. Es ging schon nicht mehr um kommunale Dinge, es ging schlicht um das Verbleiben der Deutschen in der Tschechoslowakei oder um den Anschluss an das Reich. Der gerade erfolgte Anschluss Österreichs hatte eine nicht zu unterschätzende Wirkung auf den Ausgang der Wahlen. Die wenigsten Sudetendeutschen hofften noch auf Autonomie oder andere Zugeständnisse aus Prag. 90 Prozent wählten am Ende Henlein. London schickte Lord Walter Runciman als Sonderbotschafter in die Tschechoslowakei, um die Verhältnisse dort zu untersuchen. In einem Zwischenbericht stellte er fest, dass die tschechoslowakische Herrschaft in den sudetendeutschen Gebieten während der letzten zwanzig Jahre »taktlos, verständnislos und kleinlich« gewesen sei und »die deutsche Bevölkerung unweigerlich in die Richtung offenen Widerstandes treiben« musste.

Anwerbeplakat der SS für »Deutsche Männer aus Böhmen und Mähren«.

Die große Mehrheit der Einwohner wünsche die Vereinigung mit Deutschland. Am 15. September 1938 erklärte Henlein im reichsdeutschen Rundfunk: »Ohne jemals auf das Selbstbestimmungsrecht verzichtet zu haben, haben wir unter schwersten Opfern alles versucht, im tschechischen Staat unser Dasein zu sichern. Alle Bemühungen um einen gerechten Ausgleich sind gescheitert. Wir wollen als freie deutsche Menschen leben! Wir wollen wieder Friede und Arbeit in unserer Heimat! Wir wollen heim ins Reich!« Damit war der Boden für München bereitet.

Die Zerschlagung der ČSR und die Diktatur der Gewalt

Es gibt politische Begriffe, die in Prag bis heute zu den Unwörtern gehören. »Appeasement« ist eines davon. Es erinnert die Tschechen an die am Ende untauglichen Versuche der westlichen Verbündeten, Hitler von einem Krieg abzuhalten und ihn mit Zugeständnissen zu beschwichtigen – auf ihre Kosten.

Briten und Franzosen legten der Tschechoslowakei am 19. September 1938 nahe, Gebiete an Deutschland abzutreten. Ansonsten könnten sie ihren Bündnisverpflichtungen gegenüber Prag nicht mehr nachkommen. Beneš hatte sich innerlich selbst schon dazu durchgerungen. Er entsandte Minister Jaromír Nečas in geheimer Mission nach Paris, um dort über eine solche Abtretung zu verhandeln. Bis zu 6000 Quadratkilometer sollten an Deutschland gehen, dazu 1,5 bis 2 Millionen Sudetendeutsche. Im Gegenzug wollte er eine Garantie für die neue Grenze der Tschechoslowakei. Am 21. September wurde dies besiegelt. Beneš wurde im eigenen Land dafür scharf attackiert. Vom zweiten »Weißen Berg« war die Rede. Als Hitler diese Art der Kapitulation zu wenig war und er die sofortige Abtretung des gesamten Sudetenlandes verlangte, ordnete Beneš nach Rücksprache mit den Briten die Mobilmachung an. Tschechen, Slowaken, aber auch mehr als 300 000 sudetendeutsche Wehrpflichtige folgten dem Ruf zu den Waffen.

Als die militärische Auseinandersetzung unausweichlich schien, vermittelte der italienische Diktator Mussolini für den 29. September ein Treffen mit dem englischen Premier Chamberlain und dem französischen Regierungschef Daladier mit Hitler in Mün-

Die Tschechoslowakei Anfang 1938

Die Tschechoslowakei vor dem 1. 9. 1939

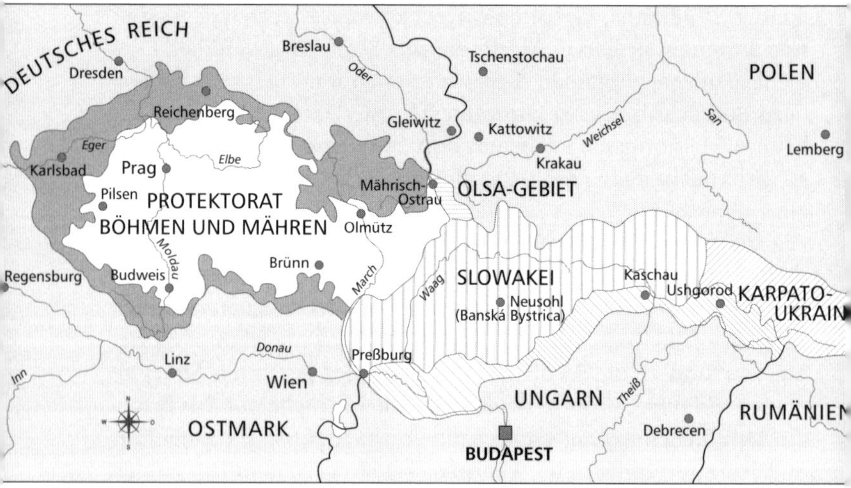

- Sudetengebiete etc.: zum 1.10. bzw. 20.11.1938 an das Deutsche Reich
- Karpato-Ukraine: 8.10.1938 autonom, 23.3.1939 ungarisch
- Slowakei: 16.10.1938 autonom, 14.3.1939 unabhängig
- Olsa-Gebiet: zum 1.11.1938 an Polen
- Südslowakei und südlicher Teil der Karpato-Ukra zum 2.11.1938 an Ungarn
- Restgebiete: 16.3.1939 Reichsprotektorat Böhmen und Mäh

chen. Die in einem Hotel wartenden Vertreter der ČSR wurden nach Mitternacht lediglich über die Ergebnisse informiert: Die Tschechoslowakei hatte die Sudetengebiete zum 1. Oktober abzutreten, ein internationaler Ausschuss sollte über Streitfragen und den endgültigen Grenzverlauf mit späteren Garantien entscheiden. Beneš hätte dieses Ultimatum nicht annehmen müssen. Die Truppen standen Gewehr bei Fuß, wollten sich nicht ergeben, obwohl sie wohl kaum eine Chance gegen die Deutschen gehabt hätten. Doch Beneš gab klein bei. Später war in erster Linie immer vom Verrat der Westmächte die Rede. Beneš' Rolle in dieser Frage ist bis heute umstritten. Während die einen ihm zugestehen, dass eine Weigerung, das Diktat anzunehmen, in der Welt mit Unverständnis aufgenommen worden wäre, hätte es doch womöglich Krieg bedeutet, sprechen andere vom »Kapitulanten« Beneš, der seinem eigenen Volk das Rückgrat gebrochen habe. Mit rasender Geschwindigkeit wurde Beneš nach der Annahme des Münchener Abkommens zu einer Art Unperson, ja fast zum Feind Nummer eins. Die Losung des Tages lautete *Odbenešit republiky!* (Ent-Beneŝt die Republik!), was nichts anderes bedeutete als die Tilgung seines Namens. Schulen, Straßen, Plätze, die nach ihm benannt waren, erhielten andere Bezeichnungen. Seine Porträts und Denkmäler verschwanden über Nacht. Am 30. November 1938 verloren die Briefmarken mit seinem Konterfei ihre Gültigkeit. Es rührte sich aber auch rückwirkender Zorn gegen den im Jahr zuvor verstorbenen Masaryk, den man nun als »Kosmopoliten« ansah, »ohne Liebe zu den böhmischen Ländern und seinem Volk«.[7]

Alles in allem verlor die Tschechoslowakei mehr als 51000 von ihren 140000 Quadratkilometern Fläche, 70 Prozent der Schwerindustrie, 80 Prozent der Textilindustrie und rund 70 Prozent der Kohlevorkommen. Die Tschechen schmerzte vor allem der Verlust an Land; dass sie die Sudetendeutschen »loswurden«, war eher eine Erleichterung, hatten sie doch aus ihrer Sicht ganz wesentlich den tschechoslowakischen Staat untergraben. Diese Einschätzung verstärkte sich noch angesichts der Bilder, auf denen die große Mehrheit der Sudetendeutschen Hitler zujubelte, als der die »befreiten« Gebiete besuchte.

Hitler gab sich jedoch mit dem Sudetengau nicht zufrieden. Er wollte die ganze Tschechoslowakei. Zu diesem Zweck stellte er zunächst den klerikal-faschistischen Führer der Slowakei, den

Einmarsch deutscher Truppen im März 1939 in Prag.

Priester Jozef Tiso, vor die Alternative, sich von den Tschechen abzuspalten oder von Ungarn besetzt zu werden. Tiso entschied sich für die erste Variante und wurde damit zum Vasallen Hitlers. Jetzt war der tschechische Landesteil allein. Emil Hácha, Nachfolger von Beneš im Präsidentenamt, wollte bei Hitler noch irgendeine Form von Selbständigkeit erhalten. Damit blitzte er aber ab. Am Morgen des 15. März 1939 marschierten deutsche Truppen in der »Rest-Tschechei« ein. Auf Widerstand stießen sie nicht.

Zu den bestürzendsten Dokumenten, die es über den Einmarsch gibt, die aber kaum jemand kennt, gehört eine kleine Erzählung von Kafkas langjähriger Brieffreundin Milena Jesenská. Deshalb sei daraus eine Passage zitiert: »Ganz wie sonst, traten Schwärme von Kindern um halb acht den Schulweg an. Wie sonst fuhren Arbeiter und Angestellte zur Arbeit, und wie sonst waren die Straßenbahnen überfüllt. Nur die Menschen waren anders. Sie standen da und schwiegen. Noch nie habe ich so viele Menschen schweigen hören. Auf den Straßen gab es keine Ansammlungen. Es wurde nicht diskutiert. In den Büros hob keiner den Kopf vom Schreibtisch. Ich weiß nicht, worin dieses einheitliche Verhalten von Tausenden wurzelt und woher mit einem Mal der übereinstimmende Rhythmus so vieler Menschen entspringt, die sich nicht kennen: am 15. März 1939, um fünf nach halb neun, rückte das Heer des Deutschen Reiches auf der *Národní* ein. Auf den Bürgersteigen strömten die Menschen wie gewohnt. Niemand sah hin, niemand drehte sich um. Die deutsche Bevölkerung aber hieß das deutsche Heer willkommen. (…)

Auf dem Wenzelsplatz traf ein tschechisches Mädchen eine Gruppe deutscher Soldaten. Es war bereits der zweite Tag des Einmarschs, unser aller Nerven waren angegriffen. Und weil der Mensch erst am zweiten Tag das Geschehene so richtig ermessen und begreifen kann, schossen ihm die Tränen in die Augen. Da geschah etwas Merkwürdiges: Einer der Soldaten – ein ganz einfacher, gewöhnlicher – trat heran und sagte: »Aber Fräulein, wir können doch nichts dafür …!« Es klang, als wolle er ein kleines Kind beschwichtigen. Er hatte ein deutsches Gesicht mit ein paar Sommersprossen, leicht rötliche Haare und steckte in einer deutschen Uniform. Ansonsten unterschied er sich durch nichts von unseren Soldaten – auch er ein einfacher Mann, seiner Heimat ergeben. Und so standen sich beide gegenüber und konnten nichts dafür … In diesem einfachen, schrecklich banalen Satz liegt der Schlüssel zu allem.

In einem Wagen der Straßenbahn spielte sich folgendes ab: ein junger Tscheche mit einem Streifen am Ärmel führte das große Wort: was wir jetzt unternehmen und wem wir's jetzt zeigen würden. Außer dem Streifen trug er ein Hakenkreuz am Revers seines Mantels. Durch seine Sprüche verstummten schließlich die anderen Gespräche, bis im ganzen Wagen tiefes Schweigen herrschte. Da erhob sich mit einem Mal ein deutscher Offizier in der Ecke, trat auf den Grünschnabel zu und fragte auf Tschechisch: Sind Sie Tscheche? Aufbrausend und ungeheuer selbstbewusst kam die Antwort: Ja, ich bin Tscheche. Darauf nahm ihm der Offizier das Abzeichen mit dem Hakenkreuz ab und sagte ganz ruhig und bestimmt: Dann haben Sie kein Recht, so etwas zu tragen.

Vor ein paar Tagen hatte ich ein Gespräch mit einem Deutschen, einem Nationalsozialisten, versteht sich. (…) Interessant ist, was er über die Tschechen dachte. Geradezu verlegen fragte er mich: Wie erklären Sie mir, dass eine derart große Zahl Tschechen zu uns kommt und mit Heil Hitler grüßt? – Tschechen? Das muss ein Irrtum sein. – Es ist keiner. Sie kommen zu uns auf die Ämter, heben den rechten Arm und sagen Heil Hitler.

Warum? (...) Ich könnte Ihnen von vielen erzählen, die uns im Übereifer mehr entgegenkommen, als sie müssen, ja, sich geradezu abstrampeln. Wissen Sie, jeder Deutsche hat Verständnis für Nationalstolz und nationales Rückgrat. Unterwürfiges Verhalten ruft bei einem Deutschen von heute nur ein mitleidiges Lächeln hervor, glauben Sie mir.«[8]

Vorauseilenden Gehorsam hatten zuvor schon einige Prager Berufsvereinigungen unter Beweis gestellt. Schon zwei Wochen nach der Münchner Konferenz, am 14.10.1938, gaben die Vereinigungen der Ärzte, der Juristen, der Anwälte, Notare und Ingenieure ein Memorandum heraus, in dem sie rundweg den Ausschluss von Juden verlangten. Vom 13. Januar 1939 an, also zwei Monate vor Hitlers Einmarsch, galt bereits ein Berufsverbot für jüdische Anwälte. Tschechische nationale Vereinigungen verlangten die Aussiedlung aller Juden aus der ČSR, die auf deren Gebiet seit 1914 gelebt hatten. Es wurde zum Boykott jüdischer Läden und Firmen aufgerufen. In Prag, Pilsen, Königgrätz und Dobříš kam es zu Versuchen, die dortigen Synagogen in die Luft zu sprengen. Jüdische Flüchtlinge aus Deutschland wurden (wie aus der Sowjetunion) mit Polizeieskorten zurück ins Hitlerreich verbracht, in eine – um es vorsichtig zu formulieren – äußerst ungewisse Zukunft. Unklar ist bis heute auch, weshalb die tschechoslowakische Führung, die vier Tage vorher den Termin des Einmarsches Hitlers kannte, nicht eine Patrone, ein Gewehr, ein Geschütz oder ein Flugzeug unbrauchbar machte, sondern alles fein säuberlich den Deutschen übergab, inklusive neuer Prototypen und zugehöriger Dokumentationen. Die Zeitung »*Mladá fronta Dnes*« fasste dies mit dem Satz zusammen: »Das ist eine Zeit, über die man (im heutigen Tschechien) lieber schweigt.«

Gar nicht zur Rolle des Opfers, das die Tschechen zweifellos waren, passt auch das Kapitel Lety. Dabei handelte es sich um ein Konzentrationslager für tschechische Roma im NS-Protektorat, das jedoch von tschechischen Wachleuten geführt wurde. Mehr als 300 Menschen sind dort ums Leben gekommen, darunter zahlreiche Kinder. Tschechen als Täter? Vermutlich wäre nie jemand auf eine solche Geschichte gekommen, wenn nicht seit 1974 auf dem Gelände eine Schweinemastanlage stünde, die den Roma – aus verständlichen Gründen – gegen den Strich geht. Sie wollen die Schweinefarm weghaben, weil sie eine Ehrung der Opfer verhindert. Im Mai 2005 befasste sich das Europaparlament mit der Angelegenheit dieses »verschwiegenen Genozids«. Eine überwältigende Mehrheit von 497 gegen 25 Abgeordnete verlangte den Abriss der Schweinefarm und die Einrichtung einer Gedenkstätte für die Roma. Die Nein-Stimmen kamen von den tschechischen EU-Abgeordneten der konservativen Demokratischen Bürgerpartei (ODS), deren Ehrenvorsitzender Tschechiens Präsident Václav Klaus ist, und von einem kommunistischen Abgeordneten aus Prag. Klaus geriet über die Internationalisierung des Skandals völlig in Rage. In Lety sei zwar »eine Reihe tragischer Dinge passiert«, räumte er ein. Mit einem »klassischen Konzentrationslager« sei es aber nicht zu vergleichen gewesen, es habe sich »lediglich um ein Sammellager für Arbeitsunwillige« gehandelt. Die Toten seien primär »Opfer von Typhus« geworden. Klaus hatte sich so sehr über die Kritik aus Straßburg geärgert, dass er sich nicht einmal scheute, von der »Einmischung in innere Angelegenheiten« zu reden, ganz so wie einst die Kommunisten. Über die Schweinefarm in Lety hätten Abgeordnete abgestimmt, die gar nicht wüssten, wo Lety überhaupt liege. »Normale Leute«, so Klaus, müssten sich angesichts dessen die Frage stellen, was die Parlamentarier in Straßburg und Brüssel eigentlich täten, wenn sie gar nicht wüssten, wofür sie die Hand heben. Der grüne EU-Abgeordnete Milan Horáček fand die Auslassungen von Klaus »beängstigend«. Der Mann sei »reif, zurückzutreten«. Fassungslos äußerte sich auch der Vorsitzende des Zentralrats der deutschen Sinti und Roma, Romani Rose: »Wenn jemand eine solche Aussage über jüdische Opfer (des Nationalsozialismus) gemacht hätte, würde das eine weltweite Debatte auslösen.«

Kurz nach 1989 sahen viele Tschechen in ihrem Fernsehen völlig ungläubig eine BBC-Dokumentation über das Attentat auf den stellvertretenden Reichsprotektor Reinhard Heydrich. Die Ungläubigkeit galt Aufnahmen vom Prager Wenzelsplatz, der bei einer von den Nazis und ihren Prager Marionetten angeordneten Trauerfeier schwarz von Menschen war – von Tschechen. Meine Mitarbeiterin Marie Novotná, die diese Zeit miterlebt hat, zweifelte auch an der Echtheit der Aufnahmen. Wir machten uns deshalb auf den Weg ins Prager historische Zeitschriftenarchiv. Fotos und Berichte in den Zeitungen jener Tage bestätigten jedoch den BBC-Bericht. Nun darf zwar bezweifelt werden, dass alle Tschechen – wie es bei der BBC hieß – freiwillig und voller ehrlicher Trauer auf dem Wenzelsplatz erschienen waren; eine Weigerung hätte gut auch Konsequenzen nach sich ziehen können. Aber nicht hinter jedem Tschechen stand da auch gleich ein Nazi mit einer Pistole im Anschlag.

Heydrich residierte seit dem 27. September 1941 auf der Prager Burg. Seit seiner Ankunft hatte er 437 Menschen erschießen und etwa 5000 verhaften lassen. Während eines zweimonatigen Ausnahmezustands ging die Zahl der Widerstandsaktionen drastisch zurück; im Protektorat herrschte, anders als in den anderen besetzten Ländern, Ruhe. Die Arbeiter in den Rüstungsbetrieben wurden mit zusätzlichen Rationen an Tabak und Fett zu Höchstleistungen angespornt. Die Protektoratsregierung war ein willfähriges Instrument der Okkupanten geworden, nachdem gegen Ministerpräsident Alois Eliáš wegen Kontakten zur Exilregierung unter Beneš in London das Todesurteil des Volksgerichtshofs ausgesprochen worden war. Heydrichs SS schien die Lage voll im Griff zu haben. So ignorierte er einen Befehl Himmlers, seinen Wagen panzern zu lassen. Heydrich hielt es wohl für nicht angezeigt, den Tschechen gegenüber Angst zu zeigen. Im Hochgefühl der Macht und der Unantastbarkeit fuhr er stets von seiner Privatresidenz in Jungfern-Breschan, 20 Kilometer nördlich von Prag, im offenen Wagen auf den Hradschin, selbst bei Regen, so auch am 27. Mai 1942. Als er in einer Haarnadelkurve im Prager Stadtteil Libeň, wo sein Fahrzeug langsam fahren musste, den aus England eingeflogenen Attentäter Jozef Gabčík mit einer – allerdings blockierenden – Maschinenpistole sah, ließ er nicht etwa Vollgas geben, sondern anhalten und griff nach seiner Pistole. Doch auch sie versagte. Das gab einem zweiten Attentäter, Jan Kubiš, die Möglichkeit, eine Handgranate in Richtung des Wagens mit Heydrich zu werfen. Die Detonation ließ die Fenster einer vorbeifahrenden Straßenbahn bersten, deren Passagiere panisch ins Freie flohen. Heydrich schoss noch auf Gabčík, bis er mit mittelschweren Verletzungen zusammensackte. Niemand von den Tschechen aus der Straßenbahn fand sich, der Heydrich helfen wollte. Erst ein von einem Polizisten gestoppter Lastwagen fuhr den SS-Obergruppenführer eine halbe Stunde später ins Krankenhaus Bulovka. Bei vollem Bewusstsein lehnte es Heydrich ab, sich von tschechischen Ärzten versorgen zu lassen; einen Prager Anästhesisten musste er dann aber doch akzeptieren, weil nur der die Apparaturen bedienen konnte. Gestorben ist Heydrich

Generalbauinspektor Albert Speer (v. l.) mit dem stellvertretenden Reichsprotektor Reinhard Heydrich bei einer winterlichen Rundfahrt im offenen Mercedes durch Prag am 4. Dezember 1941.

schließlich am Rosshaar aus der Sitzpolsterung, das in seine Milz eingedrungen war und dort eine tödliche Infektion auslöste.

Der Tod traf Hitlers wichtigsten Mordtechniker, der alle »Andersrassigen« auslöschen wollte. Bei einer Geheimrede im Oktober 1941 hatte er die Grundzüge seiner Politik für das Protektorat skizziert: »Wir müssen uns im Klaren sein, dass in der deutschen Geschichte Böhmen und Mähren Herzstücke des Reiches waren. (...) Das Zweite ist, dass man im Moment für die Nahzeit des Krieges den Tschechen klarmacht: Ob ihr uns liebt oder nicht, wichtig ist, dass ihr wenigstens jetzt einseht, dass es im Augenblick nur schädlich für euch ist, wenn ihr einen Aufstand macht und Widerstand leistet. (…) Wir werden allen klarmachen müssen, dass es real für die Tschechen am Günstigsten ist, wenn sie viel arbeiten, auch wenn sie sich im Stillen denken, dass es doch nur schief geht mit dem Reich, dann habe ich meine Freiheit wieder. Das kann uns völlig gleich sein; die Hauptsache ist, dass es ruhig ist.« Man dürfe aber nicht das Endziel aus den Augen verlieren, »dass dieser Raum einmal endgültig deutsch besiedelt werden muss. (…) Wir wollen nicht nach der alten Methode versuchen, dieses Tschechengesindel deutsch zu machen.« Nach einer rassischen Bestandsaufnahme müsse man sagen können, »so und so sieht die Bevölkerung aus. (…) Die einen sind gutrassig und gut gesinnt, das ist ganz einfach, die können wir eindeutschen. Dann haben wir die anderen, das sind die Gegenpole. Schlechtrassig und schlecht gesinnt. Diese Menschen muss ich hinausbringen. Im Osten ist viel Platz. Dann bleibt nun eine Mittelschicht, die ich genau durchprüfen muss. Da sind in dieser Schicht schlechtrassig Gutgesinnte und gutrassig Schlechtgesinnte. Bei den schlechtrassig Gutgesinnten wird man es wahrscheinlich so machen müssen, dass man sie irgendwo im Reich einsetzt und nur dafür sorgt, dass sie keine Kinder mehr kriegen. (…) Dann bleiben die gutrassig Schlechtgesinnten übrig. Das sind die Gefährlichsten, denn das ist die gutrassige Führungsschicht. (…) Bei einem Teil der gutrassig Schlechtgesinnten wird nur eines übrig bleiben, dass wir ersuchen, sie im Reich anzusiedeln, einzudeutschen und gesinnungsmäßig zu erziehen, oder – wenn das nicht geht – sie endgültig an die Wand zu stellen.«[9]

Ein Vorhof der Hölle war Theresienstadt, ein knappe Autostunde von Prag Richtung Dresden entfernt. Um ihr Vernichtungswerk zu kaschieren, erklärten die Nazis den Ort an der Eger 1943 zum »jüdischen Siedlungsgebiet«, zu einer Art Altersgetto, offiziell als »Reichsaltersheim« bezeichnet. Die Juden, die hier der »Endlösung«, sprich der Ermordung, entgegensahen, mussten sich auch noch selbst »einkaufen«; ihr Vermögen wurde beschlagnahmt, festes und bewegliches Eigentum konfisziert. Von den rund 140 000 Inhaftierten kamen etwa 33 000 direkt in Theresienstadt ums Leben. 87 000 wurden in die Vernichtungslager deportiert und ermordet. Nur rund 4000 erlebten die Befreiung. Ungeachtet dieser Schreckensbilanz verstanden es die Nationalsozialisten, das

Lager propagandistisch auszuschlachten. 1943 ordneten sie eine »Stadtverschönerung« an, um auf einen Besuch des Internationalen Roten Kreuzes vorbereitet zu sein. Allen Ernstes wurden zu diesem Zweck Rosenstöcke angepflanzt, man baute einen Kinderspielplatz, reparierte Straßen und Häuserzeilen. Anschließend wurde auch gleich noch ein Film gedreht, unter dem dreisten Titel: »Der Führer schenkt den Juden eine Stadt.« Die Beteiligten an diesem Streifen wurden anschließend fast ausnahmslos vergast. Bei dem ganzen Schwindel hatten sie bloß mitgemacht, weil sie in der trügerischen Hoffnung lebten, sie würden zumindest während der Dreharbeiten verschont und nicht nach Auschwitz verschleppt.

Perfide an Theresienstadt ist, dass die Mörder ein Kulturleben aufblühen ließen, wie es andernorts nicht mehr möglich war. Überlebende haben das später sogar als Höhepunkt ihres Lebens bezeichnet. Es gab Lesungen, Konzerte, Theater- und Opernaufführungen, selbst Kabarett und Swing, die im Reich verpönte Ami-Musik. Doch der Geiger, der eben noch Mozart gespielt hatte, musste damit rechnen, am nächsten Tag ins Gas geschickt zu werden. In Theresienstadt bildeten sich zeitweilig gar Anfänge einer eigenen Sprache heraus, die dem Multikulturalismus seiner Bewohner geschuldet war – ein Mischmasch aus Deutsch, Tschechisch und Hebräisch.

Der aus einer deutsch-jüdisch-tschechischen Familie stammende Komponist Hans Krása studierte hier mit jüdischen Waisenkindern seine Kinderoper »Brundibár« ein, die insgesamt 55 Aufführungen erlebt. Die Kinder konnten so einmal ihren Alltag im Getto vergessen. Ende September 1944 wurden aber fast alle Kinderschauspieler auf den Transport in die Vernichtung geschickt.

Genau 53 Jahre nach der letzten Aufführung von Verdis »Requiem« im Getto ehren im September 1997 das Bundesjugendorchester sowie der Prager und der Tschechische Kammerchor unter Leitung Gerd Albrechts mit dem Werk das Andenken der Holocaust-Opfer: nicht im ehemaligen Getto selbst, sondern im Gestapo-Gefängnis »Kleine Festung« am Rande Theresienstadts. Als die Mitglieder des Bundesjugendorchesters das erste Mal vor ihrem Auftritt in die gespenstische Kulisse treten, sind sie fassungslos. »Wie kann man hier musizieren, an solch einer Stätte des Grauens?« Zwei mal drei Meter groß, ein Pritschengestell, ein winziges Fenster, das sich nicht öffnen läßt – so sehen sie aus, die Einzelzellen, die auf der einen Seite den 4. Hof der »Kleinen Festung« begrenzen. 1944 waren hier bis zu 18 Menschen eingepfercht. Reihenweise erstickten Gefangene qualvoll in der fürchterlichen Enge.

»Ich war wahrscheinlich zu jung, um das alles zu begreifen, rechnete auch nicht mit dem Tod«, erzählt Eva Smolková-Keulemansová den Jugendlichen aus ihren Erinnerungen an die Zeit, da sie unter dem Dirigenten Rafael Schächter das Requiem von Verdi einstudiert hat. Einen Tag nach der Premiere ist das damals 14-jährige Mädchen mit ihren Eltern nach Auschwitz deportiert worden. Mutter und Vater endeten in der Gaskammer. Dreimal hat Rafael Schächter wieder einen Chor für das Requiem aufbauen müssen. Im Juni 1944 trat das Ensemble auch vor der Kommission des Internationalen Roten Kreuzes auf, deren Mitglieder nicht ahnten, welche Tragödie sich hier eigentlich abspielte. Die Worte »Libera me« – »Befreie mich«, dieser wachrüttelnde Aufschrei aus Verdis Totenmesse, wurden von ihnen nicht verstanden. Wenig später wurden auch die letzten Sänger sowie der Dirigent nach Auschwitz verschleppt.

Nach dem Konzert zum Gedenken an die Opfer äußert sich Dirigent Albrecht über das junge Orchester: »Sie haben sich rührend in dieser Atmosphäre verhalten. Ich knie vor ihnen mit Bewunderung.« Ein Lob, in das auch Irene Schulte-Hillen einstimmt, die Vorstandsvorsitzende der »Deutschen Stiftung Musikleben«: »Theresienstadt war ein solch bewegendes Ereignis für die jungen Leute, daß sie es ihr ganzes Leben lang nicht vergessen werden.« Eine junge Hamburger Cellistin bestätigt nach dem Konzert die allgemeine Ergriffenheit: »Als ich spielte, war ich voll konzentriert. Aber hinterher mochte ich nur noch weinen.«

Zurück zum Attentat auf Heydrich: Angeordnet hatte das Attentat Beneš in London. Dorthin war er nach dem Münchner Abkommen geflohen. Nur mit Mühe gelang es ihm, dass seine »provisorische Regierung« anerkannt wurde. Störend war dabei besonders die Kollaboration der tschechischen Protektoratsregierung mit Hitler. Briten und – nachdem sie überfallen worden waren – auch die Sowjets setzten die Exilregierung unter Druck, Sabotageakte in den kriegswichtigen tschechischen Rüstungsbetrieben zu organisieren. Beneš wollte das Attentat auf Heydrich als »spontane« Vergeltung durch das tschechische Volk ausgeben. Offenbar wollte er nicht eine gewisse Mitverantwortung für Vergeltungsaktionen der Nazis tragen. Es hatte von Prag aus auch Warnungen und Bitten gegeben, die Aktion abzublasen.

Die Rache der Deutschen war in der Tat furchtbar. Hitler ordnete die sofortige Erschießung aller tschechischen politischen Häftlinge sowie die Festnahme von 10000 »Verdächtigen« an. Dazu kam es aus polizeitechnischen Erwägungen dann aber nicht. Am Tag des Staatsbegräbnisses für Heydrich in Berlin, am 9. Juni, brachte ein erster Zug 1000 Juden aus Prag in Vernichtungslager auf polnischem Gebiet. Zwei weitere Züge folgten aus Theresienstadt. Am Abend des 9. Juni umstellte ein SS-Kommando die kleine Ortschaft Lidice, zwanzig Autominuten nordwestlich von Prag. Alle knapp 200 Männer der Bergarbeitersiedlung wurden erschossen, 195 Frauen und 87 Kinder in Konzentrationslager deportiert. Acht Kinder wurden für würdig befunden, »eingedeutscht« zu werden. Nur 16 Kinder haben am Ende überlebt und kehrten nach dem Krieg zurück. Auf gleiche Weise verfuhr man mit dem Dorf Ležáky. Monate hatte der Reichsarbeitsdienst zu tun, um Lidice dem Erdboden gleichzumachen. Insgesamt wurden im Zuge der »Heydrichiade« 3188 Tschechen verhaftet und 1357 standrechtlich erschossen. Die Namen der Erschossenen wurden Tag für Tag im Radio verlesen. Ganze Familien wurden ausgelöscht. Danach kam es im Protektorat zu keinen nennenswerten Aktionen des Widerstands mehr, sieht man vom Prager Aufstand in den letzten Kriegstagen ab.

Ich bin wiederholt in Lidice gewesen während meiner fast zwanzig Korrespondentenjahre in Prag, auch unmittelbar vor dem 60. Jahrestag der Auslöschung dieses Dorfes. An diesem Junitag 2002 lagen dicke Regenwolken über dem Land. Tristes Nieseln, das den Besucher zusätzlich frösteln lässt. Dazu die beklemmende Stille über dem großen Areal, das eigentlich nur aus Wiesen und einem Museum besteht. Vor einer bronzenen Kindergruppen-Skulptur legte an jenem Tag eine tschechische Schulklasse kleine Mitbringsel ab: Plüschtiere, Silberkettchen, ein besticktes Taschentuch, eine Kerze, einen frischen Strauß Pfingstrosen. Keines der Kinder sagte auch nur ein einziges Wort. Einige schluchzten leise. Vielleicht dachten sie an die Kinder von Lidice, deren Schicksal nie richtig geklärt werden konnte. In dem nahen Städtchen Kladno hatten die Nazis sie von ihren Müttern getrennt. Vermutlich 88 der Kinder sind im polnischen Chelmno mit Auspuffgasen vergiftet worden. Gesichert ist das aber nicht. Andere sollen tatsächlich ins Reich zur »Eindeutschung« gebracht worden sein. Unterlagen darüber verschwanden in den Kriegswirren.

Einer der Frauen von Lidice wurde nach dem Krieg durch das Rote Kreuz ein Junge zurückgebracht. Sie ahnte, dass es nicht ihr Jaromír war, und hat ihn doch zwei Jahre lang liebevoll aufgezogen, in der neuen Siedlung, die unweit des zerstörten Ortes errichtet worden war. »Die Augen des Jungen waren mir fremd. Aber ich glaubte, es sei mein Jaromir, weil ich es glauben wollte«, bekannte die Frau später. Als der Junge schon eingeschult worden war, kam ein amtliches Schreiben: Ein bedauerlicher Irrtum, hieß es. Der Junge sei ein Deutscher, seine Mutter fordere ihn zurück.

Lidice hat Deutsche nie kalt gelassen. Nach 1989 machten sich zwei Geschichtsstudenten aus Berlin, Kerstin Schicha und Frank Metzing, auf die Suche nach den verschwundenen Kindern von Lidice. Hilfe erhielten sie von tschechischen Behörden und vom Berliner Landeskriminalamt. Drei mögliche Kinder aus Lidice wurden gefunden. Doch ihre Herkunft ließ sich ebenso wenig klar bestimmen wie die eines Münchners, der sich selbst gemeldet hatte. Eine Tafel im Museum von Lidice informiert heute über die Suchaktion der beiden Historiker. Auch andere Deutsche haben sich in den zurückliegenden Jahren um den Ort verdient gemacht. Ernst Uhl beispielsweise von der »Lidice-Initiative« in Bremen betreut von deutscher Seite die Gedenkstätte und wurde 1994 zum Ehrenbürger des Ortes ernannt.

Zum 60. Jahrestag der Zerstörung Lidices hat man die Gedenkstätte neu herrichten lassen, nachdem jahrelang das Geld dafür gefehlt hatte. Den Überlebenden war das lange unverständlich, genau wie eine Nachricht, die aus dem Prager Stasi-Archiv kam: Die deutschen Befehlshaber des Massakers, die nach dem Krieg in Prag zum Tode verurteilt worden waren, sind Ende der 1950er Jahre heimlich begnadigt worden. Als Gegenleistung hätten sie sich verpflichtet, als Prager Agenten in Westdeutschland zu spionieren. Eingefädelt hatte diese perfide Aktion der kommunistische Staatspräsident Antonín Zápotocký. Das Unbegreifliche an dieser Geschichte: Der Mann war einst selbst KZ-Häftling gewesen.

Es wäre freilich nicht angemessen, wollte man unterschlagen, dass es tausende Tschechen gegeben hat, die wie die Attentäter gegen Heydrich aktiv gegen die Nazis gekämpft haben. Vojtěch Jůna war so einer: Er hatte beim Schuh-König Bat`a im mährischen Zlín Schuhmacher gelernt, bis er sich 1940, im Alter von 20 Jahren, entschied, als Freiwilliger in den Kampf gegen Hitler zu ziehen. Auf abenteuerlichen Wegen, über die Slowakei, Ungarn, Serbien und den halben Nahen Osten gelangte er zunächst nach Frankreich und dann nach England. Als Fallschirmjäger nahm er an der Landung in der Normandie teil, stand im Kampf gegen die 7. Deutsche Armee, blieb in Dünkirchen und erlebte da das Kriegsende. Ende Mai 1945 kehrte er in die Tschechoslowakei zurück, bekam Arbeit als Fahrer. Den Einsatz als Kriegsteilnehmer für sein Land hat ihm keiner gedankt. Im Gegenteil, in den 50er Jahren wurde er von den Kommunisten schikaniert, wie alle, die *Západ'áci* waren, »Westler«. Viele landeten als »unzuverlässige Elemente« in den Urangruben zur Zwangsarbeit. »Richtige« Tschechen und Slowaken waren nur die, die die Kriegszeit in der Sowjetunion zugebracht hatten und mit der kommunistischen Ideologie im Tornister in die Heimat zurückgekommen waren.

Viele solcher Geschichten gibt es. Der Regisseur Jan Svěrák, der für »Kolja« einen Oscar bekam, hat den Kriegsveteranen seines Landes in seinem Film »Dunkelblaue Welt« ein Denkmal gesetzt. »Dennoch ist dieses Thema bis heute ein weißer Fleck in unserer Geschichte«, sagt Jiří Hošek vom Prager Hörfunksender »Radiožurnál«. »Dabei ist das so wichtig für das Selbstverständnis unseres Landes. Wir haben oft in der Geschichte kapituliert, 1939 beim Einmarsch Hitlers oder 1968 im Prager Frühling. Die Tschechen haben auch kollaboriert. Aber wir hatten auch Kämpfer. Und es ist traurig, dass wir das selbst oft genug vergessen. Kein tschechischer Schüler kennt heute noch einen tschechischen Kampfflieger, obwohl die in der britischen Luftwaffe zu den besten gehörten. Bei britischen Schülern wäre diese Unkenntnis undenkbar.«

Hošek und ein Häuflein anderer Radioleute hatten gemeinsam mit der Bürgerinitiative »Post Bellum« den Ehrgeiz entwickelt, die Erinnerungen der Kriegsveteranen der Nachwelt zu erhalten. Die Journalisten fuhren auf Veteranentreffen, haben dort die alten Leute angesprochen und für ihr Projekt begeistert. An die tausend Tondokumente sollen produziert werden. Finanziert wird das Projekt vom Stiftungsfonds für die Opfer des Holocaust sowie vom Deutsch-Tschechischen Zukunftsfonds.

Es soll aber nicht bei den persönlichen Zeugnissen tschechischer und slowakischer Kriegsveteranen bleiben. Der Sender hatte im Vorfeld des 60. Jahrestages der Landung in der Normandie seine Korrespondenten im Ausland in die Spur geschickt, um auch polnische, russische, britische oder französische Kriegsteilnehmer über ihre Erlebnisse berichten zu lassen. Nicht zuletzt kamen auch einstige Angehörige der Wehrmacht zu Wort. »Es geht uns nicht um eine Enzyklopädie des Zweiten Weltkrieges, auch wenn wir sehr anschaulich auch über die Waffentechnik oder ähnliche Dinge berichten«, sagt Jiří Hošek. Wichtiger, weil auch viel authentischer sei es, die Schicksale einzelner Menschen beim Hören und Lesen nachempfinden zu können. »Es geht uns um Geschichte in Geschichten.« Und ohne Geschichte könne man nicht in die Zukunft sehen.

Die Rache der Sieger

Auch mehr als ein halbes Jahrhundert nach Kriegsende gehört in Tschechien manchmal Mut dazu, sich der eigenen Geschichte zu stellen. Einer, der diesen Mut aufbrachte, war der frühere Oberbürgermeister von Ústí nad Labem, dem früheren Aussig, Petr Gandalovič. Am 31. Juli 2005 enthüllte er auf der Elbe-Brücke, die den Namen Edvard Beneš trägt, eine Gedenktafel. »Diese Tafel ist keine leere Geste«, betonte er. »Wir sind das den Opfern schuldig. Hier sind Zivilisten umgebracht worden, und das, als schon Frieden herrschte.« Auf der Tafel steht, tschechisch und deutsch: »Zum Gedenken an die Opfer der Gewalt vom 31. Juli 1945.«

Die Tafel erinnert an eines der schlimmsten Verbrechen während der Phase der »wilden Vertreibung« der Deutschen aus der Tschechoslowakei. Die Explosion in einem Munitionslager hatte den Anlass zu einem brutalen Vorgehen gegen die Deutschen von Aussig gegeben. Menschen, darunter auch Kinder, wurden durch die Stadt gejagt, blindwütig erschlagen, in einem Löschwasserspeicher ersäuft oder von der Beneš-Brücke in die Elbe gestoßen und im Wasser beschossen, bis sie tot waren. Drei Tage später

Edvard Beneš (Mitte) folgte 1935 als Staatspräsident Tomáš Masaryk; Aufnahme bei einem Sportfest 1938.

trieben im sächsischen Pirna an die 80 Leichen an. Wie viele Menschen es genau waren, die unter der Führung so genannter Prager Revolutionsgarden umgebracht wurden, ist bis heute strittig.

Es hat unmittelbar nach Ende des Krieges viele solcher Ereignisse gegeben. Als in Prag am 9. Mai die Rote Armee einmarschierte, war die Stadt noch voller deutscher Zivilisten. Viele von ihnen wurden schon während des am 5. Mai begonnenen Prager Aufstandes interniert. Schulen, Kinos oder auch Fußballstadien funktionierte man zu Sammelpunkten um. In den Straßen regierte der Pöbel. Deutsche wurden gnadenlos verfolgt, keiner fragte nach Schuld oder Unschuld. Die Zahl der im Prager Aufstand umgekommenen deutschen Zivilisten schwankt zwischen 5000 und 27000. Jahrelang aufgestauter Hass entlud sich in Gewaltorgien und Lynchjustiz, wobei sich besonders solche »patriotischen« Tschechen hervortaten, die bis zum Ende mit den Besatzern kollaboriert hatten.

»Auge und Auge, Zahn um Zahn« stand über dem Tor eines Lagers in Budweis. Ein alliiertes Gericht urteilte darüber so: »Das Lager ähnelte während der ersten Stadien seines Betriebes vielfach einem deutschen KZ, wie man nach der Aussage der Zeugen in diesem Fall urteilen kann. Obwohl es keine Gaskammern enthielt und nicht ein Ort organisierter und systematischer Ausrottung war, so diente es doch als Zentrum von Brutalität, Gewalt und Sadismus.«

Auch ins ehemalige Gestapo-Gefängnis, der »Kleinen Festung« Theresienstadt, wurden die unerwünschten Deutschen gebracht. Von den Internierungen waren rund 350000 Menschen betroffen. Tausende Deutsche setzten ihrem Leben selbst ein Ende.

Der Begriff »wilde« Vertreibung ist etwas irreführend. Er impliziert, dass es der Volkszorn gewesen wäre, der sich berechtigt Bahn gebrochen habe, dass »normale« Tschechen die Deutschen nur ihrer »gerechten Strafe« zugeführt hätten. Die politische Führung sah aber nicht nur zu, sie stand hinter diesen Exzessen. Bis August wurden in der ersten Phase der Vertreibung bis zu 700000 Deutsche aus ihrer Heimat getrieben.

Der vermeintliche Anlass des eingangs erwähnten Massakers von Ústí, eine angebliche Sabotageaktion Deutscher, sollte den kurz darauf in Potsdam tagenden Alliierten noch einmal vor Augen führen, dass ein Zusammenleben von Tschechen mit den Deutschen auf absehbare Zeit nicht mehr möglich sein würde. Die Alliierten sollten die seit langem gehegten Pläne für einen »reinen tschechoslowakischen Nationalstaat« und damit die Vertreibung aller Deutschen absegnen.

Am 27. Oktober 1943 schon hatte Beneš in London in einer Rundfunkrede angekündigt: »In unserem Land wird das Ende dieses Krieges mit Blut geschrieben werden. Den Deutschen wird mitleidlos und vervielfacht all das heimgezahlt werden, was sie in unseren Ländern seit 1938 begangen haben. Die ganze Nation wird sich an diesem Kampf beteiligen, es wird keinen Tschechoslowaken geben, der sich dieser Aufgabe entzieht, und kein Patriot wird es versäumen, gerechte Rache für die Leiden der Nation zu nehmen.« Ungleich deutlicher noch drohte Beneš' Stabschef, General Sergej Ingr, in einer Rundfunkrede vom 3. November 1944: »Wenn unser Tag kommt, wird die ganze Nation dem alten Kriegsruf der Hussiten folgen: ›Schlagt sie, tötet sie, lasst niemanden am Leben!‹ Jedermann soll sich bereits jetzt nach der bestmöglichen Waffe umsehen, die die Deutschen am stärksten trifft. Wenn keine Feuerwaffe zur Hand ist, sollte man irgendeine sonstige Waffe vorbereiten und verstecken – eine Waffe,

Sammelpunkt für Deutsche zur Ausweisung aus dem Land
im Frühsommer 1945 in Prag.

die schneidet oder sticht oder trifft.« Prokop Drtina, Sekretär von Beneš, notierte in einem Brief vom 16. Juli 1944: »Es kann heute noch nicht definitiv gesagt werden, dass sämtliche über drei Millionen Deutsche auf Grundlage irgendeiner internationalen Regelung transferiert werden können. Auf diesem Wege wird es vielleicht möglich sein, sie nur zum Teil loszuwerden, maximal vielleicht zwei Millionen, und wir können uns daher nicht auf eine internationale Lösung verlassen und können eine solche nicht abwarten. Es ist notwendig, dass wir in den ersten Tagen nach der Befreiung vieles selbst erledigen, dass möglichst viele schuldige Nazisten vor uns fliehen, aus Angst vor einer Bürgerrevolte gegen sie in den ersten Tagen der Revolution, und dass möglichst viele derjenigen, die als Nazisten sich wehren und Widerstand leisten, in der Revolution erschlagen werden.«[10]

Auch als die Potsdamer Konferenz vom 2. August 1945 eine ordnungsgemäße Überführung deutscher Bevölkerungsteile festlegte und vorsah, »dass jede derartige Überführung ... in ordnungsgemäßer und humaner Weise« durchzuführen sei, hielten sich die Tschechen nicht daran. Davon konnte erst ab November 1945 die Rede sein, als die nach Plan verlaufenden »Abschiebungen« einsetzten. Insgesamt wurden mehr als 2,2 Millionen Deutsche aus der Tschechoslowakei vertrieben. Rund 1,4 Millionen landeten in der späteren Bundesrepublik, knapp 800 000 in der sowjetischen Besatzungszone. 230 000 Deutsche blieben von der Vertreibung ausgenommen, zum großen Teil deshalb, weil ohne sie als Fachkräfte die Produktion zusammengebrochen wäre. Die verbliebenen Deutschen sind aber vielfach diskriminiert worden. Teile ihres Lohns wurden zur »Wiedergutmachung« einbehalten, was später natürlich auch ihre Rentenansprüche senkte. Es hat in den letzten Jahren immer wieder einmal Anläufe gegeben, dieses Unrecht zu tilgen; doch umgesetzt wurden entsprechende Pläne nicht – aus Sorge, dass die große Mehrheit der Tschechen das auch sechzig Jahre nach dem Ende des Krieges nicht gutheißen würde.

Rechtlich verbunden mit der kollektiven Vertreibung fast der gesamten deutschen Volksgruppe aus der Tschechoslowakei sind die so genannten Beneš-Dekrete. Allein schon der Begriff »Beneš-Dekrete« gilt der politischen Elite Tschechiens bis heute als unakzeptabel. Der Chef der Sudetendeutschen Landsmannschaft, Bernd Posselt, musste das beispielsweise bei einem Live-Gespräch des tschechischen Fernsehsenders ČT 1 erfahren, in dem er sich eigentlich zur Mitschuld auch Sudetendeutscher am Leid, das den Tschechen zugefügt wurde, bekennen wollte. Als er von den »Beneš-Dekreten« sprach, drohte der zugeschaltete Vorsitzende des tschechischen Parlaments, Lubomír Zaorálek, damit, die Debatte sofort zu verlassen. Es handle sich nicht um die »Beneš-Dekrete« sondern um die »Dekrete des Präsidenten der Republik«. Dieser Streit um des Kaisers Bart bestimmte am nächsten Tag die Berichterstattung der Zeitungen; von der Bitte Posselts um Vergebung war nur am Rande die Rede.

In Wahrheit geht es weder um *die* Beneš-Dekrete oder um *die* Dekrete des Präsidenten der Republik, sondern um einige wenige von ihnen. Jene, die national diskriminierende Bestimmungen enthielten und die Deutschen (wie auch die Ungarn) außerhalb des Rechtes stellten. Das Dekret Nr. 12 ordnete die sofortige entschädigungslose Enteignung »aller Personen deutscher und magyarischer Nationalität, ohne Rücksicht auf die Staatsangehörigkeit« an. Im Grunde ging es also gegen den »Rassenfeind«. Als Personen deutscher und magyarischer Nationalität galten »Personen, die sich bei irgendeiner Volkszählung seit 1929 zur deutschen oder magyarischen Nationalität bekannt hatten«. Das Dekret Nr. 33 entzog Deutschen und Ungarn die tschechoslowakische Staatsbürgerschaft. Wer diese Staatsbürgerschaft behalten wollte, war aufgefordert, selbst nachzuweisen, dass er »der tschechoslowakischen Republik treu geblieben« sei, »sich niemals gegen das tschechische und slowakische Volk vergangen und sich entweder aktiv am Kampfe um seine Befreiung beteiligt oder unter dem nazistischen oder faschistischen Terror gelitten« habe. Mit anderen Worten: Für Deutsche und Ungarn galt bei allen Dekreten mit diskriminierendem Inhalt prinzipiell die Schuldvermutung und die Umkehr der Beweislast.

Ein besonderes Kapitel wurde am 8. Mai 1946, ein Jahr nach der Befreiung Prags, geschrieben: Da beschloss das Prager Parlament das Gesetz 115, das im Nachhinein Verbrechen an Deutschen als »gerechte Vergeltung für die Taten der Okkupanten und ihrer Helfershelfer« amnestierte und sogar für legal erklärte. Der Zeitraum für die »Vergeltungsaktionen« erstreckte sich vom 30. September 1938 bis zum 28. Oktober 1945. Mit dem Straffreistellungs-Gesetz wurden somit auch Verbrechen während der Vertreibung als »gerecht« eingestuft. Bis heute wird in Prag an diesem Gesetz nicht gerüttelt. Man spricht dagegen von »bedauernswerten« Exzessen, die jedoch folgenlos blieben. Obwohl nach 1989 zahlreiche Dokumente für international nicht verjährbare Verbrechen auftauchten, die die Schuldigen mit Namen und Hausnummer benannten, hat die tschechische Justiz in keinem einzigen Fall Anklage erhoben. Mehr noch, in Fällen wie dem Massaker von Totzau, bei dem kurz nach Kriegsende 31 Deutsche von Revolutionsgarden misshandelt und dann umgebracht wurden, berief sich die Justiz ausdrücklich auf das Straffreistellungsgesetz. Der Chefredakteur der Zeitschrift »Listy«, Václav Žák, warf den Ermittlern seinerzeit vor, »sich nicht bewusst gewesen zu sein, was sie taten«. Ein Ende der Untersuchung aus Beweisnot hätte man noch begreifen können, nicht aber die Berufung auf das »Amnestiegesetz«. »Kein zivilisiertes Land wird den wahnwitzigen Standpunkt des tschechischen Staates teilen, wonach der Mord an Zivilisten eine gerechte Vergeltung ist.« Dann könnten die Deutschen auch behaupten, die Vernichtung Lidices sei eine gerechte Vergeltung für den Tod von Hitlers Prager Statthalter Heydrich gewesen, sagte Žák. Selbst das ehemalige KP-Organ *»Právo«* übte Kritik am Ausgang des Falles Totzau: »Wenn das eine gerechte Vergeltung gewesen sein soll und wir das auch heute noch so sehen, ist mit unserer Vergangenheit nicht alles in Ordnung.«

Die »guten« und die »schlechten« Deutschen

Die Exilregierung unter Beneš wandte sich nach dem Verrat der Westmächte 1938 verstärkt Stalin zu und erkor sich die Sowjetunion als Garantiemacht aus. Beneš sah die Sowjetunion auf einem Weg von einer Diktatur zu einer sozialen Demokratie und meinte, die Tschechoslowakei könnte eine Art Brückenfunktion zwischen Moskau und dem Westen erfüllen, den er sich in Richtung Wohlfahrtssozialismus entwickelnd wähnte. Die Kommunisten in der Tschechoslowakei sollten das geschickt ausnutzen. Mitte 1947 wurde die Konfrontation der einstigen Alliierten immer größer und Moskau übte Druck auf seine Verbündeten aus, sich diszipliniert zu verhalten. Stalin verbot Prag in diesem Zusammenhang auch, Marshallplan-Hilfe in Anspruch zu nehmen. Innenpolitisch wuchsen Probleme zwischen Tschechen und Slowaken, ausgelöst durch die Vollstreckung des Todesurteils gegen den früheren Präsidenten des von Hitler abhängigen slowakischen Satellitenstaates, Monsignore Jozef Tiso. Die Kommunisten rissen zusehends die Macht an sich, legten eine radikale Forderung nach der anderen auf den Tisch. Unmittelbar vor den Wahlen im Frühjahr 1948 vertieften sich die Spannungen zwischen den Kommunisten, den Sozialdemokraten und den bürgerlichen Parteien. Am 20. Februar 1948 demissionierten 12 von 26 Regierungsmitgliedern aus Protest gegen die Benachteiligung nichtkommunistischer Beamter im Polizeiapparat. Sie hofften freilich, dass Beneš die Rücktritte nicht annehmen würde. Die Kommunisten nutzten die Gunst der Stunde, besetzten Straßen und Plätze mit Demonstrationen und organisierten am 24. Februar einen einstündigen Warnstreik. Unter dem zunehmenden Druck knickte Beneš ein und nahm die Demissionen entgegen. Damit war das Kräfteverhältnis zugunsten der Kommunisten verschoben. Beneš, ein gebrochener Mann, trat zurück. In der Folge verstärkten die Kommunisten ihre Repressalien und verfuhren dabei getreu dem Muster ihrer Vorbilder in Moskau. In Schauprozessen wurden selbst hochrangige Parteimitglieder zum Tode verurteilt. Innerhalb weniger Jahre war aus einem der freiesten Länder des Kontinents eine Diktatur geworden, in der der gewerbliche Sektor nahezu vollständig verstaatlicht wurde, der Außenhandel faktisch nur noch mit den osteuropäischen »Bruderstaaten« stattfand und die Beziehungen zum Westen auf ein Minimum eingeschränkt waren.

Logisch, dass sich auf diese Weise auch die Beziehungen zu den beiden Deutschlands völlig unterschiedlich gestalteten. Während Prag sich von den »schlechten« Deutschen in der Bundesrepublik abschottete, wurde ein enges Geflecht an Beziehungen zu den »guten« Deutschen in der DDR geschaffen. Die kommunistische Führung in Prag gehörte zu den ersten, die die im Oktober 1949 gegründete DDR anerkannten. In der Prager Deklaration von 1950 verzichteten die DDR und die Tschechoslowakei auf gegenseitige Gebietsansprüche, erklärten das Münchner Abkommen als von Anfang an ungültig und nannten die Vertreibung der Sudetendeutschen nach dem Zweiten Weltkrieg endgültig und gerecht. Für die in der DDR gelandeten Vertriebenen hieß das auch, dass sie eigentlich nie über ihr Schicksal laut sprechen durften.

Das änderte sich erst im vereinten Deutschland, als die Vertriebenen in der ehemaligen DDR auch eine Art Entschädigung bekamen. Geradezu vorbildlich war das Engagement der sächsischen Sudetendeutschen. Anfang der 1990er Jahre plante die Dresdner Gruppe der Landsmannschaft gemeinsam mit Freunden aus dem nordböhmischen Ústí (Aussig) eine Kranzniederlegung auf dem Nationalfriedhof von Theresienstadt, der an das Konzentrationslager »Kleine Festung« anschließt. Rechtsextreme tschechische Republikaner verhinderten das, stießen die Kränze mit den Füßen weg und wurden dafür nicht einmal belangt, weil sie sich hinter ihrer Immunität als Abgeordnete verstecken konnten.

Als 1964 die Visapflicht aufgehoben wurde, fuhren Tschechen und Slowaken zuhauf in die Ferien an die DDR-Ostseeküste und die »DeDeRonis«, wie man die Ostdeutschen in Anlehnung an die ostdeutsche Nylon-Ersatz-Erfindung Dederon nannte, ins Riesengebirge oder in die Hohe Tatra. Betriebe beiderseits der Grenze bauten enge Beziehungen auf, es gab sehr viele menschliche Kontakte zwischen Tschechen, Slowaken und Ostdeutschen, die zum Teil heute noch bestehen. Nach der Unterdrückung des

Die Friedensfahrt Berlin–Prag–Warschau – das osteuropäische Gegenstück zur Tour de France – verband die DDR und die ČSSR jedes Jahr aufs Neue, DDR-Briefmarke aus dem Jahr 1962.

Prager Frühlings verstärkten sich die Kontakte auf politischem Gebiet. DDR und ČSSR wurden füreinander die zweitwichtigsten Handelspartner. Die Führer beider »Bruderparteien« waren sich bis in die »Wendezeit« sehr nahe, auch in ihrer Erstarrtheit: Übereinstimmend lehnten sie die Reformversuche Gorbatschows in der Sowjetunion ab. Die letzten politischen Äußerungen der Parteichefs Erich Honecker und Miloš Jakeš lesen sich wie voneinander abgeschrieben.

Für beide Völker hatte das jeweils andere Land reichlich Anziehendes. Tschechen und Slowaken kauften gern in der DDR wegen der dort künstlich niedrig gehaltenen Preise Nahrungsmittel oder Bekleidung ein; DDR-Bürger waren beglückt, das in vielen Bereichen bessere Angebot im Nachbarland zu sehen. Viele DDR-Haushalte legten beispielsweise Wert darauf, eine tschechische Mischbatterie für das Bad ihr Eigen zu nennen. Der Einkaufstourismus nahm richtig Fahrt auf, als 1972 der pass- und visafreie Reiseverkehr eingerichtet wurde. 1973 fuhren 4,2 Millionen DDR-Bürger ins Nachbarland, umgekehrt reisten 1,2 Millionen Tschechen und Slowaken in den Ostteil Deutschlands.

Die ähnliche Sozialisierung in der kommunistischen Ära erleichtert es bis heute Menschen aus der ehemaligen DDR und

Tschechen, sich auf Anhieb zu verstehen. Kommt man als »Ossi« in eine tschechische Familie, wird man sehr interessiert nach dem Gang der Dinge gefragt. Man vergleicht die derzeitigen Lebensumstände, begrüßt dieselben gesellschaftlichen Veränderungen und stellt fest, dass man auch die gleichen Dinge in der »Nachwendezeit« verloren hat. Auffällig ist in diesem Zusammenhang die häufig zu hörende Ansicht, dass die Freiheit zwar wunderschön sei, die Zeit der verordneten Gleichheit aber auch ihre Vorteile gehabt habe. Die Reisen von Tschechen in die ehemalige DDR – wie überhaupt nach Deutschland – sind aber deutlich zurückgegangen. Das hat in erster Linie wirtschaftliche Gründe: Deutschland ist für tschechische Normalverdiener schlicht zu teuer. Und ihren Urlaub verbringen die Tschechen auch nicht mehr an der Ostsee. Die war ihnen im Grunde nämlich immer zu kalt, das Wetter zu unbeständig. Wer genügend Geld hat, verbringt die Ferien heute lieber in wärmeren Gefilden, zieht mit Sack und Pack nach Kroatien, Italien, Spanien, in die Türkei, nach Tunesien oder Ägypten – wo man dann oft genug auch die Deutschen wieder trifft.

Das politische Verhältnis zu Bonn war in der Nachkriegszeit vergleichsweise gestört. Das hatte natürlich auch mit den Sudetendeutschen zu tun, denen die Prager Propaganda stets und ständig Rachegelüste nachsagte, obwohl die Sudetendeutschen als Organisation mit der Detmolder Erklärung von 1950 auf »Vergeltung und Rache« verzichtet hatten. Die Bundesrepublik wurde lange nicht als Staat anerkannt. Umgekehrt machte aber auch die Hallstein-Doktrin, also das Wiedervereinigungsgebot und der Alleinvertretungsanspruch, von westdeutscher Seite die Aufnahme diplomatischer Beziehungen mit Prag schwierig, hatte die Tschechoslowakei ihrerseits doch die DDR anerkannt. Ein heikler Punkt war zudem das Münchner Abkommen. Der Vertrag Prag/Bonn über die gegenseitigen Beziehungen von 1973 kam erst nach langem, hartem Tauziehen zustande. Beide Länder betrachteten in dem Vertrag das Münchner Abkommen »im Hinblick auf ihre gegenseitigen Beziehungen nach Maßgabe dieses Vertrages als nichtig«. Seither entkrampften sich die Beziehungen etwas. Unterschiedliche Standpunkte blieben freilich auch danach. Sie bezogen sich vor allem auf das enteignete Vermögen der Sudetendeutschen. Zwar gewährten die Bundesregierungen möglichen, individuellen Rückgabeansprüchen der Sudetendeutschen nie eine explizite Unterstützung. Sie konnten jedoch auch keine Verzichtserklärung abgeben, weil sie sonst selbst verpflichtet gewesen wären, Entschädigungen zu leisten. Prag ging dagegen immer davon aus, dass das Vermögen der Sudetendeutschen auf Grund alliierter Vereinbarungen rechtmäßig als »Feindvermögen« konfisziert worden war. Diese Vermögensfrage ist bis heute offen, wie Bundeskanzler Helmut Kohl nach der Unterzeichnung der Deutsch-tschechischen Deklaration 1997 in Prag ausdrücklich betonte. Daran hat sich selbst unter der rot-grünen Regierung Schröder nichts geändert, auch wenn sich der sozialdemokratische Kanzler deutlich von den Vertriebenen abgrenzte, was wiederum in Tschechien mit Wohlwollen aufgenommen wurde.

Anders als die DDR-Bürger hielten sich die Westdeutschen mit Besuchen in der Tschechoslowakei vergleichsweise zurück. Prag galt immer als ein interessantes Reiseziel für westdeutsche Gymnasiasten. Und natürlich fuhren zunehmend auch Heimatvertriebene nach Tschechien, um die Gräber ihrer Angehörigen zu pflegen und Kontakte zu den tschechischen Bewohnern zu knüpfen. Bis heute gibt es zahlreiche Verbindungen vor allem auf der kirchlichen Ebene. Zahlreiche Sudetendeutsche haben in der alten Heimat auch Firmen gegründet und über diese Immobilien erworben. Fragt man Tschechen, die das im praktischen Alltag erleben, so hört man in der Regel vor allem Lob. Die Sudetendeutschen seien die einzigen Deutschen, denen das Schicksal Tschechiens wirklich am Herzen liege.

Weit wichtiger als der Tourismus von Westdeutschland aus waren die Handelsbeziehungen. Nicht zu vergessen ist jedoch, dass die Bundesrepublik in mehreren Wellen zur zweiten Heimat für Tschechen und Slowaken wurde – zum einen nach dem kommunistischen Putsch von 1948 und dann noch einmal nach dem zerschlagenen Prager Frühling 1968.

Der Prager Frühling

»Wenn ich die Bilder vor mir sehe, laufen mir noch heute Schauer die Haut herunter. Das war ein Aufstand gegen den Zynismus der Macht, der dann durch die Panzer erstickt wurde. Alexander Dubček hatte sicher seine Schwächen, aber für mich bleibt er wie Willy Brandt einer, der auch noch Visionen hatte und den Menschen nahe gekommen ist.«

Die deutsche Schauspielerin Hanna Schygulla
im Interview, November 2005

Russische Spitzenpolitiker machen um Prag gern einen großen Bogen. Bis heute. Kein Wunder – man verbindet mit ihnen nicht mehr nur einen Teil der Befreiung von der NS-Okkupation 1945, sondern auch die Zerschlagung des Prager Frühlings, jener Reformbewegung, die im August 1968 unter Panzerketten zermalmt wurde. Dieses Trauma haben die Tschechen bis heute nicht verwunden. Wenn man die Sowjets später im Nationalsport Eishockey schlagen konnte, waren das nationale Feiertage. Und als die Sowjets, die sich 22 Jahre häuslich eingerichtet hatten, nach der »Wende« endlich abzogen, war ein kollektives Aufatmen zu vernehmen. Auch mit dem zeitlichen Abstand achten die Tschechen bis heute auf jede Geste des Kremls, wenn es um den Prager Frühling geht. Michail Gorbatschow war dazu nicht fähig, als er vor 1989 das Land besuchte, obwohl er vielen als eine Art Schüler von Alexander Dubček galt. Die Zeit war dazu offenbar noch nicht reif. Boris Jelzin bewies mehr Mut, als er 1993 bei einem Prag-Besuch den Einmarsch als Aggression bezeichnete. Demonstrativ hatte er zudem Blumen für eine junge Tschechin niedergelegt, die bei den Kämpfen um Prag umgekommen war. Als 13 Jahre nach Jelzin 2006 Wladimir Putin an die Moldau kam, bekräftigte er zwar Jelzins Worte, aber er tat dies reichlich halbherzig. Es bedurfte erst der Frage eines Journalisten, um wenigstens die moralische Verantwortung für den Einmarsch einzugestehen, in wenigen dürren Sätzen, ohne rechtes Herzblut. Die tschechischen Medien waren dennoch zufrieden. Und Präsident Václav Klaus ohnehin. Er überraschte Putin gar mit dem Angebot, die Verhandlungen auf Russisch zu führen. Den Tschechen ging es mit dieser und anderen Gesten darum, Normalität in die Beziehungen zwischen Prag und Moskau zu bringen und den Wirtschaftsleuten bei ihren Geschäften zu helfen. In Putins Delegation befanden sich immerhin 500 Unternehmer.

Rückblende: Schon bald nach dem Tod Stalins 1953 zeigte sich in allen Ländern des damaligen Ostblocks eine Legitimitätskrise. Die politische Verunsicherung ging mit Schwierigkeiten in der Wirtschaft einher. In Prag zögerte die Führung unter Antonín Novotný die so genannte Entstalinisierung besonders lange hinaus. Noch viele Jahre thronte auf dem Letná-Hügel mit Blick auf die prächtige Pariser Straße ein monströses, bedrohlich wirkendes Stalin-Monument. Dabei hatte die Liberalisierung in der Kultur schon Mitte der 1950er Jahre eingesetzt. Das »Tauwetter« brach sich in den Theatern und in Literaturzeitschriften Bahn. Prägend wurden eine Konferenz 1963 in Liblice unter Federführung von Eduard Goldstücker, die Kafka de facto »rehabilitierte«, sowie der Schriftstellerkongress 1967, der eine gesellschaftliche Öffnung des Landes forderte. Als wirtschaftliche Reformen unumgänglich wurden, erarbeitete eine Gruppe von Wissenschaftlern unter dem Ökonomen Ota Šik ein Konzept für eine »sozialistische Marktwirtschaft«. Darin war unter anderem die Wiederzulassung kleiner privater Unternehmen vorgesehen. Vor allem aber wollten die Reformer den differenzierten Interessen innerhalb des starren Wirtschaftssystems größeren Spielraum geben.

Als im Januar 1968 Alexander Dubček, ein bis dahin kaum aufgefallener Slowake aus dem Politbüro, dem engsten Führungszirkel der Kommunistischen Partei, den Altstalinisten Nowotný an der Spitze ablöste, hätte kaum einer derart dramatische politische Entwicklungen in der Tschechoslowakei für möglich gehalten. Auch dem SED-Chef und DDR-Staatsratsvorsitzenden Walter Ulbricht kamen die Veränderungen in der Führungsspitze der KPČ anfangs nicht ungelegen. »Der bisherige Parteichef Novotný war Ulbricht äußerst unsympathisch gewesen und seiner Meinung nach ›nicht zu Veränderungen fähig‹«, wie Mario

Frank in seiner Ulbricht-Biografie schreibt. »Bei ihrem ersten Treffen ermutigte Ulbricht Dubček sogar, konsequent den Prozess der personellen Veränderungen in seinem Land fortzusetzen und weitere Altkader durch kreative, reformfreudige Fachleute, Ökonomen und Techniker zu ersetzen. Zu diesem Zeitpunkt hoffte er darauf, dass die Reformfreudigkeit Dubčeks sich positiv auf seine eigenen wirtschaftlichen Reformbemühungen und sein ›Neues Ökonomisches System‹ auswirken würde.«[11]

Die anfängliche Zuneigung Ulbrichts und der anderen Ostblockführer mit Kreml-Chef Leonid Breschnew an der Spitze verscherzte sich Dubček sehr schnell. Zwar stellte er nicht die Führungsrolle der KPČ in Frage, sein Idealismus und die verkrustete Strukturen des Parteiapparates beflügelten ihn jedoch darin, Reformen in Politik und Wirtschaft in Gang zu setzen, die bis dahin in einem der Moskauer Satellitenstaaten undenkbar waren. Anders als 1953 in der DDR oder 1956 in Ungarn war der Prager Frühling ein Reformversuch aus der kommunistischen Parteizentrale heraus. Als Kennzeichen dafür galt das Aktionsprogramm vom April 1968, in dem erstmals das Schlagwort des Prager Frühlings auftauchte: der »Sozialismus mit menschlichem Antlitz«. Dem folgten ganz unerhörte Dinge für die damaligen Verhältnisse: Die Pressefreiheit wurde wiederhergestellt, Versammlungsfreiheit gewährt, ein Streikrecht eingeführt oder eine Teilamnestie für politische Gefangene verkündet. In den Betrieben hielt eine Selbstverwaltung Einzug. Damit hatte die Parteiführung, die soziale Gerechtigkeit mit politischer Demokratie verbinden wollte, freilich den Geist der Freiheit aus der Flasche gelassen. Der Prozess bekam eine Eigendynamik. Plötzlich kamen Forderungen, die viel weiter gingen. Höhepunkt einer freien und offenen Debatte war das »Manifest der zweitausend Worte« des Schriftstellers Ludvík Vaculík, das den Führungsanspruch der KPČ ablehnte. Die »Bruderstaaten« reagierten postwendend und hart. Dubček musste seinen Kurs auf mehreren Gipfeltreffen der Warschauer-Pakt-Staaten rechtfertigen, was ihm zunehmend weniger gelang. Namentlich Ulbricht erinnerte immer wieder an 1953 und 1956, daran, was passiert, wenn ein kommunistisches Regime den Bürgern plötzlich ungeahnte Freiheiten zugesteht. Historiker Frank: »Sowohl in Ost-Berlin als auch in Budapest war den Regierenden damals die Macht aus den Händen geglitten, und sie mussten sich diese durch die Gewalt sowjetischer Panzer zurückgeben lassen. Bald gelangte Ul-

Vordenker eines »Sozialismus mit menschlichem Antlitz«: Alexander Dubček (vorn) und Zdeněk Mlynář.

bricht zu der Auffassung, dass die tschechoslowakische Führung dabei war, genau diesen Fehler zu wiederholen. Darum gehörte Ulbricht nach anfänglicher Sympathie für die Reformen Dubčeks bald zu seinen erbittertsten Gegnern im östlichen Lager.«[12]

Es ist im Nachhinein viel darüber spekuliert worden, ob Dubček und seine Mitstreiter wirklich glaubten, Moskau würde tatenlos zusehen, wie die Tschechoslowakei sich als Satellit aus dem Ostblock quasi »verabschiedet«. In einem langen Gespräch vor dem 25. Jahrestag des Einmarschs der Warschauer-Pakt-Staaten hat mir Zdeněk Mlynář, einer der ranghöchsten Funktionäre des

Jahres 1968, genau diese Naivität bestätigt: »Vor allem international haben wir nicht für ein Netzwerk gesorgt, das uns hätte auffangen können. Dabei gab es weltweit Sympathien für uns. Unsere Führung bemühte sich stattdessen vor allem darum, Moskau nicht zu reizen. Sie behauptete stets gegenüber dem Kreml, dass unsere Reformen eine rein innere Angelegenheit seien. Wir dächten nicht daran, uns in die Angelegenheiten anderer einzumischen, und erwarteten dasselbe auch umgekehrt. Immer wieder wurde versprochen, dass wir nicht von den Interessen der Sowjetunion abweichen werden. Ich war sicher, und nicht nur ich, dass es sich Moskau dreimal überlegen würde, zu intervenieren, noch dazu militärisch. Das war eine reine Illusion, wie sich schmerzhaft herausstellen sollte. Es wäre freilich ungerecht, zu behaupten, dass wir die Intervention selbst oder zumindest mitverschuldet hätten. Das entspräche der Logik, dass derjenige, der sich nicht genügend absichert, am Ende selbst die Schuld dafür trägt, dass er von Räubern überfallen wird. Schuld an einem solchen Überfall kann immer nur der Räuber sein.« Mlynář schilderte mir ausführlich, was am Morgen des 21. August 1968 geschah, als ein schwarzer »Wolga« der sowjetischen Botschaft vor dem Gebäude der Parteiführung vorfuhr, gefolgt von Panzern, wie russische Offiziere in den Raum eindrangen, in dem das versammelte Politbüro saß, wie allen Ernstes einer der Offiziere befahl, »nicht tschechisch zu sprechen«. »Was glauben Sie, wo Sie sich befinden«, rief ich einem Oberst auf Russisch zu. »Sie sind im Büro des Ersten Sekretärs der Kommunistischen Partei.« Besonders skurril beschrieb Mlynář in seinem Buch »Nachtfrost – Das Ende des Prager Frühlings«, was dann passierte: »Die Soldaten rissen die Telefondrähte aus den Wänden, schlossen die Fenster, um zu verhindern, dass wir die Rufe der Menschen hörten, die sich hinter dem Militärkordon versammelt hatten, die Nationalhymne und wechselnde Sprechgesänge anstimmten und dazwischen immer wieder Dubčeks Namen riefen. Aber auch durch die geschlossenen Fenster konnten wir sie hören und daneben in der Ferne zeitweilig Schüsse. Wir saßen nun schweigend um den Tisch, die Läufe der Maschinenpistolen im Nacken. Bohumil Šimon griff hinter sich in ein Bücherregal und zog wahllos ein Buch heraus; es war eine Geschichte des antiken Griechenland. ›Sehen wir mal nach, was wir zu erwarten haben‹, sagte er und öffnete das Buch, tippte mit dem Finger auf den erstbesten Satz und las laut vor.

Sowjetische Panzer zerschlagen im August 1968 den »Prager Frühling«.

Der Satz gab eine Überlegung – ich glaube von Plato – wieder, in der es hieß, dass die Demokratie nicht die beste Gesellschaftsordnung sei, dass es zu einem allgemeinen Rückgang der Disziplin käme, ja selbst Tiere liefen frei auf den Straßen herum. ›So, Genossen, jetzt wissen wir, warum sie gekommen sind‹, sagte Šimon und klappte das Buch zu.«[13]

Mlynář hat diese seine Erinnerungen, die auch die Verschleppung der engsten Parteispitze in die Sowjetunion und die erpresserischen Verhandlungen Breschnews mit Dubček später in Moskau nachzeichnen, 1977 im österreichischen Exil geschrieben. Ich habe ihm als Dank für die Zeit, die er mir gewidmet hatte, eine Schallplatte geschenkt, die der Tschechoslowakische Rundfunk zum 25. Jahrestag der Zerschlagung des Prager Frühlings herausgegeben hatte. Die Platte enthielt bewegende Ausschnitte aus dem Radio-Programm jenes 21. August 1968, die Mlynář bis dahin nicht kannte. Angefangen damit, dass der Rundfunk vor den ersten Frühnachrichten um 4.30 Uhr die berühmt gewordenen Worte ausstrahlte: »Wir sind mit Euch! Seid Ihr mit uns!« Über Stunden folgten dann keine geschliffenen Kommentare mehr, keine genrereinen Nachrichten, keine Interviews, aus denen schnell noch Versprecher herausgecuttert worden waren. Stattdessen hörte man Studiotüren klappen, aufgeregte Stimmen im Hintergrund, nahm das schnelle Atmen eines Redakteurs wahr, der im Laufschritt von seinem Beobachtungsposten an der Funkhaus-Vorderfront ins Studio geeilt war, um das Gesehene sofort an die Hörer weiterzugeben. Man hörte die von zunehmenden Störgeräuschen fast überlagerten flehentlichen Aufrufe der Redakteure an die Bevölkerung, Ruhe zu bewahren, sich nicht provozieren zu lassen. Dazwischen die majestätischen Klänge aus Smetanas sinfonischer Dichtung »Mein Vaterland« und schließlich die Ankündigung: »Wenn wir nicht mehr frei sprechen können, senden wir die Nationalhymne«. Als es dazu kam, mischten sich in die erhabene Hymne die Salven russischer Maschinenpistolen, die durch das geöffnete Studiofenster an ein zur Sendung aufgezogenes Mikrofon drangen. Mlynář konnte seine Rührung nicht verbergen, als wir gemeinsam die Platte anhörten. Später hat die ansonsten überaus verdienstvolle tschechische Stasi-Aufarbeitungsbehörde ausgerechnet an ihm ein Exempel statuieren wollen. Angeblich soll Mlynář bereit gewesen sein, eine Moskau hörige »Arbeiter-und-Bauern-Regierung« gegen Dubček zu unterstützen, an der Seite tatsächlicher Verräter aus der Parteispitze wie Bilak, Indra, Kolder oder dem letzten Vorwende-Parteichef Miloš Jakeš. Die Anschuldigung gegen Mlynář wurde zwar am Ende fallen gelassen, aber sie hat womöglich dazu beigetragen, dass er kurz danach verstarb. Jakeš übrigens erfreut sich bester Gesundheit, überstand alle Vorwürfe gegen seine Person und marschierte nach der letzten Gerichtsverhandlung, die wie das berühmte Hornberger Schießen ausgegangen war, in einen Tempel der früher von ihm bekämpften freien Welt – ein McDonald's-Restaurant.

Im August 1998, 30 Jahre nach dem Ende des Prager Frühlings, verblassen die Erinnerungen langsam. Im Kinosaal des kleinen mittelböhmischen Städtchens Všetaty, wo der berühmteste Sohn des Ortes, Jan Palach, geehrt werden soll, finden sich nur wenige Menschen zusammen. Er hätte an jenem 10. August 1998 seinen 50. Geburtstag gefeiert, wurde aber gerade einmal 20 Jahre jung. Am 16. Januar 1969 nämlich hatte sich der damalige Philosophiestudent mitten auf dem Wenzelsplatz in Prag, unweit des Myslbeck'schen Reiterdenkmals für den böhmischen Nationalheiligen, mit Benzin übergossen und angezündet. Ohnmächtiger, schrecklicher Protest, aber nicht allein gegen die Anwesenheit der Russen in seinem Land, wie leichthin auch in seinem Heimatland

Das Grab von Jan Palach auf dem Prager Olšany-Friedhof.

gern behauptet wird. Palach wollte mit seiner Tat vielmehr die Tschechen aufrütteln, die sich zum damaligen Zeitpunkt bereits vielfach mit dem Ende ihres demokratischen Traums abgefunden hatten. Es war in erster Linie ein Protest gegen die Lethargie, die sich breit gemacht hatte, gegen die allgegenwärtige Resignation. Palachs Fanal wirkte in der Tat noch einmal: Mehr als eine halbe Million Menschen gaben ihm nach Tagen eines schweren und am Ende verlorenen Kampfes das letzte Geleit. Eine einzigartige Demonstration. Später kamen an jedem Jahrestag Tausende an sein Grab auf dem Prager Olšany-Friedhof, um Mahnwachen abzuhalten. Bis es das Regime nicht mehr ertrug. 1973 ließ es das Grab öffnen und die sterblichen Überreste Palachs nach Všetaty überführen. Dort hat die Staatssicherheit dann immer leichtes Spiel mit ungebetenen Besuchern gehabt.

Die Revolution von 1989 hat es möglich gemacht, dass Palach wieder auf den parkähnlichen, von dichten Baumkronen wie zugedeckt wirkenden Olšany-Friedhof zurückgebracht wurde. Jeder, der auf dem größten hauptstädtischen Gottesacker Angehörige liegen hat, kennt das Grab. Es ist keine hundert Meter vom Haupteingang entfernt gelegen. Vor der Grabplatte brennen ständig Kerzen. Als ich einen Tag nach Palachs 50. Geburtstag an seinem Grab bin, liegen dort deutlich mehr Blumen als sonst. Sommerastern, Gladiolen, Rosen. Eine ältere Dame, Helena Krajnová, die eigentlich zu einem anderen Grab will, verharrt bei Palach. »Ich habe selbst einen Sohn seines Jahrgangs«, sagt sie später am Friedhofsausgang, auf die berührende Szene angesprochen. »Da leidet man doch ganz automatisch noch mehr mit.« Das mit den wenigen Besuchern der Gedenkstunde in Palachs Geburtsort hat sie im Radio gehört. »Fast drei Jahrzehnte sind eine lange Zeit. Die Leute haben heute andere Sorgen. Aber traurig ist es doch.«

Es sind nicht nur die anderen Sorgen, die die Leute davon abhalten, über diese Zeit zu sprechen. Wer redet schon gern über Niederlagen, noch dazu nationale. Die Deutschen kennen das gut. Für die Tschechen war es eine Katastrophe, wie ein geschlagener Dubček aus Moskau zurückkam und mit tränenerstickter Stimme das Ende des Traums eingestehen musste. Da wusste für kurze Zeit niemand mehr, wie es weitergehen sollte.

Meine Mitarbeiterin Marie Novotná hat 1968 in besonders schlimmer Erinnerung. Ihre Wohnung liegt nur wenige Schritte von einer Schule entfernt, die um 1917 von russischen zarentreuen Emigranten gegründet worden war und später von der sowjetischen Botschaft genutzt wurde. Dort hatten Panzer Stellung bezogen, leuchteten die Häuser in der Straße Nacht für Nacht mit gleißenden Scheinwerfern ab und veranstalteten »Zielübungen«. Regelmäßig schickten sie Streifen aus, die die Gegend unter die Lupe nahmen. Nicht immer sahen sie genau hin. So erschossen sie »versehentlich« auch zwei junge tschechische Burschen, die Brote unter den Armen trugen. Die Sowjets hatten Gewehre an Stelle der Brote vermutet. Marie Novotná hatte am Tag des Einmarschs eine Art eigenen stillen Protest beschlossen. »Ich nahm mir vor, meine Haare wachsen zu lassen und erst wieder zum Friseur zu gehen, wenn die Russen unser Land verlassen.« Als es nach 22 Jahren soweit war, hat es Marie Novotná dann doch nicht übers Herz gebracht, die Haare abschneiden zu lassen. Sie reichten ihr, immer nur mal gerade geschnitten, mittlerweile bis zu den Kniekehlen. Sie trug sie nie offen, formte sie vielmehr in einer zeitraubenden Prozedur zu einem überdimensionalen Dutt, den sie mit bunten Tüchern zusammenhielt, ein »Vogelnest«, wie sie sagt.

Wie weit das Vergessen mittlerweile vorangeschritten ist, wird bei einem Anruf im Verkehrsministerium deutlich. Es geht um ein

Interview mit dem Minister. Nein, nicht über aktuelle Themen. Es gehe um 1968. Wieso gerade mit meinem Minister, fragt der Mann aus dem Vorzimmer. Ich erinnere daran, dass der Minister in genau jenem Raum sitzt, in dem einst das Arbeitszimmer von Dubček war. Der Referent ist fassungslos und beschämt. Er hat es nicht gewusst.

So gut wie keine Zeugnisse mehr findet man in Prag über ein besonders trauriges Kapitel aus jenen Tagen im August 1968: das des Radiosenders »*Vltava*« (Moldau). Der Sender startete sein Programm am 22. August 1968, einen Tag nach dem Einmarsch. Vermeintlich »klassenbewusste« tschechische und slowakische Journalisten führten eine wahre publizistische Schlacht gegen den »Sozialismus mit menschlichem Antlitz«, redeten ununterbrochen von einem »imperialistischen Komplott«. Doch der Sender war mitnichten ein tschechischer oder slowakischer; er sendete auf einer Frequenz des DDR-Auslandsprogramms »Radio Berlin International« und wurde von einem Sendeturm bei Dresden abgestrahlt. Die Redaktion bestand fast ausschließlich aus DDR-Journalisten, ergänzt durch drei unbedarfte tschechoslowakische Bürger. Im Warschauer Pakt hatte man sich darauf verständigt, dass es besser wäre, DDR-Truppen nicht ins Nachbarland einmarschieren zu lassen. Das hätte böse Erinnerungen an die NS-Zeit wecken können. Die SED sollte stattdessen die Invasion publizistisch flankieren. Die bei Dresden zusammengezogenen Truppen der Nationalen Volksarmee NVA blieben in ihren Bereitstellungsräumen, überschritten die Grenze letztlich nicht.

Großer Erfolg war dem Propagandasender nicht beschieden. Das begann schon damit, dass im Programm kein einwandfreies Tschechisch gesprochen wurde. Versuche, Journalisten aus Prag für die Mitarbeit zu gewinnen, scheiterten kläglich. Aber vor allem auch inhaltlich war die Propaganda offensichtlich. Dennoch war Dubček über den Sender so erbost, dass er einen Protestbrief an Ulbricht nach Ostberlin schickte und die Einstellung des Programms verlangte. Später ging er auch den Moskauhörigen Konservativen in der KPČ gegen den Strich. Auf Bitte von Vasil Bilak, einer der orthodoxesten Führungsfiguren in der Zeit nach Dubček, wurde der Sender schließlich am 12. Februar 1969 abgeschaltet. Der Jubel der immer noch Dubčektreuen Medien in Prag und Bratislava kam aber verfrüht. Der Kreml hatte seine Taktik in der ČSSR längst geändert. Ende März wurde

Dubček endgültig in die Wüste geschickt, bald darauf der Rest der Reformer. Der Prager Frühling war endgültig verblüht.

Die Niederschlagung des Prager Frühlings brachte auch zahlreiche DDR-Bürger um ihre letzten Illusionen. Zwar waren viele Tschechen und Slowaken von der Haltung der Ostberliner politischen Führung schwer enttäuscht. Doch sie nahmen auch die Gesten der Solidarität wahr. Arbeiter, Schüler und Studenten protestierten gegen den Einmarsch mit Flugblättern und spontanen Demonstrationen. Die Staatssicherheit verfolgte deren Organisatoren hart. Die damals 21-jährige Schauspielstudentin Bettina Wegner etwa, die Flugblätter mit den Aufschriften »Solidarität für Prag!« und »Hoch Dubček!« angefertigt hatte, wurde wegen »staatsfeindlicher Hetze« zu 16 Monaten Haft auf Bewährung verurteilt. Schlimmer noch traf es den Schneeberger Abiturienten Thomas Günther. Der hatte ein Jahr nach dem Einmarsch auf einem Literaturabend ein kritisches Gedicht von Brecht zitiert: »Am Grunde der Moldau wandern die Steine/Es liegen drei Kaiser begraben in Prag/Das Große bleibt groß nicht und klein nicht das Kleine/Die Nacht hat zwölf Stunden, dann kommt schon der Tag/Es wechseln die Zeiten. Die riesigen Pläne/der Mächtigen kommen am Ende zu Halt./Und gehen sie einher auch wie blutige Hähne/es wechseln die Zeiten, da hilft kein' Gewalt.« Das Vortragen dieses Gedichts im Kontext der Ereignisse von Prag brachte dem Abiturienten 27 Monate Haft ein. Die Langzeitwirkung des Prager Frühlings auf die Opposition in der DDR ist unumstritten. Die Ideale der Prager Reformer fanden in der Bürgerbewegung dauerhaften Widerhall.

Eine ganz spezielle Verbindung zum Prager Frühling hatte die westdeutsche Studentin Sibylle Plogstedt, die den Aufbruch in der tschechoslowakischen Hauptstadt erlebte. Sie stellte sich in den Dienst des gewaltfreien Widerstands der Massen, half, illegale Transporte mit ihrem Auto durchzuführen, besorgte Bücher aus dem Westen, verteilte Flugblätter. Verrat führte dazu, dass sie verhaftet und vor Gericht gestellt wurde, das sie zu zweieinhalb Jahren Haft verurteilte. Dort sperrte man sie mit einer psychisch Kranken zusammen. Die Hintergründe konnte sie erst Jahrzehnte später erfahren, als auch in Tschechien die Akten des Geheimdienstes geöffnet wurden.

Die Charta 77

Hatte die Mehrheit der Tschechen und Slowaken die Liberalisierung der 1960er Jahre mit einem Gefühl des Aufbruchs genossen, folgte diesem Enthusiasmus nun eine tiefe Frustration. In der Zeit der so genannten »Normalisierung« wurden viele Anhänger des Prager Frühlings erniedrigt, mit Berufsverbot belegt, verfolgt und sozial deklassiert, konnten sich vielfach nur als Heizer oder Straßenkehrer über Wasser halten. Die Frage war, ob man sich beugen und anpassen oder an seinen Idealen festhalten sollte. Das Regime arbeitete mit Zuckerbrot und Peitsche. Wer sich für die Anpassung entschied, wurde dafür belohnt. Große Summen wurden in die Versorgung der Bevölkerung gesteckt. Von einem Mangel an Fleisch, wie er etwa in der DDR immer wieder die Hausfrauen nervte, konnte in der ČSSR keine Rede sein. Ein Auto war nicht nur einigermaßen erschwinglich, man musste auch nicht bis zu 15 Jahre darauf warten, wie im nordwestlichen Nachbarland. Die Masse der Tschechen nahm die Angebote des Regimes mit und zog sich in eine Art Nischengesellschaft zurück.

Václav Havel hat in seinem Essay »Versuch, in der Wahrheit zu leben«, hervorragend diese Zeit an einem simplen Beispiel beschrieben: »Ein Leiter eines Gemüseladens platzierte im Schaufenster zwischen Zwiebeln und Möhren das Spruchband ›Proletarier aller Länder, vereinigt euch!‹ Warum hat er das getan? Was wollte er damit der Welt mitteilen? Ist er wirklich persönlich so für die Idee der Vereinigung der Proletarier aller Länder begeistert? Geht seine Begeisterung so weit, dass er das unwiderstehliche Bedürfnis hat, die Öffentlichkeit mit seinem Ideal bekannt zu machen? (…) Ich glaube, dass man mit Recht voraussetzen kann, dass die überwiegende Mehrheit der Gemüsehändler über die Texte der Spruchbänder in ihren Schaufenstern im Grunde genommen nicht nachdenkt. (…) Dieses Spruchband wurde unserem Gemüsehändler zusammen mit den Zwiebeln und Möhren vom Betrieb angeliefert, und er hängte es einfach deshalb in das Schaufenster, weil er das schon seit Jahren tut, weil das alle tun, weil es so sein muss. Wenn er es nicht getan hätte, könnte er Schwierigkeiten bekommen; man könnte ihm den Vorwurf machen, dass er keine ›Dekoration‹ hat; irgendjemand könnte ihn sogar der Illoyalität bezichtigen. Er hat es deshalb getan, weil es ›dazugehört‹, wenn man im Leben durchkommen will; weil das eine von Tausenden ›Kleinigkeiten‹ ist, die ihm ein relativ ruhiges Leben ›im Einklang mit der Gesellschaft‹ sichern. (…) Die Parole hat die Funktion eines Zeichens. Verbal könnte man sie so formulieren: Ich, der Gemüsehändler XY, bin hier und weiß, was ich zu tun habe; ich benehme mich so, wie man es von mir erwartet; auf mich ist Verlass, man kann mir nichts vorwerfen; ich bin gehorsam und habe deshalb das Recht auf ein ruhiges Leben. Diese Mitteilung hat selbstverständlich ihren Adressaten: Sie ist ›nach oben‹ gerichtet, an die Vorgesetzten des Gemüsehändlers, und es ist zugleich ein Schild, hinter dem sich der Gemüsehändler vor eventuellen Denunzianten versteckt.«[14]

Die Menschen, ähnlich unserem Gemüsehändler, wollten schlicht ihre Ruhe haben, nicht »oben« anecken. Wer sich an die »Spielregeln« hielt, die die Partei ausgegeben hatte, kam damit recht gut über die Runden. »In jedem ist ein Stück Bereitschaft, sich in der anonymen Masse aufzulösen und mit ihr bequem im Fluss des Pseudolebens mitzuschwimmen«, schreibt Havel dazu, der dieses Leben das »Leben in der Lüge« nennt. »Stellen wir uns vor«, so Havel weiter, »dass sich unser Gemüsehändler eines Tages auflehnt und aufhört, Spruchbänder auszustellen, die er nur ausstellte, um sich Liebkind zu machen; dass er aufhört, zu Wahlen zu gehen, von denen er weiß, dass es keine sind (…). Durch seine Rebellion wird der Gemüsehändler aus dem ›Leben in der Lüge‹ austreten, das Ritual ablehnen und die ›Spielregeln‹ verletzen. Er wird wieder seine unterdrückte Identität und Würde finden, seine Freiheit verwirklichen. Seine Rebellion wird ein Versuch um das Leben in der Wahrheit sein.«[15] Nicht viele freilich waren es, die den Versuch unternahmen, in der Wahrheit zu leben. Havel gehörte zweifellos dazu. Und die Mitstreiter des späteren Präsidenten, die sich am 1. Januar 1977 erstmals zu Wort meldeten mit der Charta 77. »Eigentlich wollten wir nur unserer Regierung helfen«, sagte die Prager Bürgerrechtlerin Irina Šiklová ironisch über die Charta 77. In dem kurzen sach-

Der oppositionelle Schriftsteller Václav Havel erhielt nach 1968 Publikationsverbot und arbeitete als Lagerarbeiter in der Brauerei von Trutnov im Riesengebirge, Aufnahme von 1974.

lichen Text wurden die damaligen Machthaber lediglich daran erinnert, in der Tschechoslowakei die Menschenrechte gemäß der Schlussakte von Helsinki zu achten, die sie selbst unterzeichnet hatten. Das Gründungsdokument entstand »nicht als Aufruf zu ohnmächtigen Drohgebärden«, wie es einer seiner Autoren, der Philosoph Jan Patočka, später geschrieben hat, sondern als »ein Aufruf zu einem Verhalten, das unter allen Umständen würdevoll bleibt, furchtlos, wahrhaftig, das einfach dadurch imponiert, dass es sich vom offiziellen unterscheidet«.

Das Regime schlug sofort und hart zu: Die Erstunterzeichner wurden »zugeführt«, man kriminalisierte und dämonisierte sie in der Öffentlichkeit, beraubte sie, wenn man sie nicht gleich hinter Gitter sperrte, der Bewegungsfreiheit. Alle Register der Einschüchterung wurden gezogen. *»Rudé právo«*, die kommunistische Parteizeitung, schoss sich am 12. Januar 1977 mit aller Macht auf die Autoren ein: »Es handelt sich um eine staatsfeindliche, antisozialistische, volksfeindliche und demagogische Schmähschrift, die dreist und verlogen die Tschechoslowakische Sozialistische Republik und die revolutionären Errungenschaften des Volkes verleumdet. (...) Die selbsternannten Weltverbesserer, die das Volk verachten, seine Interessen, seine gewählten Vertreter, maßen sich das Recht an, unser Volk zu repräsentieren, sie verlangen einen Dialog mit der politischen und staatlichen Macht, und sie maßen sich sogar die Rolle eines ›Vermittlers in eventuellen Konfliktsituationen‹ an. (...) Im politischen Sinne ist es ein buntes Gemisch menschlichen und politischen Strandguts. Zu ihm gehört V. Havel, ein Mensch aus einer Millionärsfamilie, ein verbissener Antisozialist, P. Kohout, ein treuer Diener des Imperialismus ... L. Vaculík, Autor des konterrevolutionären Pamphlets ›2000 Worte‹, ... J. Patočka, ein reaktionärer Professor, der sich in den Dienst des Antikommunismus gestellt hat ... und andere, die für ihre konkreten staatsfeindlichen Aktivitäten bereits rechtskräftig verurteilt worden sind.«

Das Entstehen der Charta 77 hing mit einem Prozess gegen eine Gruppe von Underground-Musikern zusammen, junge Leute ohne politische Vergangenheit und ohne oppositionelle Ambitionen. Schon ihr Name war Provokation: *»The plastic people of universe«*. Das klang nicht eben nach sozialistischem Menschenbild. Sie spielten einfach die Musik, die ihnen gefiel. Dem damaligen Machtapparat aber waren sie ein Dorn im Auge, weil sie sich nicht in den Rahmen der von ›oben‹ geforderten Anpassung pressen ließen. Es galt also, ein Exempel zu statuieren, an allen, die sich der Apathie, der Gleichschaltung und dem totalen Gehorsam verweigerten – die letztlich versuchten, in der Wahrheit zu leben. Das absurde Vorgehen des Regimes hatte für Havel und seine Freunde exemplarischen Charakter. Sie organisierten Protestaktionen, bezogen auch bekannte Persönlichkeiten aus dem Ausland, wie Heinrich Böll, mit ein und verfassten schließlich die Charta 77, die auch von Reformkommunisten unterzeichnet wurde, die das Regime nach dem zerschlagenen Prager Frühling längst mundtot gemacht zu haben glaubte. Im Laufe der folgenden Jahre gab die Charta 77 insgesamt 572 Dokumente heraus, in denen sie sich vor allem zum politischen Geschehen im Land äußerte. Sie wurde somit zur Plattform der Menschenrechtler, reichte jedoch kaum über den Kreis der Dissidenten hinaus.

Das hatte auch mit der Reaktion der Herrschenden zu tun. Mehr als 300 Chartisten wurden ins Exil getrieben, andere, wie Havel, mussten für ihre ungebrochene freiheitliche Gesinnung für viele Jahre in Haftanstalten. Dennoch war mit der Charta 77 die Saat gelegt, die im November 1989 in der »Samtenen Revolution« aufgehen sollte. Mit dieser Revolution begann dann allerdings folgerichtig auch die Sinnkrise der Charta 77. Der gemeinsame Feind, das totalitäre Regime, war bezwungen. Sehr schnell engagierten sich die Signatare in neuen politischen Gruppen unterschiedlichster Ausrichtung. Anfang November 1992 fassten einstige Führungsmitglieder wie Václav Havel, Jiří Dienstbier und Jiří Hájek, der Außenminister in der Zeit des Prager Frühlings, den Entschluss, die Tätigkeit der Charta 77 einzustellen. »Nein, von einem tiefen geschichtlichen Einschnitt würde ich nicht sprechen«, sagte mir Hájek tags darauf in einem Interview. Ein Stück Wehmut in seiner Stimme war dennoch nicht zu überhören. Immerhin gehörte die in Zeiten tiefer gesellschaftlicher Agonie gegründete Bürgerrechtsbewegung zu den wichtigsten geistigen Wegbereitern des demokratischen Wandels in Mittel- und Osteuropa.

Trabis und samtene Revolutionäre

Am 3. Oktober 1989 verfasste ein Prager Polizist folgende skurrile Meldung: »In der Hladková-Gasse in Prag 6 beobachtete ich die Bewegung einer unbekannten Person bei einem Fahrzeug, Fabrikmarke Trabant, internationales Kennzeichen der DDR. (...) Bei der Personenüberprüfung stellte ich fest, dass es sich um folgenden Besitzer der Fahrzeuges handelt: L. D., Berlin. (...) Dieser verschloss plötzlich das Fahrzeug und übergab mir die Schlüssel des Fahrzeugs, weil er diese nicht mehr brauche und es mir schenke. Ich sagte ihm, dass dies nicht geht, aber er schrieb etwas Deutsches in den Ausweis ›Zulassungsschein‹ und übergab mir alles mit der Bemerkung, dass dies in Ordnung sei. Drei Schlüssel und einen Ausweis ›Zulassungsschein‹ übergab ich gemeinsam mit diesem amtlichen Vermerk dem ständigen Dienst der örtlichen Abteilung der Öffentlichen Sicherheit in Břevnov, Prag 6.«[16] L. D. hatte sich auf den Weg nach Prag gemacht, um wie Tausende andere der ungeliebten Heimat den Rücken zu kehren.

Drei Tage vorher, am 30. September, war in der Botschaft der Bundesrepublik Geschichte geschrieben worden, als Hans-Dietrich Genscher vom Balkon des Lobkovicz Palais den mehr als viertausend Flüchtlingen aus der DDR mit dem berühmten Halbsatz »Ich bin zu Ihnen gekommen, um Ihnen mitzuteilen, dass heute Ihre Ausreise ...« bewegt verkündete, dass ihr Weg in die Freiheit geebnet sei.

Dieser im Jubel untergehende Halbsatz und die Trabis und Wartburgs in den Straßen von Prag waren aber nicht nur für die Deutschen von Belang. Sie beeinflussten wesentlich auch die weitere Entwicklung in der Tschechoslowakei, wirkten mobilisierend. Als die Bilder vom Fall der Berliner Mauer über das Fernsehen liefen, war klar, dass es bis zum Ende des Regimes in Prag auch nicht mehr lange dauern würde. Am 17. November gingen die Studenten auf die Straße. Polizei und Staatssicherheit

Tausende Flüchtlinge aus der DDR suchen im September 1989
Zuflucht auf dem Gelände der bundesdeutschen Botschaft in Prag,
um so ihre Ausreise in die Bundesrepublik zu erreichen.

schritten da noch brutal ein. Doch schon eine Woche später, am 24. November, trat der kommunistische Parteichef Miloš Jakeš ab, während Havel und Dubček auf dem Balkon des Melantrich-Verlagshauses standen und von Hunderttausenden auf dem Wenzelsplatz bejubelt wurden. Mit Schlüsselbunden in der Hand läuteten die Menschen dem maroden Regime das Sterbeglöckchen.

Marie Novotná muss heute noch schlucken, wenn sie an diese Tage zurückdenkt. Als sie sich bei mir einst vorstellte, damals schon Rentnerin, meinte sie, wenig Chancen zu haben. »Bedenken Sie bitte, ich galt als unzuverlässige Person, bin sechsmal rausgeworfen worden.« Genau das aber machte sie für mich interessant. Frau Novotná hatte den Stempel »unzuverlässig« von den alten Machthabern aufgedrückt bekommen, weil man es politisch meinte. Und seine Arbeit zu alten Zeiten zu verlieren, war ein ernsthaftes Problem, denn wer ohne Arbeit war, galt als asozial und musste mit Repressalien rechnen. Marie Novotná hatte sich den Aufkleber der Unzuverlässigkeit 1977 eingehandelt, als sie sich weigerte, eine Erklärung gegen die Charta 77 zu unterzeichnen. Als man massiv drohte, man werde ihrer einzigen Tochter die weitere schulische und berufliche Zukunft verbauen und auch ihr Mann müsse mit »Konsequenzen« rechnen, knickte sie schließlich ein. Geholfen hat es ihr nicht; sie verlor ihre Arbeit trotzdem. Frau Novotná hat sich später immer dafür geschämt, dass sie sich damals hat unterkriegen lassen. »Aber es ging ja nicht nur um mich. Es ging ja auch um meine Familie«, sagt sie entschuldigend. Dass sie ihre Tochter nicht im Sinne der kommunistischen Kaderleiter und Parteisekretäre erzogen hat, spricht für sie. Es ist verständlich, dass sich in den Novembertagen 1989 für Marie Novotná ein Traum erfüllte. »Ich habe mich wiederholt zur deutschen Botschaft aufgemacht, als dort die Flüchtlinge in unvorstellbaren Zuständen Zuflucht gesucht und gefunden hatten, habe wie viele andere Tee gebracht, der dankbar angenommen wurde, auch wenn er schon kalt geworden war. Im November dann bin ich jeden Abend von meiner Wohnung in Pankrác mit der Metro zum Wenzelsplatz gefahren, später auf den Letná-Hügel, habe mit abertausenden Menschen gebangt, gelacht und gefeiert. Diese Atmosphäre bleibt allen, die sie erlebt haben, unvergesslich. Wir waren vor allem auch verblüfft, wie rasch das System, das festgemauert bis in die Ewigkeit schien, in sich zusammenfiel. Ich hätte viel dafür gegeben, dass mein Mann

Gedenktafel in Prag für den Beginn der »Samtenen Revolution« am 17. November 1989, als Einheiten der Staatssicherheit eine Demonstration von Studenten gewaltsam niederschlugen.

das noch hätte erleben können. Er war sich immer sicher gewesen, dass der Spuk des realen Sozialismus irgendwann vorbei sein würde. Vielleicht hat er ja gehört, wie ich ihm abends nach den Demonstrationen in der kleinen Kirche, in der wir geheiratet hatten, still davon erzählt habe.«

Am Ende ging wirklich alles rasend schnell. Neun Tage nach der Studentendemonstration saßen die alte Führung und die sich formierende Opposition erstmals am Runden Tisch, einen Tag darauf unterstützte das ganze Land das tschechische Bürgerforum und dessen slowakisches Pendant »Öffentlichkeit gegen Gewalt« mit einem Generalstreik. Am 10. Dezember wurde unter dem slowakischen gemäßigten Kommunisten Marián Čalfa eine Regierung der nationalen Verständigung gebildet, in der die Dissidenten und Nichtkommunisten in der Mehrheit waren. Präsident Husáks letzte Amtshandlung war, dieses Kabinett zu vereidigen. Für Husáks Nachfolge trat Václav Havel an, seit 41 Jahren der erste nichtkommunistische Kandidat für dieses Amt. »Seine Wahl im Vladislav-Saal der Prager Burg, in dem früher die böhmischen Könige gekrönt wurden, mutete seltsam an«, erinnert sich Marie Novotná, die mit Tausenden anderen auf einem der angrenzenden Burghöfe stand, um das Geschehen aus Lautsprechern mitzubekommen. »Im Namen der Regierung schlug Čalfa Václav Havel als neuen Präsidenten vor. Und als der einen Tag zuvor gewählte neue Parlamentspräsident Alexander Dubček die Frage nach einem Gegenkandidaten stellte, kam aus dem Auditorium der alten kommunistischen Abgeordnetenversammlung nur Schweigen. Das war der Sieg, den wir dann unendlich bejubelt haben.«

Dass sich etwas Grundlegendes geändert hatte, sollte auch dem letzten spätestens bei der ersten Neujahrsansprache Havels klar werden: »Liebe Mitbürger, vierzig Jahre haben Sie an dieser Stelle aus dem Mund meiner Vorgänger in verschiedener Form immer dasselbe gehört: wie unser Land blüht, wie viel Millionen Tonnen mehr an Stahl wir erzeugt haben, wie glücklich wir alle sind, wie wir an unsere Regierung glauben und welch schöne Perspektiven sich vor uns öffnen. Ich nehme an, dass Sie mich nicht für dieses Amt vorgeschlagen haben, damit auch ich Sie anlüge.«[17] Eigentlich wollte Havel nur bis zu den ersten freien Wahlen im Sommer 1990 politisch aktiv bleiben und danach wieder zum Schreiben zurückkehren. Vor allem seiner Ehefrau Olga wäre das recht gewesen. Sie hielt ihren Vašek für völlig ungeeignet, dieses Amt auszuüben. Doch sie sollte sich irren, auch was die Länge von Havels politischem Wirken anging. Erst als tschechoslowakischer und später als zweimaliger tschechischer Präsident brachte er es auf 13 Jahre auf dem Hradschin.

Der deutsche Koloss und die geteilte Tschechoslowakei

Ein paar Dutzend Tschechen und Slowaken, verbunden in der Charta 77, veröffentlichten im März 1985 in Prag einen bemerkenswerten Aufruf, in dem sie sich zur deutschen Frage und zur Teilung Deutschlands äußerten. Man könne diesem Tabu nicht mehr ausweichen, schrieben sie. Und weiter: »Wenn man in der Perspektive der europäischen Einigung niemandem das Recht auf Selbstverwirklichung streitig machen kann, dann gilt das auch für die Deutschen. (...) Gestehen wir den Deutschen also offen das Recht zu, sich frei zu entscheiden, ob und in welchen Formen sie die Vereinigung ihrer beiden Staaten in den jetzigen Grenzen wünschen. Nach den Ostverträgen und nach Helsinki könnte der Abschluss eines Friedensvertrages mit Deutschland eines der positivsten Instrumente für Veränderungen in Europa werden.«[18]

Zu den Autoren gehörten mit Václav Havel und Jiří Dienstbier zwei, die nach der »Wende« an herausragender Stelle Politik machen sollten. Havel als Präsident und Dienstbier als Außenminister. Zu den ersten Amtshandlungen Dienstbiers gehörte es, an den Grenzen seines Landes zu Deutschland und Österreich den Eisernen Vorhang feierlich mit seinen jeweiligen Amtskollegen zu durchschneiden. Und es nimmt auch nicht Wunder, dass es Havel war, der nie müde wurde, seinen Landsleuten die Sorge vor einer deutschen Wiedervereinigung zu nehmen. Er fürchte den »deutschen Koloss« nicht, sagte er. Solche Stimmen aus dem Osten Europas hatten Gewicht, denkt man daran, dass es in Westeuropa nicht wenige Politiker von Rang gab, die keine ausgelassene Freude bei dem Gedanken einer neuerlichen Souveränität Deutschlands zu empfinden vermochten. Hätte es gegen das Bestreben der Deutschen, wieder zusammenzukommen, stärkere Vorbehalte im Osten gegeben, wäre das Wasser auf die Mühlen von Margaret Thatcher oder François Mitterrand gewesen. So konnten die sich aber nicht so leicht auf osteuropäische Ängste berufen.

Wie wichtig gerade Havel das Verhältnis zu Deutschland war, zeigte schon seine erste Reise im Amt des tschechoslowakischen Präsidenten. Sie führte ihn nach Berlin und München. Am Rande sei bemerkt, dass ihm das die Slowaken übel nahmen. Aus ihrer Sicht hätte es sich gehört, dass der Präsident in Prag, der auch der Präsident der Slowaken sein wollte, zuerst nach Bratislava fliegt. Havel hat das in seinem jüngsten Buch, einer Art Memoiren, versucht klarzustellen: »Ich war ein paar Tage vor meiner Wahl in der Slowakei, hatte dort viele Zusammenkünfte auf öffentlichen Plätzen, habe Betriebe und anderes besucht. Und so habe ich mir gedacht, das müsse nicht gleich wieder sein. Vielleicht war das ein Fehler, tatsächlich war mir wohl die slowakische Empfindlichkeit nicht bewusst. Mir erschien es wichtiger, sofort Europa, der Welt und dem benachbarten Deutschland zu sagen, was eigentlich bei uns passiert. Und ich wollte unsere internationale Stellung als unabhängiger Staat festigen. (…) Ich bin nicht zu einem Besuch bei ehemaligen Okkupanten gefahren, sondern in das demokratische Westdeutschland, in das sich befreiende Ostdeutschland, in zwei sich vereinigende Deutschlands. Das war also eine Reise zu einem bedeutenden demokratischen Nachbarn mit einem tollen Präsidenten (Richard von Weizsäcker), eine Reise in die sich dramatisch verändernde DDR, konzipiert als Unterstützung für den dortigen Runden Tisch und – symbolisch – eine Reise in das sich vereinigende Europa.«[19]

In der Folgezeit konzentrierten sich beide Länder jedoch mehr auf sich selbst. Die Deutschen hatten mit ihrer Wiedervereinigung zu tun, gerade auch der außenpolitischen Absicherung. Die Tschechen und Slowaken ihrerseits nahmen innerstaatlich die gegensätzliche Richtung und begannen sich immer mehr zu entzweien. Für die meisten Tschechen kam der rasch nach der »Wende« geäußerte Wunsch aus der Slowakei nach mehr Eigenständigkeit und Souveränität völlig überraschend. Sie empfanden die Slowaken schlicht als undankbar – und das schon zum zweiten Mal, wobei sie an das Jahr 1939 dachten: Am 14. März 1939 hatte sich die Slowakei für selbständig erklärt, und einen Tag später errichtete Nazi-Deutschland im tschechischen Teil des zerbrochenen gemeinsamen Staates das Protektorat Böhmen und Mähren.

Hatte es nicht genügt, dass man den Slowaken nach 1000 Jahren Unterdrückung durch Ungarn 1918 im gemeinsamen Staat die helfende Hand reichte? Hatte man nicht alles für die Entwicklung dieses wenig entwickelten Landstrichs jenseits der March getan? Hatten die Slowaken nach dem Prager Frühling nicht mehr Rechte in der Föderation bekommen? Saßen in den Ministerien und Ämtern in Prag nicht verhältnismäßig mehr Slowaken als Tschechen? Hatten sie mit Gustáv Husák nicht sogar einen Staatspräsidenten stellen können? Es gab viele Tschechen, die sich Anfang der 1990er Jahre Ähnliches fragten. Fakt war jedoch, dass sich die Slowaken im gemeinsamen Staat immer vernachlässigt und im Schatten des größeren Bruders wähnten. Sicher wäre es zu einfach, Vergleiche zwischen der Tschechoslowakei nach 1918 und Deutschland nach der Wiedervereinigung zu ziehen. Dennoch mussten sich die Slowaken damals wohl ein bisschen wie die Ostdeutschen gefühlt haben – der große erfahrene Bruder erklärte dem kleinen unbedarften neuen Familienmitglied, wie man sich bei Tisch zu benehmen hat, wozu Messer und Gabel da sind, und dass man zum Schneuzen ein Taschentuch benutzt. Auch die Tschechen schickten ihre Experten in die Slowakei – allerdings ohne die in den alten Bundesländern gezahlte »Buschzulage« –, um ihnen zu zeigen, wo und wie es langzugehen hat. Das hat viele Slowaken beleidigt, zumal Präsident Masaryk ihnen ursprünglich volle Gleichberechtigung zugesagt hatte. Die Tschechen negierten zudem, dass die Slowaken sich mental von ihnen unterschieden und bis heute unterscheiden. Havel hat in seinem Buch »Sommermeditationen« dazu geschrieben: »Wer das (er meint die gemischten Gefühle der Slowaken gegenüber den Tschechen) nicht versteht, lese William Fulbrights ›Arroganz der Macht‹: Der Autor erklärt dort, warum die Amerikaner in Ländern, denen sie zu helfen bemüht waren, verhasst sind; dies ist eine sehr lehrreiche Lektüre nicht nur für die Slowaken, sondern mehr wohl noch für Tschechen. (...) Ich glaube, dass der slowakische Emanzipationswille nur ein integraler Bestandteil des heutigen historischen Augenblicks in Mittel- und Osteuropa ist: Die hiesigen Völker hatten in ihrer neuzeitlichen Geschichte – im Unterschied zu den Völkern Westeuropas – sehr wenig Gelegenheit, die eigene Staatlichkeit als Erfüllung ihrer Eigenständigkeit zu erleben. (...) Sie holen jetzt also nur ihre historische Verspätung auf.«[20] In der Tat hätten sich die Slowaken, die vom »fernen, ungeliebten Prag« aus regiert wurden, wohl nicht einmal mit der Idee anfreunden können, dass ein Teil der föderalen Ämter von Prag nach Bratislava umzieht. Sie hätten das bestenfalls als leere Geste, als Scheinopfer der Tschechen begriffen und sich dadurch womöglich zusätzlich erniedrigt gefühlt.

Ohne tiefere Kenntnisse dieser Hintergründe wunderte sich der große Rest Europas über das Auseinanderdriften von Tschechen und Slowaken auf einem sich ansonsten einigenden Kontinent, sieht man einmal von Ex-Jugoslawien ab. Wenn sich überhaupt jemand in Westeuropa öffentlich dazu äußerte, dann jeweils mit der Hoffnung, dass die Trennung, wenn sie denn schon unvermeidlich wäre, friedlich und geordnet ablaufen möge. Dieser gut gemeinte Ratschlag wiederum kam einer Beleidigung beider Nationen gleich, die ja nicht vorhatten, nach dem Muster von Serben, Kroaten oder Bosniern aufeinander einzuschlagen. Eine gewisse Ratlosigkeit im Westen äußerte sich auch in der Versicherung, man werde selbstverständlich Tschechen und Slowaken nach der staatlichen Trennung gleich behandeln. Wie wenig das selbst in vermeintlich unwichtigen Dingen stimmen sollte, zeigte sich im Nationalsport Eishockey. Während die Tschechische Republik wie selbstverständlich als Nachfolger der Tschechoslowakei betrachtet wurde und bei der ersten Weltmeisterschaft nach der Trennung in der A-Gruppe spielen durfte, wurden die Slowaken gedemütigt und mussten sich aus der C-Gruppe, wo sie völlig unterfordert waren, hocharbeiten. Logisch, dass sie später ihren ersten Gewinn der Weltmeisterschaft feierten, als wären Weihnachten und Ostern zusammengefallen.

Das nahe Ende der Tschechoslowakei bahnte sich spätestens nach den Wahlen 1992 an. Im tschechischen Landesteil wurde die liberal-konservative Demokratische Bürgerpartei ODS von Václav Klaus Sieger, im slowakischen Landesteil holte die nationalpopulistische Bewegung für eine demokratische Slowakei HZDS mit Vladimír Mečiar an der Spitze die meisten Stimmen. Während Klaus mit Blick auf die unumgängliche radikale wirtschaftliche Umgestaltung in Zeiten der heraufziehenden Globalisierung für einen starken gemeinsamen Staat plädierte, forderte Mečiar eine weitgehende Dezentralisierung. Zähe Verhandlungen schlossen sich an, die zu keinem Ergebnis führten, das beiden Seiten gerecht geworden wäre. Am Ende war es ein bisschen so wie in Goethes Ballade »Der Fischer«: »Halb zog sie ihn, halb sank er hin«. Klaus, der sah, dass er mit seinem Plan nicht reüssieren konnte, machte sich für einen scharfen Schnitt stark: Er votierte

Bratislava/Pressburg, seit 1. Januar 1993 Hauptstadt der eigenständigen Slowakischen Republik; Blick auf die im 14. Jahrhundert errichtete Domkirche St. Martin.

für eine vollständige Trennung beider Landesteile, was Mečiar einigermaßen überraschte. In der Villa Tugendhat in Brno (Brünn) wurde das Sterbeglöckchen der ČSFR geläutet, im Oktober 1992 beschloss dann das Föderalparlament mehrheitlich die Auflösung der Tschechoslowakei zum Ende des Jahres. In Umfragen war eine große Mehrheit selbst der Slowaken gegen diesen Schritt. Auf tschechischer Seite wurde immer wieder gefordert, man sollte die Bürger in einem Referendum über das Schicksal des gemeinsamen Staates entscheiden lassen. Doch was hätte man die Menschen fragen sollen? Ob sie für oder gegen den Fortbestand des gemeinsamen Staates seien? Die Frage war doch vielmehr, wie dieser gemeinsame Staat hätte gestaltet werden sollen. Solch komplizierte Dinge aber könne man nicht in einer Volksbefragung klären, meinten die Politiker.

Es stellt sich auch nicht wirklich die Frage, ob Klaus und Mečiar den gemeinsamen Staat leichtfertig geopfert haben. Sicher war Klaus am Ende nicht unfroh, sich vieler unangenehmer Dinge entledigen zu können. Die Slowakei war wirtschaftlich ein Sorgenkind; es war abzusehen, dass die zahlreichen großen Rüstungsbetriebe, die (einst nach dem Willen Moskaus) dort angesiedelt worden waren, vor dem Aus standen. Wichtiger noch: Die Slowaken waren in ihrer Mehrheit nicht bereit, die soziale Gleichheit aus sozialistischen Zeiten einer Marktwirtschaft zu opfern, die die Tschechen wollten. Die Privatisierung war in der Slowakei nicht annähernd so schnell vorangetrieben worden wie in Böhmen und Mähren. Und außerdem verzeichnete die Slowakei eine deutlich höhere Arbeitslosigkeit als der tschechische Landesteil.

Entscheidend auch: Die Slowaken hatten die Zeit des Totalitarismus nicht so heftig am eigenen Leib gespürt wie die Tschechen. Die Zahl der Slowaken unter den Dissidenten und Unterzeichnern der Charta 77 war vergleichsweise minimal gewesen. Außer einer Demonstration von Katholiken mit Kerzen in den Händen hatte es vor 1989 eigentlich keine größere Kundgebung der Unzufriedenheit gegeben. Kein Wunder, dass der zweite Präsident der selbständigen Slowakei, Rudolf Schuster, in der alten Zeit eine Bilderbuchkarriere als kommunistischer Politiker in seinem Lebenslauf verzeichnet hatte. Das hielt die Slowaken nicht davon ab, ihn zum Staatsoberhaupt zu wählen. Lange war als erster Präsident nach der Teilung auch von Dubček die Rede gewesen. Doch der war, bei allen Verdiensten, seiner alten Gesinnung treu geblieben. Er hätte dem Land sicher sehr helfen können, international Reputation zu bekommen; aber Visionen für die Art und Weise der Gestaltung einer wirklich freien Gesellschaft nach westlichem Muster hätte man von ihm nicht erwarten können.

Es ist nicht Aufgabe dieses Buches, die weitere Entwicklung der Slowakei nachzuzeichnen. Nur soviel: Das Land hat nach der Selbständigkeit zwei Etappen durchlaufen. Die erste wurde geprägt durch Mečiar. Unter ihm entstand eine äußerst fragwürdige neue Elite derer, die sich bei der undurchsichtig ablaufenden Privatisierung bereichern konnten und Mečiar dafür bis in alle Ewigkeit dankbar sein werden. Innenpolitische Widersacher ließ der Premier durch seinen Geheimdienst ausschalten. Skandalös und beispiellos war die gewaltsame Entführung des Sohnes von Präsident Michál Kovač nach Österreich. Die Hintermänner wurden von Mečiar amnestiert. Außenpolitisch fuhr der bullige ehemalige Boxer einen abenteuerlichen Schlingerkurs zwischen Ost und West. Sein autokratischer Stil führte dazu, dass der Westen die Slowakei zu schneiden begann. Die Verhandlungen über den Beitritt zu EU und NATO wurden auf die lange Bank geschoben.

Das Land war isoliert. Das alles sollte sich erst ändern, nachdem sich eine breite Anti-Mečiar-Front gebildet hatte, die von dem christlich-liberalen Politiker Mikuláš Dzurinda angeführt wurde. Dzurinda leitete tatsächliche Reformen ein und forderte seinen Landsleuten damit erhebliche Opfer ab. Die Umgestaltung verlief am Ende viel durchgreifender und härter als in Tschechien. Blutjunge Ökonomen, in den USA geschult, gaben unter dem talentierten Finanzminister Ivan Mikloš die Richtlinien vor, wozu unter anderem sehr geringe Unternehmenssteuern gehörten. Mitte 2006 stand das Land wirtschaftlich besser da als die tschechischen Nachbarn. Die zahlreichen ausländischen Investoren finden kaum mehr Arbeitskräfte, die die vielen auf der grünen Wiese errichteten Firmen betreiben können. Dzurinda wurde auf einem Parteitag der tschechischen ODS wie ein Popstar gefeiert, die tschechische Partei verweist stets und ständig auf das slowakische Beispiel. Ein Vorgang, der in den Zeiten der Teilung der Tschechoslowakei und Jahre danach noch undenkbar gewesen wäre. Dzurinda wurde jedoch nach zwei Legislaturperioden für seine harte Reformpolitik vom Wähler abgestraft. Jetzt hat die Slowakei eine linksnationalistische Regierung mit dem Sozialdemokraten Robert Fico an der Spitze. Fico behielt die Reformen im Wesentlichen bei und machte das Land endgültig fit für die Einführung des Euro im Januar 2009. Wann die Gemeinschaftswährung in Tschechien kommt, steht in den Sternen. Fico irritierte andererseits den Westen mit der Wahl seiner Koalitionspartner. Zum einen sind das die Mečiar-Partei und zum anderen die rechtsradikale Nationalpartei von Ján Slota, der immer wieder vor allem durch Verbalausfälle gegen die ungarischen Nachbarn auffällt. Das slowakisch-ungarische Verhältnis ist denn auch alles andere als gut.

Problemlos dagegen sind die Beziehungen zwischen Bratislava und Prag. Die engen familiären Bande, die es zwischen Tschechen und Slowaken immer gab, hatten zudem durch die staatliche Teilung keinen Abbruch erfahren. Tschechen und Slowaken sind sich, in EU und NATO vereint, heute vielleicht näher denn je. Nur wenn die Fußballer oder die Eishockeyspieler gegeneinander antreten, spürt man alte Rivalitäten. Es ist wie nach einer »glücklichen Scheidung«, wenn sich die einstigen Ehepartner immer noch mögen, sich keine gegenseitigen Vorwürfe machen und sich für ihren neuen Lebensabschnitt als Single von Herzen alles erdenklich Gute wünschen.

Schwierige tschechisch-deutsche Aussöhnung

Die ausgestreckte Hand Havels

»Sechs Jahre nazistischen Wütens haben ausgereicht, dass wir uns vom Bazillus des Bösen anstecken ließen, dass wir – in gerechter, aber auch übertriebener Empörung – uns das Prinzip der Kollektivschuld zu Eigen machten. Anstatt ordentlich all jene zu richten, die ihren Staat verraten haben, verjagten wir sie aus dem Land und belegten sie mit einer Strafe, die unsere Rechtsordnung nicht kannte. Das war keine Strafe, das war Rache.« Ungewöhnlich mutige Worte waren das, die der frisch gewählte tschechoslowakische Präsident Václav Havel am 15. März 1990 auf der Prager Burg aussprach. Ausgerechnet am 15. März, dem Jahrestag des Einmarschs Hitlers in die »Rest-Tschechei«. Mehr noch: Havel äußerte dies im Beisein des deutschen Bundespräsidenten Richard von Weizsäcker, den er bewusst an diesem Tag nach Prag eingeladen hatte. Havel, der Mann mit einem besonderen Sinn für Symbolhaftes. Von Weizsäcker sei der Vertreter eines anderen Deutschlands, eines demokratischen Landes, das der Tschechoslowakei helfen werde, ihren Platz in Europa wieder zu finden, zeigte sich Havel überzeugt. Und er sollte sich nicht täuschen.

Havel ist allerdings mit seiner moralischen Verurteilung der Vertreibung gleich zweimal gescheitert. Zum einen und vor allem bei seinen eigenen Landsleuten, die er mit seinen Aussagen zu diesem Thema völlig überforderte. Schließlich stellte der Präsident alles in Frage, was über vierzig Jahre zu diesem Geschichtskapitel gesagt worden war. Die Vertreibung, verharmlosend »Abschub« genannt, war demnach nur die gerechte Strafe für die Verbrechen der Nationalsozialisten gewesen. Man habe den Sudetendeutschen doch nur ihren Herzenswunsch erfüllt, heim ins Reich zu kommen, sagte man sarkastisch. Solcher Worte bediente sich übrigens auch noch 13 Jahre nach der »Wende« der damalige sozialdemokratische Premier Miloš Zeman.

Havel scheiterte jedoch auch bei den Deutschen. Zum einen bei den Politikern: Der Präsident hatte Anfang der 90er Jahre ein ganz konkretes Angebot unterbreitet. Sollten die Sudetendeutschen auf ihre Forderungen nach Eigentumsrückgabe verzichten, hätten Rückkehrwillige ihre tschechische Staatsbürgerschaft zurückbekommen können. Das wiederum wäre die Voraussetzung dafür gewesen, dass sich diese Sudetendeutschen an der Privatisierung von tschechischem Staatseigentum hätten beteiligen können. Havel hatte dieses Angebot Bundeskanzler Helmut Kohl gemacht, der darauf aber nicht reagierte. Und das nicht wegen der Sudetendeutschen, sondern weil Kohl das Modell der doppelten Staatsbürgerschaft suspekt war. Er wollte wegen der Türkei in dieser Frage keinen Präzedenzfall schaffen. Als der tschechische Vorschlag dennoch an die Öffentlichkeit kam, war er »verbrannt«; Prag zog ihn zurück. Havel mochte daran später nicht einmal mehr bei Interviews erinnert werden.

Zum anderen verpassten die Sudetendeutschen die Chance, die ausgestreckte Hand Havels zu ergreifen. Zwar waren sie von der Offenheit des Präsidenten beeindruckt, ja begeistert. Offenbar verstanden sie aber nicht im erforderlichen Maße, welch riesigen Tabubruch er da eigentlich vorgenommen hatte. Und ihnen war auch nicht klar, dass ein solcher Ansatz nur in den noch »halbrevolutionären« Prager Zeiten möglich war, später nicht mehr. Statt die Hand zu ergreifen, legten sie bei ihren Forderungen nach. Sie wollten mit Prag direkte Gespräche über die Vertreibung und ihre Folgen führen, und das als gleichberechtigte Partner. Das lehnten die Tschechen ab, unter Hinweis darauf, dass ein Staat nicht mit einer Organisation verhandeln könne, sondern nur mit einem anderen Staat. Alleiniger Ansprechpartner sei die Bundesregierung. Václav Klaus traf sich in seiner Eigenschaft als Regierungschef zwar auch mit dem Schirmherrn der Sudetendeutschen, dem damaligen bayerischen Regierungschef Edmund Stoiber. Aber direkte Gespräche fordern die Vertriebenen bis heute vergeblich. Im Grunde begriffen sich die Sudetendeutschen ebenso wie die Tschechen als bloße Opfer. So falsch ist das auch nicht; die deutschen Vertriebenen sind die letzten Opfer Hitlers gewesen. Im sudetendeutsch-tschechischen Verhältnis hatten am Ende die Tschechen das Sagen. Bei den Wahlen 1992 war es zu spät. Den Kommunisten, und nicht nur ihnen, war die Sprengkraft der Aussagen des Moralisten Havel in dieser Frage längst bewusst geworden, weshalb die Parteien wieder auf eine eher nationalistische Linie drängten. Hinzu kamen die staatsrechtlichen Probleme mit den Slowaken und die Angst, das kleiner werdende Tschechien könnte dem größer gewordenen Deutschland in seinem Entgegenkommen zu weit gehen. Prager Politiker räumten nur noch in »privaten« Hintergrundgesprächen ein, dass man »etwas machen« müsse. Der damalige stellvertretende Parlamentspräsident Jiří Vlach meinte beispielsweise, allein schon sein Engagement in der Organisation »Union für gute Nachbarschaft mit den deutschsprachigen Ländern« sei »bestimmt nicht karrierefördernd«.

Beide Seiten kehrten Schritt für Schritt wieder in die alten Schützengräben zurück. Jeder Tscheche kennt die Bundesvorsitzenden der Sudetendeutschen Landsmannschaft, hießen die nun Franz Neubauer oder Bernd Posselt. Wer jeweils Bundeskanzler oder Bundespräsident in Bonn oder Berlin war, wusste dagegen beileibe nicht jeder. Die kleinste Aussage aus München wurde von den Medien regelmäßig zu vermeintlichen deutschen Grundsatzerklärungen aufgeblasen. Prag weigerte sich permanent, sich mit den Sudetendeutschen direkt an einen Tisch zu setzen; dafür äußerte sich aber nahezu jeder Prager Politiker über die Vertriebenen. Kein Ereignis in Deutschland fand ein solch ausführliches Presseecho in Tschechien wie das alljährliche Pfingsttreffen der Sudetendeutschen. Tschechien ging sogar so weit, sich zweimal von den einstigen Alliierten bestätigen zu lassen, dass die nach wie vor zu den Beschlüssen von Potsdam 1945 über die »Abschiebung« der Deutschen stünden. Dabei war dieses Thema den Alliierten fast sechzig Jahre nach dem Krieg völlig gleichgültig. Das zeigte sich auch beim Umgang mit den Beneš-Dekreten und dem Straffreistellungs-Gesetz im Zusammenhang mit dem Beitrittswunsch Tschechiens an die EU. Hier kämpften am Ende nur Tschechen gegen die CSU-Abgeordneten im Europaparlament. Dem Rest Europas war es ziemlich egal, ob mit dem Einzug der Tschechen und deren Festhalten an den Beneš-Dekreten und am Straffreistellungsgesetz Werte in die EU kommen würden, die mit denen eines freien Kontinents nichts zu tun haben.

Die Folge war einmal mehr verheerend: Die CSU-Abgeordneten stimmten gegen den Beitrittswunsch Prags und machten sich damit an der Moldau gänzlich unbeliebt.

Ihren Höhepunkt erlebten die (sudeten)deutschfeindlichen Attacken im Vorfeld der Wahlen zum tschechischen Parlament

Bundeskanzler Gerhard Schröder bei seinem Besuch im ehemaligen Gefängnis in Theresienstadt (rechts: Premier Paroubek).

2002. Auch die demokratischen Parteien übertrafen sich da in ihren Versicherungen, die »nationalen tschechischen Interessen« besser zu verteidigen als ihre Konkurrenten. In einer Art Allparteien-Populismus wurden sogar die ungewendeten Kommunisten aus der Schmuddelecke geholt und parlierten ebenso einträchtig wie dümmlich mit den Bürgerdemokraten von Václav Klaus und den Sozialdemokraten Miloš Zemans im Fernsehen darüber, wie die Sudetendeutschen mit Hilfe der EU den Tschechen ihr Eigentum wieder wegnehmen wollten. »Wir wählen die nationalen tschechischen Interessen und lassen keine Revision der Ergebnisse des Zweiten Weltkriegs zu«, hieß es von allen Seiten. Zeman hielt es für opportun, den Vertriebenen zu sagen, dass sie im Grunde noch Glück gehabt hätten: »Wenn sie transferiert wurden, dann war das noch milder als die Todesstrafe.«

Bei all dem ging es nicht nur um die Sudetendeutschen. Namentlich Klaus nutzte gern die Chance, um von den Vertriebenen eine Brücke zur Europäischen Union zu schlagen, die ihm suspekt war und ist. Tschechien müsse noch vor seinem Beitritt von den Europäern die Unantastbarkeit der Beneš-Dekrete garantiert bekommen. Natürlich wusste er genau, dass eine solche Erklärung nicht zu erreichen war. Und so sattelte er noch drauf, in die Richtung, die ihm persönlich besonders wichtig war: Wenn die Europäer das verweigerten, sollten die Tschechen beim Referendum über den EU-Beitritt mit Nein stimmen. Der Historiker Jan Křen, der sich wie kaum ein zweiter in Prag profund mit dem deutschtschechischen Verhältnis befasst, sah die Beziehungen durch diese seltsame nationalistische Kampagne »um Jahrzehnte zurückgeworfen«. Glücklicherweise sollte er nicht gänzlich Recht behalten.

Sudetendeutsches Trauma

Peter Barton ist um seinen Job nicht zu beneiden. Der gebürtige Tscheche leitet eine Einrichtung in Prag, die nicht bei jedem gern gesehen ist – das Kontaktbüro der Sudetendeutschen Landsmannschaft. Als die Eröffnung des Büros im März 2002 in einer Bierkneipe gefeiert wurde, sprach der Bundesvorsitzende der Landsmannschaft, Bernd Posselt, vollmundig von »unserer Botschaft« in Prag. In jedem Fall ist das Büro gut gelegen – inmitten der Kleinseite, einen Steinwurf nur vom Abgeordnetenhaus und vom Senat, der zweiten Parlamentskammer, entfernt. Auch auf der Burg, dem Sitz des Staatsoberhauptes, ist man zu Fuß in nur zehn Minuten. Als das Büro eröffnet wurde, hagelte es Proteste. Zeitungen riefen ziemlich unverblümt zu Übergriffen auf, anonyme Bombendrohungen gingen ein, obskure Gruppen von extrem links bis extrem rechts hielten Demonstrationen ab. Tschechische Politiker, die zur Eröffnungsfeier erschienen waren, wurden von ihren Parteiführungen gemaßregelt. Der Vorsitzende der »Vereinigung der befreiten politischen Häftlinge«, Oldřich Stránský, ein jüdischer Auschwitz-Überlebender, der sich für die tschechisch-deutsche Versöhnung engagiert hatte und Posselt zum Büro gratulierte, wurde seines Amtes enthoben und beschimpft, er sei selbst ein Sudetendeutscher. Wann immer die Wellen im tschechisch-sudetendeutschen Verhältnis mal wieder höher schlagen, bekommt es Peter Barton als erster zu spüren und muss es ausbaden. Dabei provoziert er nicht, bemüht sich vielmehr darum, der tschechischen Öffentlichkeit ein differenziertes Bild der Sudetendeutschen zu präsentieren. Mittlerweile haben sich die Wogen etwas geglättet. Die Zahl der Politiker, die es als normal ansehen, mit Vertretern der einstigen deutschen Mitbürger zu kommunizieren, wächst.

Wie sieht man das tschechisch-deutsche Verhältnis im tschechischen Grenzgebiet, wo der Kontakt mit den Nachbarn naturgemäß größer ist als im Innern des Landes? Das Soziologische Institut der Akademie der Wissenschaften Tschechiens verfolgt seit Jahren die Stimmungen und Meinungen. »Drei Viertel der Bürger des tschechischen Grenzlandes teilen mehr oder weniger die Ansicht, dass in den tschechisch-deutschen Beziehungen ein Ausgleich erreicht wurde. Diese Feststellung ist als Signal für eine Beständigkeit und Verbesserung der tschechisch-deutschen Zusammenarbeit infolge der Beitrittserklärung Tschechiens zu NATO und EU zu verstehen. Man kann zwar nicht von einem innigen Versöhnungsgefühl sprechen, dennoch ist ein positiver Wahrnehmungseffekt von Deutschland unumstritten.« So der Tenor der jüngsten repräsentativen Befragung des Instituts.[21] Das historische Gedächtnis der Tschechen gebietet aber offenbar immer noch eine gewisse Zurückhaltung gegenüber den deutschen Nachbarn. 60 Prozent der Tschechen im Grenzland sind der Überzeugung, dass sie sich »immer vor den Deutschen in Acht nehmen« müssen. Rund 50 Prozent fürchten, dass der Nationalsozialismus in Deutschland wieder auferstehen könnte. Immerhin sank diese Zahl gegenüber 2003 aber um acht Prozent. Das Münchner Abkommen ist für 77,3 Prozent ein Ereignis, das man nicht vergessen dürfe. Dies sagen vor allem ältere Bürger und die mit einem niedrigen Einkommen. Ein ebenso großer Teil der Befragten äußert aber gleichzeitig, dass die Deutschen sich definitiv mit ihrer Vergangenheit auseinander gesetzt hätten. »Deutschland ist also weiterhin – wie man Václav Havel aus seiner festlichen Rede im Prager Rudolfinum anlässlich des Staatsbesuchs von Roman Herzog von 1995 zitieren kann – ›unsere Inspiration und unser Schmerz‹, also eine potentielle Quelle der Gefahr einerseits und naher Partner mit geklärter Vergangenheit andererseits«, schreiben Jitka Latovková und Lukaš Novotný in ihrer Studie.[22]

Folgt man der angeführten Studie, dann sinkt die Zahl der Tschechen deutlich, die das Thema der Sudetendeutschen in Atem hält. »Ein so deutlicher Rückgang des Interesses wurzelt wahrscheinlich in einer gegenseitigen Beruhigung der Beziehungen zwischen Tschechien und Deutschland, zu der es während der Regierung von Gerhard Schröder gekommen ist.« Schröders Verdienst sei es gewesen, den Leitsatz der Deutsch-Tschechischen Erklärung von 1997 umgesetzt zu haben, wonach die Beziehungen in die Zukunft ausgerichtet seien und nicht von den Problemen der Vergangenheit überlagert werden sollten. Hielten 1996 noch 90 Prozent der Tschechen im Grenzland die Sudetendeutsche Frage für ein offenes Problem, sank diese Zahl 2005 auf unter ein Drittel. Bei rund einem Drittel liegt auch nur noch die Zahl der Tschechen, bei denen die Aktivitäten der Sudetendeutschen Landsmannschaft Befürchtungen auslöst. Auch hier ist ein bemerkenswerter Rückgang zu verzeichnen. Mehr als zwei Drittel der Befragten waren der Meinung, dass es Ziel der sudetendeutschen Organisationen sei, das konfiszierte Eigentum zurückzubekommen. Ebenso groß ist freilich auch die Gruppe, die meint, den Sudetendeutschen gehe es um moralische Genugtuung. Kaum jemand fürchtet, dass die Sudetendeutschen in ihre alte Heimat zurückwollen.[23]

Die Zahlen wären vermutlich noch sehr viel günstiger ausgefallen, hätten die Sudetendeutschen, respektive die EU-Parlamentsabgeordneten der CSU, über Jahre nicht nur verbal die Einbindung Tschechiens in die EU befürwortet, sondern dies auch ganz konkret befördert, als es zur Abstimmung über diesen Schritt kam. Das Nein hat die Tschechen nicht nur verletzt. Es hat auch Zweifel an der eigentlich unstrittigen These genährt, dass die Sudetendeutschen die einzigen Deutschen sind, die aufrichtiges Interesse am Schicksal ihrer einstigen Heimat haben.

Dennoch bleibt ein Positivum: Die Zeit, da während der Pfingsttreffen der Sudetendeutschen Krisenstäbe im Prager Außenministerium eingerichtet wurden, um »schnell reagieren zu können«, sind glücklicherweise vorbei. Wie auch die Sudetendeutschen nicht gleich in Zorn ausbrachen, als jüngst die versammelte tschechische Staatsführung das Andenken an Präsident Beneš zu dessen 60. Todestag ehrte. Zum einen sehen die Tschechen Beneš heute sehr viel differenzierter. Sie stellen sehr ernsthaft die Frage, ob er richtig gehandelt hatte, als er in seiner Hilflosigkeit ein Bündnis mit Stalin gegen Hitler suchte, oder 1948 – auch unter dem Eindruck seiner schweren Krankheit – den Weg für die Machtübernahme für die Kommunisten unter Klement Gottwald frei gemacht hatte. Die Vertreibung wurde auf der Festveranstaltung nicht angesprochen. Lediglich in einem Fernsehinterview am Rande des Ereignisses betonte Ministerpräsident Mirek Topolánek, dass die Ereignisse nach dem Krieg »zu unserer Geschichte gehören, ob wir wollen oder nicht«. Topolánek fügte hinzu, dass er sich »nicht vorstellen« könne, »dass die Beneš-Dekrete einmal aufgehoben werden«, weil sie nun einmal Bestandteil der ganzen tschechischen Rechtsordnung seien.

Die Befürchtungen der Sudetendeutschen, Prag werde mit der Deutsch-Tschechischen Erklärung von 1997 einen Schlussstrich unter die gemeinsame leidvolle Geschichte ziehen können, sind nicht eingetreten. Im Gegenteil: Es sind Foren entstanden, in denen der direkte Kontakt von Tschechen und Sudetendeutschen zur guten Normalität geworden ist. Anfangs noch wurden tschechische Bischöfe oder Politiker beargwöhnt, wenn sie beim Sudetendeutschen Tag eine Messe lasen oder einfach ein Grußwort sprachen. Auf dem Sudetendeutschen Tag 2008 aber wurde beispielsweise der tschechische Publizist und ehemalige Dissident Petr Uhl mit dem Karls-Preis der Sudetendeutschen ausgezeichnet. In Prag hat sich niemand darüber aufgeregt. Auch andere Signale stimmen hoffnungsvoll. Beispielsweise die Geste der sozialdemokratisch geführten Regierung von Jiří Paroubek gegenüber sudetendeutschen Widerstandskämpfern. Dass Paroubek mitten in der heißen Phase eines Wahlkampfes 2006 Abgesandte dieser Sudetendeutschen empfangen hat und bekannte, dass Tschechien »diesen Menschen moralisch viel schuldet«, ist nicht hoch genug zu bewerten. Es kommt in seiner Bedeutung dem Havel-Wort aus dem Jahre 1989 gleich. In all den Jahren seither hätte jeder Prager Regierungschef politischen Selbstmord begangen, hätte er kurz vor einem Urnengang Sudetendeutsche empfangen. Dass Paroubek es tat und tun konnte, spricht für seinen persönlichen Mut. Es spricht aber auch dafür, dass das sudetendeutsche Trauma in Tschechien – glücklicherweise – verblasst.

Dass sich Tschechien dem Thema Vertreibung längst stellt, bewies im September 2008 Außenminister Karl Fürst Schwarzenberg bei einem Auftritt in Ústí, dem früheren Aussig. Er war dort Gast der Eröffnung einer Ausstellung über die vergessenen Helden des sudetendeutschen Widerstands gegen Hitler. Etwa 130000 von ihnen, vor allem Sozialdemokraten, Kommunisten und Katholiken wurden nach dem Krieg im Widerspruch selbst zu den Beneš-Dekreten zur Aussiedlung genötigt. Mit der Ausstellung rückten tschechische Institutionen erstmals offiziell von der Kollektivschuld aller Sudetendeutschen ab. Schwarzenberg forderte,

»die Dinge beim richtigen Namen zu nennen«. Der Minister hat in allen Interviews, die er bislang gab, immer von »Vertreibung« gesprochen und nie wie andere Politiker vom verharmlosenden »Abschub«. Und in Ústí nannte er als Ereignisse, die aufgearbeitet werden müssten, in einem Atemzug unter anderem die Massaker von Lidice und Postoloprty. In Lidice hatten die Nazis gewütet. In Postoloprty, dem früheren Postelberg, wurden 1945 an die 800 Deutsche von Tschechen gefoltert und erschossen.

Dies alles zeigt, dass es 60 Jahre nach Krieg und Vertreibung schrittweise zu einem offenen Dialog zwischen beiden Seiten kommt. Im »kleinen Bereich«, in den Kommunen beiderseits der Grenzen, gibt es seit langem eine auf praktische Schritte ausgerichtete Zusammenarbeit. Die »normalen Menschen« waren da immer weiter als die Politiker. Offenbar muss das nicht so bleiben.

Aufarbeitung statt Aufrechnung

2008 konnte ich in Mittelböhmen Zeuge eines Gedenkens an Opfer eines Massakers von Tschechen an Deutschen werden. Am 8. Mai 1945 war über die staubige Landstraße zwischen Lodenitz (Lodenice) und Beraun (Beroun) ein kleiner Trupp von Menschen getrieben worden. 18 Deutsche und, durch einen Irrtum, auch einen Tschechen sollte der Marsch in ein Internierungslager führen. Wiederholt brachen einige von ihnen entkräftet und geschlagen zusammen. Ihre eigenen tschechischen Mitbewohner aus Lodenitz beteiligten sich an den Peinigungen. Es waren Leute, die mit den Nazi-Besatzern kollaboriert hatten und die nun unliebsame Zeugen beseitigen wollten.

»Tun wir nichts, wofür wir uns eines Tages im Angesicht der Geschichte schämen müssten«, hatte es noch zu Kriegsende in einer Verlautbarung der neuen tschechischen Herrscher geheißen. Doch das blieben Worte. Die Exilführung um Präsident Edvard Beneš hatte längst anders entschieden. Überall in Böhmen und Mähren waren in jenen Tagen »Revolutionsgarden« unterwegs, um Rache an Unschuldigen zu nehmen. Aufgeklärte Tschechen nannten sie hinter vorgehaltener Hand »Raubgarden«. Sie waren das Vorspiel zur späteren kollektiven Enteignung und Vertreibung Millionen Deutscher. In Lodenice war vor allem Adolf Lange das Ziel ihres Wütens. Der Deutsche, Besitzer einer Holzfabrik, hatte viele Tschechen angestellt und so vor der Zwangsarbeit bewahrt. Lange wusste genau, wer von den Einheimischen mit den Nazis zusammengearbeitet hatte. Dieses Wissen begründete sein Todesurteil. Der Marsch der 19 kam nie im Internierungslager Beraun an. Auf halbem Weg, direkt am Straßenrand, wurden die Menschen kurzerhand erschossen. Niemand wurde je dafür zur Verantwortung gezogen. Auch, weil in der Nachkriegs-Tschechoslowakei solche Massaker per Gesetz amnestiert worden waren.

Bekannt wurde das Geschehen erst nach der Wende von 1989. Bürgermeister Karel Patak, der alles selbst erlebt hatte, suchte weitere Zeitzeugen und schrieb über das Massaker in einem Heimatbuch. Als er im Sommer 2008 jungen Leuten von den Schicksalen der betroffenen Menschen erzählte, tat er das unter Tränen.

Die jungen Tschechen, Studenten aus der Umgebung, waren den Weg der Ermordeten mehr als 60 Jahre nach dem Massaker noch einmal gegangen. An ihren Blusen und Hemden hatten sie kleine Schilder mit den Namen der Umgebrachten befestigt. »Wir jungen Tschechen stehen in der Verantwortung, an unsere Geschichte zu erinnern, auch an deren schlimmste Kapitel«, sagte eine der Studentinnen. Unterwegs, an der Stelle, wo eine Frau aus dem Todesmarsch erschlagen worden war, legte sie einen Strauß Wiesenblumen nieder. Später standen die jungen Leute ergriffen vor einem großen Holzkreuz. Die Namen der Opfer sind an ihm aufgelistet, auf Tafeln kann man zudem auf Tschechisch und Deutsch über ihr Schicksal lesen.

Der Pfarrer aus Beroun und der Kaplan der deutschsprachigen katholischen Gemeinde von Prag weihten das Kreuz. Kaplan Anton Otte betete nicht nur für die Opfer. Er erinnerte daran, dass solche Geschehnisse ihre Vorgeschichte hatten – im Leid, das Nazideutschland über die Tschechen gebracht hatte. Und er bat auch dafür um Vergebung. Otte, der seit Jahrzehnten in der Ackermann-Gemeinde der Sudetendeutschen für die Aussöhnung zwischen Tschechen und Deutschen arbeitet, würdigte die jungen Tschechen, die sich aus eigenem Antrieb ihrer Geschichte stellten. »Das«, sagte er, »ist eine große Ermutigung.«

In die Zeit des zugespitzten Wahlkampfs 2002 fiel auch der Beginn einer ersten breiteren Debatte in den Medien, die nicht Schuld gegen Schuld aufrechnete, sondern sich aufarbeitend der Schuld der Tschechen widmete. Bemerkenswert dabei war, dass sich nicht nur Publizisten wie Bohumil Doležal oder Emanuel

Mandler zu Wort meldeten, die seit Jahren einen nahezu einsamen Kampf gegen die gängige Geschichtsschreibung in ihrem Land führten und dafür bestenfalls als »die üblichen Verdächtigen« verhöhnt wurden. Zu den neuen Stimmen gehörte die des damaligen Chefredakteurs der auflagenstärksten Tageszeitung »*Mladá fronta Dnes*«, Pavel Šafr: »Es ist möglich, dass tschechische Politiker, vielleicht mit Blick auf die historischen Umstände, die Konfiszierung des Eigentums auf der Grundlage der Nationalität und die nachfolgende, oft blutige Austreibung einer ganzen ethnischen Minderheit aufrichtig als berechtigt ansehen. Glücklicherweise findet diese Sichtweise in der EU keinerlei Sympathie. Dort spricht man gewöhnlich vom Genozid, der sich weder durch historische Umstände noch durch politische Schuld irgendeines Volks entschuldigen lässt.« Die tschechischen Politiker verweigerten Šafr zufolge die Aufhebung der Beneš-Dekrete nicht aus »Sorge« vor einem folgenden Chaos in den Eigentumsbeziehungen. Das ließe sich im Ergebnis von Verhandlungen auch vermeiden. Sie wollten die Dekrete nicht aufheben, »weil sie nicht die Courage haben, einen gemeinschaftlichen Fehler zuzugeben und dies aufrichtig ihrer Nation zu sagen. Sie besitzen nicht die Courage, wie Erwachsene mit Erwachsenen zu reden«, formulierte Šafr und stellte die Frage: »Wollen wir wirklich eine Insel von infantilem Nationalismus sein?«

Ähnlich äußerte sich der Publizist Karel Hvížd'ala, der den Prager Politikern Populismus vorwarf, wenn sie sich hinter dem mehrheitlichen Unwillen in der tschechischen Gesellschaft versteckten, sich mit dem eigenen Versagen auseinander zu setzen. Hvížd'ala erinnerte daran, dass es in Frankreich, den Niederlanden, Belgien, Dänemark oder Norwegen keine Aussiedlungen der Deutschen gegeben hat. Bestraft worden seien dort nur konkrete Personen; in keinem dieser Länder sei nach dem Prinzip der Kollektivschuld verfahren worden. Hvížd'ala zitierte in diesem Zusammenhang den Historiker Ján Mlynárik, der sich schon in den alten Dissidentenzeiten unter dem Pseudonym Danubius mit der Vertreibung befasst hatte. Mlynárik zufolge seien höchstens zehn oder 15 Prozent der Sudetendeutschen aktive Nazis gewesen. »Diese Menschen hätten nach unseren damals gültigen Gesetzen als unsere Bürger bestraft werden müssen. Die übrigen hätten überhaupt nicht bestraft werden dürfen.« Überdies seien die ersten Opfer von Hitlers Okkupation gerade zehntausende Sudetendeutsche

Überreste eines deutschen Friedhofs im ehemaligen Siedlungsgebiet der Sudetendeutschen.

geworden, habe es doch im Sudetenland einen intensiveren antifaschistischen Widerstand als im Reichsgebiet gegeben. Hvížd'ala beklagte weiter, dass die Enteignung der Deutschen, die nach dem Krieg nicht vertrieben wurden und 1948 die tschechoslowakische Staatsbürgerschaft zurückerhielten, bis heute nicht revidiert sei. Große Gebiete im Sudetenland lägen heute brach und verwüstet. Zuletzt seien kürzlich am helllichten Tag alte Gräber von Deutschen auf einem Friedhof in Šumperk (Mährisch Schönberg) mit Baggern zusammengeschoben worden. »Derartiges muss den Eindruck erwecken, dass in diesem Staat die Praktiken des totalitären Regimes fortgesetzt werden«, schrieb Hvížd'ala.

Im Ton noch schärfer rechnete der mittlerweile verstorbene ehemalige Abgeordnete und Mitarbeiter des Zentrums für theoretische Studien an der Karls-Universität, Viktor Dobal, mit der Verehrung Beneš' und seiner Dekrete ab: Nur ein winziger Teil der tschechischen Gesellschaft einschließlich der Politiker kenne überhaupt den Inhalt der Gesetze. »Sonst könnten sie nicht sagen, dass sie Pfeiler unserer Rechtsordnung, die Garantie der Kontinuität unserer Staatlichkeit sind. Höchstens wenn Nationalismus und Sozialismus die Grundlage unserer Werte wären. Das also, was man in Deutschland einst als Nazismus bezeichnete.« Auch weniger intelligente Menschen würden erkennen, dass es sich bei der Vertreibung von Deutschen und Ungarn um eine »ethnische Säuberung« gehandelt habe. Außerdem, so Dobal, seien die Dekrete nicht »erloschen«. »Die perversesten gelten weiterhin. Ihre Legitimität und Legalität wurden vom tschechischen Verfassungsgericht bestätigt.«

Dies kritisierte auch Jiří Pehe, ehemaliger Berater Havels in einem Aufsatz. »Klaus ist sich (mit seinem Vorstoß, die Dekrete in die EU-Rechtsordnung einzuführen) offensichtlich bewusst, dass die Dekrete ... bei weitem nicht erloschen sind.« Klaus sei in seiner Beurteilung aber realistischer als die Politiker, die behaupten, die Dekrete seien erloschen. »Faktisch und moralisch sind sie nicht erloschen.« Pehe schlug vor, das Prager Parlament sollte »offiziell anerkennen, dass die Dekrete eine die Menschenrechte massenhaft verletzende, undemokratische Maßnahme waren und sich von ihnen distanzieren. Zugleich sollte die Diplomatie im Austausch für eine Lösungszusage von Deutschland und Österreich die Zusicherung gewinnen, dass sie diesen Schritt nicht ausnutzen werden, um Vermögensansprüche geltend zu machen.« Dagegen meinte der Publizist Václav Vlk, sollten die Dekrete aufgehoben werden, würden die Probleme beginnen. Der Sudetendeutschen Landsmannschaft gehe es darum, die Ergebnisse des Zweiten Weltkriegs und ihre »historische Niederlage im Kampf um die Beherrschung der böhmischen Länder zu revidieren«.

Der inhaltliche Streit brachte die Zeitungen sogar gegeneinander auf. So warf die konservative *»Lidové noviny«* dem ehemaligen KP-Zentralorgan *»Právo«* vor, »reiner Propaganda den Vorzug vor Informationen« zu geben. *»Právo«* hatte in althergebrachter Manier betont, die Vertreibung sei keine Erfindung Beneš gewesen, sondern auf der Potsdamer Konferenz 1945 beschlossen worden. Die Siegermächte bestünden bis heute darauf. Als 2001 Bohumil Doležal eine Entschädigung für die Vertriebenen gefordert hatte, war in *»Právo«* die Frage gestellt worden, weshalb »solche Leute« eigentlich an der wichtigsten Universität des Landes lehren dürften – ein klarer Aufruf zu einem Berufsverbot, wie es unter dem KP-Regime üblich war.

Seit 1998 schon wirkt eine Bürgerinitiative namens »Antikomplex« in Tschechien, die sich der tschechisch-deutschen Geschichte widmet. Sie will die Komplexe der tschechischen Gesellschaft angehen, die aus einem schlechten Gewissen herrührten, aus der mangelnden Reflexion eigenen Handelns. 2001 kam einer der Mitarbeiter von »Antikomplex«, Ondřej Matějka, auf die Idee, Fotografien auszustellen, die das Schicksal des Grenzlandes dokumentierten – vor und nach dem Zweiten Weltkrieg. »Das verschwundene Sudetenland« belegt, wie eine Landschaft wie ausgewechselt wirken kann, wenn man die Menschen von dort vertreibt und damit auch ihre Kultur und ihre Traditionen.

Matějka würde die Arbeit von »Antikomplex« wohl ähnlich beschreiben wie der junge Dramatiker Miroslav Bambušek: als den »Ausdruck eines natürlichen Reinigungsprozesses«. Bambušek sorgt im Off-Theater »La Fabrik« in einer Industrieruine im Prager Stadtteil Holešovice mit Werken über die Vertreibung für Aufsehen. Am Anfang stand ein Stück über den Jugoslawien-Krieg. Dann stieß er auf einen Artikel über Postelberg (Postoloprty), einen kleinen böhmischen Ort, in dem Ende Mai/Anfang Juni 1945 viele Deutsche aus der Region zusammengetrieben und von tschechoslowakischen Einheiten erschossen wurden. »Ich schrieb über das Blutvergießen auf dem Balkan, dabei war dieses Massaker vor meiner Haustür geschehen«, sagte der Tscheche dem Prager dpa-Korrespondenten Wolfgang Jung im März 2006 in einem Interview. »Und das Schlimmste: Ich hatte bis dahin nicht die geringste Ahnung davon.« Bambušek verarbeitete das oft als größtes Nachkriegsmassaker an Deutschen bezeichnete Geschehen als tragischen Nachbarschaftsstreit und errang mit »Porta Apostolorum« den renommiertesten tschechischen Theaterpreis. Es folgte 2006 das Stück »Trost des Feldweges« über den Todesmarsch der 25 000 Deutschen aus Brünn. »Viele Tschechen stört, wenn ihnen jemand ihr Bild von der Nachkriegszeit nimmt, denn das ist verdammt unbequem«, fasst der Dramatiker die Reaktionen zusammen. Aber es sei richtig und wichtig, sich auch zu den dunklen Kapiteln der Vergangenheit zu bekennen.

Postelberg sorgte 2009 noch einmal für Schlagzeilen, was mich zum folgenden Artikel veranlasste:

»An der Mauer der Kaserne im nordböhmischen Postoloprty (Postelberg) stehen fünf erschöpfte jugendliche Deutsche im Alter von nicht einmal 15 Jahren. Angeblich haben sie Äpfel von einem Baum ›gestohlen‹, um ihren Hunger zu stillen. Erst werden sie schlimm misshandelt. Dann strecken Gewehrsalven vier von ihnen nieder. Ein Junge überlebt, fällt auf die Knie und fleht um Gnade. Vergeblich. Er wird durch einen Schuss ins Genick getötet.

Es ist Anfang Juni 1945. Die sowjetische Armee ist aus Zateč (Saaz) abgezogen, Truppen des tschechoslowakischen Generals Svoboda besetzen die Kleinstadt. Sie wollen die Gegend ›von den Deutschen säubern‹. Ein Soldat erinnert sich einer Ansprache Svobodas: ›Ich beneide euch um diese große Aufgabe. Denkt immer daran, dass nur ein toter Deutscher ein guter Deutscher ist. Je weniger von ihnen bleiben, desto weniger Feinde haben wir.‹

Tausende Deutsche, Knaben und Männer zwischen 13 und 65, werden von Zateč ins nahe Postoloprty getrieben. Wie viele davon umgebracht wurden, ist bis heute offen. Historiker sprechen von bis zu 2300. In neun Massengräbern fand man die Überreste von 763 Menschen. Erschossen oder erschlagen ohne Gerichtsurteil. Es ist das schlimmste Nachkriegsmassaker in der damaligen Tschechoslowakei, in der Zeit der ›wilden Vertreibung‹ der Sudetendeutschen.

Die Kriminalpolizei in Zateč hat drei Anläufe genommen, um die Ereignisse aufzuklären. Jetzt stehen zumindest die Schuldigen am Tod der Knaben fest. Es handelt sich um den Armee-Kapitän Vojtěch Černý und den Ortspolizisten Bohuslav Marek. Laut den Ermittlern tragen sie mit großer Wahrscheinlichkeit auch die Verantwortung für die Ermordung der übrigen Deutschen.

Die Akte Postelberg ist mehrere tausend Seiten dick. Chefermittler Pavel Karas hatte anfangs Zweifel, dass sich seine Landsleute so gegenüber wehrlosen Deutschen haben verhalten können. ›Ich wollte das nicht glauben, habe das als Gerede abgetan. Während der Ermittlungen dann blieb mir nichts von dieser Illusion. Das Geschehene hat sich tatsächlich so abgespielt. Schlimm, dass sich Tschechen derart schuldig gemacht haben. Das damalige Strafgesetz kannte den Begriff Genozid nicht. Wenn er existiert hätte, hätte ich die Verantwortlichen nicht des Mordes, sondern des Genozids überführt. Denn um nichts anderes hat es sich gehandelt‹, sagte der Kriminalist gegenüber dem Internet-Magazin *aktualne.cz*.

In den zwei Jahre dauernden Ermittlungen hat die Polizei 37 Zeugen vernommen. Fast alle hatten mit angesehen, wie die Knaben hingerichtet wurden. Bis auf wenige Details stimmten ihre Aussagen überein. Sie identifizierten zugleich den Ortspolizisten Marek als Todesschützen.

Marek hatte 1947 vor einer Parlamentskommission die Vorfälle selbst detailliert geschildert, eigene Schuld aber geleugnet. Er räumte ein, den Deutschen tausend Schaufeln und Hacken in die Hand gedrückt zu haben. Sie mussten ihr eigenes Grab schaufeln.

Černý hingegen stand zu seinem Verhalten und bereute es auch bei der Befragung 1947 nicht. ›Die Deutschen haben so viel Böses getan. Das könnten wir ihnen nie heimzahlen, selbst wenn wir jeden Tag welche von ihnen exekutieren würden.‹

Die Parlamentskommission billigte am Ende das Verbrechen. Es habe sich um eine ›außergewöhnliche, revolutionäre Zeit‹ gehandelt. Die Exhumierung der Leichen aus den Massengräbern 1947 lief unter strengster Geheimhaltung ab. Man wollte den Deutschen keinen ›Vorwand‹ liefern, gegen die revolutionäre Tschechoslowakei ›zu hetzen‹. Nach dem Putsch der Kommunisten im Februar 1948 wurde die Sache völlig totgeschwiegen. Der Vorsitzende der Parlamentskommission wurde in einem der damals üblichen konstruierten Prozesse zum Tode verurteilt. Ihm gelang jedoch die Flucht. Er wurde erst nach 1989 rehabilitiert.

Černý und Marek, die mutmaßlichen Haupttäter in Postolprty, wurden nie vor ein Gericht gestellt. Sie lebten unbehelligt bis zu ihrem Tod.«

Wer den Tschechen Vorwürfe macht, sie würden sich ihrer eigenen Geschichte nicht stellen, geht fehl. Dass es der politischen Klasse mitunter noch an Mut mangelt, es Bürgerbewegten gleichzutun, sie sich lieber darin gefällt, die Beneš-Dekrete in einer All-Parteien-Resolution im Parlament auch fürderhin als unantastbar zu erklären, kann die positiven Ansätze nicht zunichte machen. Deutsche sollten sich bei der Beurteilung dieses Prozesses immer mal befragen, wie lange die Aufarbeitung des Nationalsozialismus dauerte.

Und es ist auch unbestritten, dass über viele Jahre manche Parole aus sudetendeutschen Kreisen nicht dazu angetan war, die Sorgen in Tschechien zu mindern. Sie waren entstanden, als in früheren Zeiten gern Politiker für die Sudentendeutschen sprachen, die eine braune Vergangenheit im Protektorat hatten. Und sie wurden bestärkt, wenn bei den Jahrestreffen der Landsmannschaft von der Vertreibung als einer »kaltblütigen ethnischen Säuberung« gesprochen wurde, so als habe es keine nationalsozialistische Vorgeschichte gegeben, oder gar die Vertreibung mit dem Genozid auf eine Stufe gestellt wird – wie erst jüngst geschehen. Das empört viele Tschechen, denn einen Völkermord hatten schließlich Hitler und Heydrich an den Tschechen geplant. Immer wieder wird auch die Tätigkeit des Witiko-Bundes beargwöhnt, einer elitären rechtskonservativen sudetendeutschen Gesinnungsgemeinschaft, die von Henlein-Anhängern gegründet wurde und vom Bundesinnenministerium bis 1967 als rechtsradikal eingestuft worden war. Vielen Tschechen ist schon der Anblick der auf dem Sudetendeutschen Tag einmarschierenden Trachtengruppen zuwider, da es für sie den Anspruch auf eine deutsche Kulturdominanz verkörpert.

Die grundlegende Forderung der Sudetendeutschen nach einem »Recht auf Heimat« wird in Prag nach wie vor skeptisch gesehen, weil sich dahinter auch sehr weitgehende Forderungen nach einer möglichen Revanche verbergen könnten. Tschechen, die ihre ehemaligen deutschen Mitbürger fragen, was mit dem »Recht auf Heimat« konkret gemeint ist, bekommen selten eine eindeutige Antwort. Je unklarer aber etwas benannt wird, desto eher wachsen auf der anderen Seite Ängste. Immer wieder fragen Tschechen, weshalb die Sudetendeutsche Landsmannschaft nicht endlich auf Eigentumsforderungen verzichtet, denn das könnte die Probleme zwischen Tschechen und Deutschen deutlich entkrampfen. Landsmannschafts-Sprecher Posselt hat das für sich und seine Familie offiziell getan, zugleich weist er aber darauf hin, dass seine Organisation nicht kollektiv für alle Sudetendeutschen sprechen könne. Jedem Heimatvertriebenen sei es unbenommen, sein früheres Eigentum einzuklagen. Selbst die rot-grüne Regierung unter Gerhard Schröder hat das nicht in Frage gestellt, obwohl sie ansonsten sehr kritisch mit den Sudetendeutschen und anderen Vertriebenen umgegangen ist.

Zu einer deutlichen Entspannung im deutsch-tschechischen Verhältnis trug allerdings die Erklärung Schröders in Warschau bei, wonach seine Regierung derartige Eigentumsklagen politisch nicht unterstützen wird. Das hat auch Angela Merkel noch vor ihrer Wahl zur Bundeskanzlerin bei einem Besuch in Prag bekräf-

Am 15. September 2002 wurde im ostböhmischen Teplice nad Metují, dem früheren Wekelsdorf, ein »Kreuz der Versöhnung« eingeweiht; es entstand auf tschechische Initiative und soll an die Ermordung von 22 Deutschen und einer Tschechin während der »Wilden Vertreibung« im Sommer 1945 erinnern.

tigt, was speziell dem linken politischen Spektrum Tschechiens etwas von der Besorgnis nahm, unter einer CDU/CSU-geführten Bundesregierung könnten sich die Beziehungen wieder abkühlen. Und den Tschechen gefiel es, dass Merkel über die Bayern, wo man sich traditionell besonders für die Heimatvertriebenen engagiert, in lockerer Art meinte, bei denen gingen die Uhren häufig ein bisschen anders.

Manchmal tun es aber auch schlichte Gesten. Als Schröder bei seinem letzten offiziellen Besuch in Prag nach Theresienstadt fuhr und dort nicht nur einen Kranz niederlegte, sondern auch einen Häftling des Gestapo-Gefängnisses »Kleine Festung« in die Arme nahm, ging das vielen Tschechen aus dieser Generation sehr nahe. Die Politik gegenüber Tschechien, das sollte diese Geste Schröders auch sagen, wird in Berlin und nicht in München gemacht. Eine Haltung, in deren Tradition auch die heutige Bundesregierung unter Angela Merkel steht. Das Thema der nationalsozialistischen Besetzung und der nachfolgenden Vertreibung spielt bei heutigen Staatsbesuchen nur noch eine Nebenrolle. Den Tschechen kommt dabei zugute, dass die Bundeskanzlerin ein sehr persönliches Verhältnis zu Prag hat, weilte sie doch hier zu DDR-Zeiten mehrfach zu Forschungsaufenthalten an der tschechoslowakischen Akademie der Wissenschaften. Sie kann auch noch ein paar Brocken Tschechisch, was die Tschechen entzückt. Für die junge tschechische Generation sind die schwierigen Geschehnisse von einst sowieso weit weg. Die tschechische Publizistik befasst sich – wenn sie sich überhaupt diesen Themen widmet – eher mit dem Versagen der Tschechen selbst gegenüber »unseren Deutschen«, sprich den Sudetendeutschen. Dennoch wird beispielsweise sehr aufmerksam registriert, welche innerdeutschen Debatten es zum Thema Flucht und Vertreibung gibt. Außenminister Guido Westerwelle etwa sorgte mit seiner massiven Kritik an der Chefin des Bundes der Vertriebenen, Erika Steinbach, auch in Prag für Schlagzeilen. Wenn beide Staaten heute erklären, die Beziehungen seien so gut wie noch nie, dann ist das sicher richtig. Zumindest verstellen – ungeachtet manchen Störfeuers Einzelner – die schrecklichen Dinge der Vergangenheit nicht mehr den Blick in die Zukunft.

Wiedergutmachung

Prag, im Juni 2001: Der Saal auf dem Gelände des Prager Verteidigungsministeriums ist schmucklos. Über dem Podium hängt lediglich eine tschechische Fahne, daneben ein Bild von Václav Havel. Den Staatspräsidenten hätten die Teilnehmer der Tagung gern persönlich begrüßt, aber er hat einen anderen wichtigen Termin, ist wegen der Verhandlung einer von ihm angestrengten Verfassungsklage nach Brünn gefahren. Doch auch keiner der eingeladenen Regierungsvertreter ist erschienen. Das kränkt die Versammelten genauso wie das geringe Interesse der Medien. Letzteres vor allem muss verwundern. Die Versammelten repräsentieren immerhin genau jene Tschechen, die am Vortag noch im Rampenlicht standen: die antifaschistischen Kämpfer, die KZ-Häftlinge und Zwangsarbeiter unter dem NS-Regime. Gerade sind an die ersten rund zehntausend von ihnen Entschädigungszahlungen aus Deutschland angewiesen worden. Das Thema der Versammlung ist damit klar, auch wenn die Redner vor allem Bilanz der vergangenen drei Jahre seit dem letzten Kongress ziehen und eher beiläufig von der »guten Nachricht« sprechen. Beifall kommt an dieser Stelle nicht auf. Nicht, dass man sich nicht über die Geste aus Deutschland freuen würde; allein, viele sind längst gestorben, im letzten Jahr allein an die 7000, wie Oldřich Stránský, der Vorsitzende des Verbandes der tschechischen Häftlinge, sagt.

Dass Robert Bartek überlebt hat, grenzt an ein Wunder. Der 80-jährige Prager Jude war aufgrund der Nürnberger Rassengesetze an genau jenem Tag des Jahres 1941 inhaftiert worden, als Hitlerdeutschland die Sowjetunion überfiel. »Nachdem ich eineinhalb Jahre in einem so genannten Umschulungslager der Gestapo im Protektorat zubringen musste, kam ich am 31. Januar 1943 nach Auschwitz.« Vermutlich hatte er es ausschließlich seiner damaligen Jugend und seiner kräftigen Statur zu verdanken, dass er dort nicht direkt ins Gas geschickt wurde. Bartek, der in seiner Heimat nur das Abitur ablegen konnte, aber noch keine Ausbildung erhalten hatte, wurde in einem Maurerkommando des Stammlagers eingesetzt, zusammen mit anderen Tschechen und mit Polen. »Sie brauchten uns einfach. Das war unser Glück.« Im Januar 1945 wurde Bartek mit vielen Mitgefangenen zunächst auf einen Todesmarsch geschickt. Dann trieb man sie in

Viehwaggons Richtung Mauthausen. Dort wurden sie weiter umverteilt. Bartek kam in ein Lager in Melk an der Donau und später in die Nähe von Bad Ischl. Dort wurde er von den Amerikanern befreit. »Doch beinahe hätte ich diesen Tag nicht erlebt. Die deutschen Wachmannschaften riefen uns zu einem Appell und erklärten uns, wir müssten vor einem angeblich bevorstehenden Luftangriff der Alliierten ›in Sicherheit gebracht‹ werden. Wir mussten in einen unterirdischen Stollen, der jeweils nur einen Ein- und Ausgang hatte. Logisch, dass die Angst umging, die würden uns alle in die Luft sprengen.«

Robert Bartek hat überlebt, seine Familie nicht. »Ich habe 14 Verwandte verloren«, sagt der weißhaarige Mann mit stockender Stimme. Es fällt ihm schwer, seinen linken Unterarm zu zeigen. Die eintätowierte Häftlingsnummer 99641 ist zwar verblasst, aber noch zu sehen. Bartek kennt sie auswendig. »So etwas kann man nicht vergessen«, sagt er leise, und seine sonst so lebendigen Augen unter buschigen Brauen werden plötzlich ganz starr.

Kann er verzeihen, mit dem Abstand von 56 Jahren? »Das fällt schwer. Nicht so sehr, weil es so lange gedauert hat mit der Entschädigung. Ich kann bis heute nicht verstehen, wozu dieses Deutschland mit seiner Geschichte und seinen vielen gebildeten Menschen fähig gewesen ist.« Von »Kollektivschuld« will er dennoch nicht sprechen. »Es ist richtig, dass jetzt auch tschechische Antifaschisten deutscher Nationalität entschädigt werden. Immerhin haben auch sie gegen Hitler gekämpft oder unter seinem Regime gelitten.« Dass besagte Deutsch-Böhmen von den Zahlungen nicht ausgenommen werden, hatte mit dem Einverständnis von Tschechiens Regierungschef Miloš Zeman die tschechische Delegation bei den Verhandlungen unter der Leitung des Regierungsbevollmächtigten Otto Graf Lambsdorff zugesichert. Lambsdorffs jüngerer Bruder Hagen absolviert derzeit seine letzten Tage als deutscher Botschafter in Prag. Wenn die Verhandlungen in Berlin oder Washington irgendwann ins Stocken gerieten, war er naturgemäß für die tschechischen Medien ein willkommener Informant. So nahm es auch nicht wunder, dass der Botschafter auf der Pressekonferenz, auf der der Beginn der Zahlungen verkündet wurde, die bewegendsten Worte fand. Es gebe keine größere Befriedigung, als wenn ein Botschafter mit einer so guten Nachricht wie der über die beginnende Entschädigung der NS-Zwangsarbeiter aus seinem Amt scheiden könne.

Deutschland begleiche damit eine seiner letzten moralischen Verpflichtungen. »Der Deutsche Bundestag, die Bundesregierung, aber auch ich als Botschafter, hoffen inständig, dass möglichst viele der alt gewordenen ehemaligen Zwangsarbeiter zumindest eine Erleichterung ihres Lebensabends erfahren, auf die sie so lange hofften. Menschliches Leid kann nicht entschädigt werden«, betonte Lambsdorff. Die jetzt einsetzende Zahlung sei eine Geste der Humanität.

Worte, die auch bei Robert Bartek nicht ihre Wirkung verfehlten. Er wird einen Teil des Geldes seinen Kindern geben und möchte noch einmal ans Meer fahren, nach Spanien vielleicht. Und er hat sich vorgenommen, verstärkt in die tschechischen Schulen zu gehen. »Nicht, um die Deutschen zu verdammen. Aber um Geschichte zu vermitteln, die lehrreich sein kann.«

Tschechien nach 1989

Marktwirtschaft »ohne Adjektive«

Rappelvoll war es im April 2000 im großen Jugendstil-Kultursaal der Prager Eisenbahner im Hauptbahnhof. Die Gesichter der Leute, die zumeist direkt von der Arbeit gekommen waren, verrieten Anspannung und Frust. Die Menschen waren ehemalige Klienten der *Moravia banka* (MB), einem als zuverlässig geltenden Finanzinstitut – bis im September 1999 der Crash kam. Über Nacht sperrte die Nationalbank alle Konten der, wie sich herausstellte, völlig überschuldeten und unprofessionell geführten MB. Wenig später kam der Lizenzentzug. Er war zugleich auch das Aus für die Sparer, die ihr Geld der MB anvertraut hatten. Doch anders als bei früheren Bank-Zusammenbrüchen, als die Klienten fast ihr gesamtes Geld erstattet bekamen, wurden die Anleger der MB weitgehend geprellt. Ersatz gab es bloß bis zur Höhe von 400 000 Kronen (ca. 14 000 Euro). Deviseneinlagen wurden gar nicht berücksichtigt. Und das, obwohl der Staat in diesem Fall eigentlich besonders in der Pflicht stand: Die größten zahlungsunfähigen oder -unwilligen Schuldner waren nämlich Aktiengesellschaften, die sich mehrheitlich in staatlicher Hand befanden. Sie hatten den Crash mit verursacht. Die Moravia-Klienten im Eisenbahner-Kultursaal wurden ohne Hoffnung weggeschickt. Sie vereinbarten eine Demonstration auf dem Wenzelsplatz, um wenigstens öffentliche Aufmerksamkeit zu erreichen.

Die Moravia banka steht exemplarisch für die Kehrseite der wirtschaftlichen Nachwende-Entwicklung in Tschechien, die deutlich anders verlief als in der ehemaligen Sowjetunion oder der DDR. Ihr Vater war der einstige Finanzminister der ČSFR und langjährige tschechische Regierungschef Václav Klaus, der weder eine Privatisierung zugunsten der alten Eliten wollte, also eine Nomenklatura-Privatisierung, noch einen Ausverkauf an westliche Unternehmen, weshalb er den »tschechischen Weg«

eines »Volkskapitalismus« wählte. Zu diesem Zwecke wurden Coupons an jeden Erwachsenen ausgegeben, die dann in Unternehmen investiert und in Aktien umgewandelt werden konnten. Damit sollte das ehemals staatliche Eigentum bei den Bürgern landen und diese zugleich zu wirtschaftlichem Engagement motiviert werden. Klaus verwies von Anfang an darauf, dass »die entstehenden neuen ökonomischen, sozialen und politischen Beziehungen mehr individuelle Verantwortung, mehr Freiheit und Rechte eröffnen, zugleich aber auch mit erhöhten individuellen Risiken, Gewinnen und Verlusten, einer stärkeren Polarisierung der Einkommen und Reichtümer verbunden sein« werden.[24] Er appellierte an die Leute, sich nicht zu verhalten wie das Ehepaar auf dem Sofa in einer Karikatur von Vladimír Renčín: Der Ehemann telefoniert und sagt: »Was sollen wir schon machen, wir sitzen hier und warten auf den Wohlstand.« Dieses Verhalten des passiven Abwartens sei die »größte Gefahr unserer Zeit«, eine »Falle für uns alle«. Die Negation des alten Regimes genüge nicht: »Der Schuldige ist das untergegangene Regime mit allem, was es unserem Land im materiellen als auch im geistigen Sinne angetan hat. Aber helfen können wir uns nur allein, niemand kann das für uns tun.«[25] Klaus hatte bei solchen Worten immer auch das Beispiel der fünf neuen deutschen Bundesländer im Hinterkopf. Die profitierten von großen Geldüberweisungen aus der alten Bundesrepublik. Die Tschechen und Slowaken hatten keine solche Hilfe zu erwarten.

Wer Anfang der 1990er Jahre verglich, was sich in Ostdeutschland und in der Tschechoslowakei tat, musste sich die Augen reiben. Die Tschechen und Slowaken arbeiteten bei geringem Lohn wie entfesselt und ließen sich auch von Gewerkschaften nicht in ihrer Samstags- und Sonntagsarbeit einschränken. Überall wurden in Windeseile kleine Läden ausgebaut, verputzt, gemalert, eingerichtet und eröffnet. In Ostdeutschland herrschte da an vielen Stellen vergleichsweise Ruhe, verließ man sich auf das Versprechen blühender Landschaften.

Der neoliberal geprägte Klaus erklärte gebetsmühlenartig, dass es vor allem darauf ankomme, die Marktkräfte wirken zu lassen. Der Markt werde alles richten. Und zwar ein Markt »ohne Adjektive«. Damit wandte er sich gegen das Modell der »sozialen Marktwirtschaft«, für die sich die Sozialdemokraten einsetzten und die auch von Präsident Havel bevorzugt wurde.

Den Verfechtern dieser Konzeption hielt er entgegen, »dass jedwede Effektivität des Marktes eben auf dem Vorhandensein von Gewinnern und Verlierern beruht, von Unternehmen, die etwas riskieren und gewinnen, aber auch Bankrott gehen können, dass Niederlagen unausweichlich sind und es folglich auch nicht möglich ist, einen Zustand zu erreichen, in dem es keine Verlierer mehr gibt.«[26] Auf einer Konferenz im Januar 2006 in Prag behauptete Klaus sogar: »Die Mehrheit der Bürger in der Tschechoslowakei wünschte sich damals keinen Kapitalismus, sondern einen so genannten dritten Weg, für den verschiedene Utopien vorgezeichnet wurden.« Daher hätten der Entwicklung zur freien Marktwirtschaft einflussreiche Gruppierungen im Weg gestanden. »Es waren zum einen die Reformkommunisten der 60er Jahre, die nach 1968 zum Großteil aus der Partei ausgeschlossen worden sind. Es waren aber ebenso die Dissidenten der kulturellen und intellektuellen Sphäre mit Václav Havel, Jiří Dienstbier und Petr Pithart (langjähriger Präsident des Senats und vor der Teilung der Tschechoslowakei Premier des tschechischen Landesteils).« Dabei verkennt Klaus jedoch, dass gerade jene Kräfte es waren, die seinen forschen Umgestaltungsprozess sozial abfederten und damit eine hohe Akzeptanz in der Bevölkerung schufen. Sie sorgten etwa für einen dreiseitigen »Rat für wirtschaftliche und soziale Übereinkunft« (RHSD), in dem Regierung, Gewerkschaften und Unternehmen quartalsweise die wirtschaftlichen Leitlinien und die Lohnentwicklungen besprachen.

Zentraler Punkt der Reformen war die Privatisierung der weitgehend »nationalisierten« Wirtschaft. Sie erfolgte in mehreren Schritten. Dazu wurden 1991 ein Gesetz über die Restitution kleiner Betriebe und eines über die Privatisierung der großen Unternehmen verabschiedet. Objekte aus dem kleingewerblichen Bereich, die nach der kommunistischen Machtergreifung im Februar 1948 enteignet worden waren, konnten nun rückübertragen oder verkauft werden. Die Grenze Februar 1948 wurde bewusst gezogen, denn damit blieben die Enteignungen der Sudetendeutschen nach 1945 unberücksichtigt. Im Zuge der so genannten Kleinen Privatisierung entstanden im Laufe der Jahre weit über 100 000 private Firmen vorwiegend im Handel, in der Gastronomie und im Handwerk. Wo es keine Erben gab, kauften oft die bisherigen Leiter der staatlichen Unternehmen über einen Kredit »ihre« Betriebe. (Nebenbei bemerkt, war das im Einzelhandel für den normalen Einkäufer eine traumhafte Zeit. Da die Verkäuferinnen um ihre Anstellung in dem »neuen« Laden bangten, breitete sich gegenüber den Kunden eine bis dahin ungekannte Freundlichkeit aus. Man wurde bedient, als wäre man als Kunde tatsächlich König. Leider währte diese Zeit nicht ewig. Als die Privatisierung abgeschlossen war und die Verkäuferinnen ihren Job sicher hatten, verfielen sie vielfach wieder in den alten Trott.)

Im Unterschied dazu erfolgte die Große Privatisierung über breit gestreute Coupons. Ab Oktober 1991 konnten interessierte Bürger Couponhefte mit jeweils 1000 Investitionspunkten gegen eine geringe Verwaltungsgebühr erhalten. Etwa 79 Prozent der Tschechen beteiligten sich an dieser Aktion. Die Punkte waren für den Erwerb von Aktien der zu privatisierenden 3000 Großbetriebe vorgesehen, wobei die Nachfrage bei den jeweiligen Betrieben den umgerechneten Wert der Investitionspunkte bestimmte. Da sich viele Bürger aber in der Wirtschaft nicht auskannten, boten sich massenhaft aus dem Boden sprießende Investmentfonds an, die Punkte zu übernehmen und gewinnbringend anzulegen. Dieser Verlockung folgte die große Mehrheit, weshalb heute drei Viertel aller Coupons von Investmentfonds verwaltet werden. Inzwischen hat ein starker Konzentrationsprozess stattgefunden, so dass lediglich noch 14 ernstzunehmende Fonds übrig geblieben sind, die zumeist von Banken kontrolliert werden.

Damit haben die Banken eine besondere Stellung in der tschechischen Wirtschaft erhalten. Sie sind nicht nur Geldgeber für die Unternehmer, sondern in den meisten Fällen auch deren Eigentümer, weshalb man bei der Kreditvergabe oft weniger strenge Kriterien anlegte als bei der Darlehensvergabe für fremde Firmen, denen oft Zinsen von über 20 Prozent abverlangt wurden. Hinzu kam, dass durch den Besitz zahlreicher verschiedener Unternehmen abenteuerliche Kapitalverschiebungen über die Mutterbank organisiert wurden, was manche Firmen in den Konkurs trieb, wodurch viele Kleinaktionäre ihr Geld verloren. In einigen Fällen wurde das aus einer Firma abgezogene Geld aber nicht zur Investition in einem anderen Unternehmen verwendet, sondern verschwand in dunklen Kanälen im Ausland. Die Tschechen nennen dies »*Vytunelování*«, was man mit Aushöhlung oder Untertunnelung übersetzen kann. Mehrere Hundert Milliarden Kronen sollen in der Zeit des »wilden Ostens« in den 1990er Jahren verschoben worden sein.

Der Prozess der Umgestaltung verlief äußerst kompliziert. Im tschechischen Parlament, wo die Rahmenbedingungen geschaffen wurden, entschied über neue Gesetze häufig der politische Wille, weniger die Kompetenz, wie der konservative Politiker Petr Čermák einräumen musste. Der ehemalige Vorsitzende des tschechischen Abgeordnetenhauses Milan Uhde konstatierte, dass der Prozess der Privatisierung durch das »Öffnen der Schleuse« und das »Hereinlassen wilden Wassers« bewerkstelligt worden sei. Miloš Zeman, sein sozialdemokratischer Widerpart, reagierte darauf mit den Worten: »Ja, wildes und schmutziges Wasser, das alles wegspült, auch das, was nicht weggespült werden sollte.« Die Regierung Klaus sei nach folgendem Muster vorgegangen: »Erst kann ich auf betrügerische Weise eine ganze Reihe von Sachen erwerben, dann pumpe ich in die Wirtschaft ohne Kontrolle auch schmutziges Geld hinein, und wenn die Kuh dem Kuhstall entlaufen ist, mache ich die Tür zu und beginne, diesbezügliche Gesetze zu verabschieden.« Der ODS-Finanzminister bis 1997, Ivan Pilip, räumte ein, es habe sich gerächt, dass jene, die die Privatisierung organisierten, immer den Juristen ein paar Schritte voraus waren. Jetzt bliebe man hinter der »aggressiven Klasse« der neuen Inhaber zurück, die die Regeln, die woanders in der Welt gelten, nicht respektieren. Die verdächtigen Bankiers würden von Spitzenadvokaten verteidigt, die sich besser auskennen als die Polizei. 1993 sprach man von der »Flucht der Ökonomen vor den Juristen«. Es wurde in jenem Jahr ein Gesetz verabschiedet, demzufolge Entscheidungen bezüglich der Privatisierung sowohl von der Kontrolle durch Verwaltungsorgane als auch von der Überprüfung durch das Justizwesens ausgenommen würden. Logisch, dass das demoralisierend auf die Mehrheit der Bevölkerung wirkte.

Der Wirtschaft fehlten nach der räuberischen Bereicherungswelle wichtige Mittel zum Strukturwandel, zumal das Eigenkapital von Anfang an gering war, da über die Coupons ja kein frisches Geld in die Unternehmen floss, sondern lediglich der vorhandene, oft veraltete Bestand verteilt worden war. Um dem zu begegnen, leitete die ab 1998 amtierende sozialdemokratische Minderheitsregierung eine Aktion »Saubere Hände« ein, mit der die kriminellen Machenschaften im Wirtschaftsbereich aufgedeckt werden sollten. Es wurde damit sogar ein eigener Minister betraut, der zwei Polizeisondereinheiten führte. Als Präsident Václav Havel dort inspizierte, sparte er nicht mit anspornendem Lob, sprach bei anderer Gelegenheit sogar von einem »Mafia-Kapitalismus«, der sich in Tschechien breit mache. Das wiederum rief Václav Klaus auf den Plan, der seine Reformverdienste geschmälert sah: Havel schwärze das Land an und beleidige Millionen ehrlicher Leute, die sich um die Privatisierung verdient gemacht hätten, donnerte er zurück. Da Premier Miloš Zeman auf die Unterstützung von Oppositionschef Klaus angewiesen war, bremste er die »Saubere Hände«-Aktion und versetzte allzu aktive Ermittler, sodass das Ganze letztlich im Sande verlief.

Das Problem des Strukturwandels, für den enorme Investitionen erforderlich waren, stellte sich aber weiterhin, denn die Verarbeitung sowjetischer Rohstoffe war passé, und im modernen Europa zu Zeiten einer globalisierten Welt war eine neue wirtschaftliche Ausrichtung dringend erforderlich. Zeitweilig hatte man das Land durch Importzölle vor der allzu harten Konkurrenz abschotten und der einheimischen Industrie eine Anpassungsphase einräumen können, doch mit Hinblick auf den EU-Beitritt war dies nicht mehr haltbar, und es bedurfte eines schnellen Wandels hin zur Wissenschafts- und Dienstleistungsgesellschaft.

Daher ging man in einer dritten Reformphase dazu über, das wild gewachsene, vielfach unsolide System mit über 60 Banken stärker zu kontrollieren und zugleich ausländisches Kapitel verstärkt einzubeziehen. 1998, als die Menge der »faulen Kredite« kaum mehr beherrschbar war, verfügte die Regierung, dass Geldinstitute den Unternehmen mit uneinbringlichen Forderungen keine neuen Kredite mehr gewähren durften. Zwei Großbanken, die *Komerční banka* und die Sparkasse *Česká spořitelna*, gingen daran fast kaputt und konnten nur mühsam über den Staatshaushalt saniert werden, wofür jeder Bürger umgerechnet 8000 Kronen aufbringen musste, was immerhin zwei Monatsrenten entspricht. In der Folgezeit ließen sich nicht nur ausländische Geldinstitute verstärkt in Tschechien nieder, sondern erhöhten sich auch die Investitionen aus dem Ausland. Heute sind die Geschäftsbanken in den Händen von Ausländern.

Ausgehend von der Tatsache, dass die böhmischen Länder schon in der Donaumonarchie das industrielle Zentrum bildeten, ist Tschechien heute ein führender Fertigungsstandort in ganz Europa. Mehrere große europäische und asiatische Autofirmen, die die technischen Fähigkeiten tschechischer Arbeitskräfte zu

Das Škoda-Werk in Mladá Boleslav ist unter der Regie von Volkswagen zu einem der größten Arbeitgeber in Tschechien geworden.

schätzen wissen und obendrein noch von den vergleichsweise niedrigen Lohnkosten profitieren, haben sich inzwischen im Land niedergelassen. Sie sind so erfolgreich, dass sie längst nicht mehr nur in Tschechien produzieren, sondern sich bereits – wie etwa VW/Škoda – nach preisgünstigeren Standorten weiter östlich umsehen. Aber es geht längst nicht mehr nur um die Endmontage von Autos. Mittlerweile ist auch die gesamte Zulieferbranche da. Tschechien ist somit nicht mehr nur »verlängerte Werkbank«, sondern »verlagerte Werkbank«.

Insgesamt kommt der Strukturwandel gut voran. Heute werden bereits knapp 60 Prozent des Bruttoinlandsprodukts im Dienstleistungssektor erwirtschaftet. Deutsche, die als Touristen nach Prag kommen, merken schnell, wie sehr ihr eigenes Land im Vergleich dazu einer Dienstleistungswüste gleicht. In der tschechischen Hauptstadt kann man in einigen Super- oder Hypermärkten rund um die Uhr einkaufen. Einen staatlich verordneten Ladenschluss kennt man hier nicht. Das stößt zwar immer mal wieder auf den Missmut der Gewerkschaften; die sind ihrerseits aber auch an einer möglichst niedrigen Arbeitslosigkeit interessiert. In Prag liegt sie bei gerade mal drei Prozent. (Im Vergleich dazu waren es im Frühjahr 2006 in Berlin 19 Prozent.) Anders sieht es dagegen in den Regionen aus, die bis heute unter den Nachwirkungen der alten, eng spezialisierten Industrie leiden, Nordböhmen oder Nordmähren etwa, mit ihren großen Kohlegruben und Stahlwerken, die zunehmend an Bedeutung verlieren. Hier wird der eingeleitete Strukturwandel in den nächsten Jahren noch starke Veränderungen bringen.

Deutsche Unternehmen in Tschechien

Es war eine eher zufällige Fügung, dass es Hans-Georg Ruckriegel ins nordböhmische Isergebirge verschlagen hat. Der Freund klassischer Musik, der in seinem Leben nebenberuflich auch schon Klassik-Events organisiert hat und über eine beachtliche CD-Sammlung verfügt, hat sich vor acht Jahren beruflich in Hejnice (Haindorf) bei Friedland niedergelassen. Nicht weit davon, in der Stolpichschlucht, hatte 1814 Carl Maria von Weber die Anregung für seinen »Freischütz« bekommen.

Als der Mittsechziger Ruckriegel aus München nach Hejnice kam, hatte er für die Schönheit der Umgebung freilich kaum einen Blick. Er fand einen heruntergekommenen Betrieb vor, über dem schon das Damoklesschwert der Schließung hing. Der deutsche Manager, nicht nur musikalisch ein Feingeist, hat zunächst das Gelände und die Gebäude der früheren Baumwollspinnerei von Eduard Simon aus der Mitte des 19. Jahrhunderts gründlich entrümpeln und renovieren lassen, ein Stück Ästhetik eingeführt. Die Einwohner nennen die Firma am Ende des Ortes heute »die Oase«.

Auf dem 32 000 Quadratmeter großen Areal ist inzwischen die Knorr-Bremse GmbH zu Hause, ein international agierendes Unternehmen. Bremskraftregler, Bremszylinder und Ähnliches für Nutzfahrzeuge produzieren die über 300 Beschäftigten. An die Anfangsprobleme denkt Ruckriegel nicht gern zurück. »Als ich hier ankam, hatten wir eine gigantische Krankenstatistik. 120 meiner Leute waren im Jahr länger als 100 Tage arbeitsunfähig.« In den ersten Jahren »wurde viel Kapital vernichtet«, und die Produkte seien wegen schlechter Qualität »teilweise gar nicht verkäuflich gewesen«. »Ich habe hart durchgreifen müssen. Aber bei Restrukturierungen ist selten Platz für eine besonders feine Führungskultur.« In der Belegschaft stieß das zuerst auf wenig Verständnis, doch die Leute merkten bald, dass es mit dem deutschen Boss voranging. Heute würden die Leute in Hejnice Ruckriegel am liebsten ein Denkmal setzen. Beim Rundgang durch den Betrieb wird der Chef geradezu ehrfürchtig gegrüßt.

Mehrfach haben die Hejnicer den firmeninternen »Business excellent award« gewonnen, Spitzenbetriebe aus Deutschland, Italien, Frankreich, England, Ungarn und Brasilien übertrumpft. 1995 noch war jedes zehnte Erzeugnis in der Endkontrolle durchgefallen, heute ist es nur noch jedes 380. »Ich kann mich auf meine hervorragende tschechische Führungsmannschaft verlassen«, sagt Ruckriegel. Und lächelnd fügt er hinzu: »Ich stehe hier nicht gerade im Weg herum, aber für die alltäglichen Probleme werde ich eigentlich nicht mehr gebraucht. Die Tschechen sind sehr diszipliniert, können sich selbst motivieren. Hier steht niemand in der Ecke und quatscht. Die Leute sind – genau wie ich – ergebnisorientiert.« Was die Tschechen von den Deutschen unterscheide? »Eigentlich nur die Sprache. Und die divergierenden Auffassungen über Teile der gemeinsamen Geschichte.«

Wie erreicht man eine solch positive Bilanz? »Wir haben unsere Leute genau ausgewählt, geschult, ihnen moderne Werkzeuge in die Hand gedrückt, ihnen deutlich gemacht, wie mit Lieferanten und Kunden umzugehen ist. Meine Fähigsten habe ich zu Management-Kursen in die Schweiz geschickt. Heute arbeitet in meiner Führungscrew eine regelrechte Elite.« Eine Elite, die bei der Konkurrenz Begehrlichkeiten weckt. So muss der Deutsche auch besonders gut bezahlen, 20 Prozent über dem tschechischen Durchschnitt. »Ich will die Menschen hier angemessen am Erfolg beteiligen. Und solange dabei der Personalaufwand im Verhältnis zur Gesamtleistung gesenkt werden kann, ist das auch in Ordnung.« Bei all dem lägen die Personalkosten in lohnintensiven Bereichen im Vergleich zu Deutschland nur bei einem Fünftel.

Ruckriegel räumt ein, dass das eher arbeitgeberfreundliche tschechische Arbeitsrecht – anders als in Deutschland – ein hohes Maß Flexibilität ermöglicht. Vieles laufe über Betriebsvereinbarungen. Mit den Gewerkschaftern könne er gut zusammenarbeiten, rede mehr mit ihnen, als er eigentlich müsse. »Die Truppe soll letztlich einig hinter den Firmenzielen stehen.«

In den Jahren seit dem Beitritt zur Europäischen Union hat sich Tschechien zu einem Spitzenstandort in Mittel-Osteuropa

Wie viele andere ausländische Banken hat auch die deutsche Commerzbank eine repräsentative Filiale in Prag.

entwickelt. Mittlerweile liegt das Land beim Lebensstandard bei 76 Prozent der entwickelten westlichen Industrienationen. Wachstumsraten von über sechs Prozent pro Jahr sind an der Tagesordnung. Arbeitslosigkeit ist landesweit kaum ein Problem, im Gegenteil, in den boomenden Branchen wie der Auto- und Zulieferindustrie mangelt es mittlerweile an Arbeitskräften. Problematisch war 2008 vor allem die Entwicklung der Landeswährung Krone. Sie war in besagtem Jahr weltweit die am stärksten aufgewertete Währung. Der durchschnittliche Kurs zum Euro lag bei 25,2 zu 1. Das traf auch deutsche Unternehmen, die ihre Produkte nach Deutschland oder in andere Länder exportieren, in denen die europäische Gemeinschaftswährung gilt. In einer Umfrage der Deutsch-Tschechischen Industrie- und Handelskammer vom August 2008 beklagten 60 Prozent der befragten Firmen Verluste durch die Wechselkursentwicklung. 16 Prozent planten, ihre Investitionen in Tschechien deshalb zu reduzieren, acht Prozent erwogen gar, ihr Engagement im Land zu beenden. Damit Tschechien als Standort weiter attraktiv bleibe, müsse vor allem rasch ein Datum für die Einführung des Euro bekannt gegeben werden, forderten die Unternehmer.

Deutschland spielt in den Handelsbeziehungen zu Tschechien die herausragende Rolle. 31 Prozent der tschechischen Exporte gehen nach Deutschland; umgekehrt kommen 28 Prozent der tschechischen Importe aus der Bundesrepublik. Unter den osteuropäischen Handelspartnern nimmt Tschechien für Deutschland damit hinter Russland und Polen den dritten Platz ein. Freilich haben die in den letzten Jahren erfolgten Betriebsverlagerungen nach Tschechien für deutsche Firmen und vor allem für deren Angestellte auch eine Kehrseite: In Deutschland werden Firmen oder Teile davon geschlossen. Mit Appellen oder nationalen Verordnungen kann man der Globalisierung jedoch nicht beikommen. Wie es ebenso untauglich erscheint, wenn deutsche Politiker Tschechen oder vor allem auch Slowaken vorwerfen, ausländischen Investoren zu große Anreize zu geben, mit denen Deutschland nicht mithalten könne. Sowohl die Regierung Schröder als auch die Regierung Merkel schlugen allen Ernstes vor, dass so genannte »Steuerdumping-Länder« Mittel-Osteuropas keine Hilfen mehr aus den Strukturfonds der EU bekommen sollten. Dabei hatte Merkel als Oppositionsführerin wiederholt beispielsweise das slowakische Modell einer Einheitssteuer begrüßt, auch »weil es von deutschen Steuerexperten entwickelt« worden sei. Man kann, ohne die Partei der Tschechen und Slowaken zu ergreifen, den Deutschen nur empfehlen, bei den osteuropäischen Nachbarn zu lernen und die eigenen Hausaufgaben zu machen. Ein Wettbewerb um die Steuerpolitik würde Europa insgesamt voranbringen.

Die skeptischen Tschechen in der EU

Eine Liebeshochzeit war es nicht, die die Tschechen mit der Europäischen Union vollzogen. Eher gingen sie eine Vernunftehe ein. Dabei lautete in den Tagen der Samtrevolution eine der zentralen Losungen: »Zurück nach Europa!« Aber diese Losung offenbarte ein etwas schiefes Bild. Böhmen und Mähren gehörten ja geografisch nie woanders hin. Mental fühlten sich die Tschechen immer auch als Europäer.

Dennoch blieb die Freude auf den EU-Beitritt gedämpft. Die Tschechen waren müde geworden angesichts der zähen Verhandlungen vor ihrem Beitritt, in denen es nicht um Visionen und Werte ging, sondern nur noch um Euro und Cent. Das Feilschen um Quoten und Subventionen war Wasser auf die Mühlen der EU-Gegner. Die ungewendeten Kommunisten malten Horrorszenarien über die angeblich drohende Verarmung des Landes an die Wand. Und die Euroskeptiker der bürgerlichen ODS von Präsident Václav Klaus kommentierten: Da seht ihr, wie wir Tschechen aus dem fernen Brüssel fremdgesteuert werden. Unausgesprochen lag da immer auch der Vergleich zur Zeit nach 1968 in der Luft, als die mit dem Reformversuch des Prager Frühlings gescheiterten Tschechen vollends unter die Knute der Sowjets geraten waren.

Václav Klaus, der es abgelehnt hatte, den Tschechen vor der Abstimmung über den EU-Beitritt ihres Landes ein Ja zu empfehlen, gab unmittelbar nach der Entscheidung nur einen sehr knappen Kommentar ab: »Ich bin nicht überrascht vom Ausgang. Für meinen Geschmack hätte die Beteiligung etwas höher sein können.« Ein Wort der Freude über den Beitritt brachte Klaus nicht über die Lippen. »Es fällt dem Präsidenten offenkundig sehr schwer, über seinen Schatten zu springen«, sagte dazu ein ausländischer Diplomat.

Wie wenig Teilen der ODS-Führung an einem starken Votum für den Beitritt gelegen hatte, war am Abend vor dem Referendum noch einmal deutlich geworden. Da hatte der ODS-Schattenaußenminister Jan Zahradil unter Protest seinen Platz im Brüsseler Konvent verlassen, weil ihm die »Richtung hin zu einem europäischen Superstaat« gegen den Strich gehe. Paradoxerweise hörte aber ausgerechnet die Klientel der ODS nicht auf das gewundene »Ja, aber« der Parteiführung zum EU-Beitritt: Ihre Zustimmung war am größten.

Auch das Kalkül der Kommunisten ging nicht auf. Sie hatten bei ihrer Nein-Kampagne vor allem auf die älteren Tschechen und deren Ängste vor möglichen Preissteigerungen nach dem EU-Beitritt gesetzt.

Kurz vor dem eigentlichen Beitritt zur EU wurden die Sorgen der Tschechen aber immer größer. Ein regelrechter Kaufrausch erfasste das Land. Nicht der nach Luxuslimousinen, Foto-Handys oder anderen netten Spielzeugen für Erwachsene. Nein, die Leute kauften verstärkt Reis und Zucker. Ganze Kartons mit zehn oder mehr Tüten gingen über die Ladentheken. Auch Babywindeln wurden regelrecht gehortet. Selbst von Leuten, deren Kinder längst im reifen Schüleralter sind. Mancher Händler fühlte sich an die Mangelzeiten in der kommunistischen Ära erinnert. Doch der Grund für die Hamsterkäufe war ein anderer: Im Fernsehen war erzählt worden, dass Reis, Zucker und Windeln drastisch teurer würden, wenn der nahe EU-Beitritt erfolgt ist.

Nichts also von hehren Gedanken über einen Schritt von historischer Tragweite, vom Ende der Teilung Europas, vom Traum der Revolution 1989, endlich »zurück nach Europa« zu kommen. Je näher das Beitrittsdatum 1. Mai 2004 rückte, desto skeptischer wurden die Menschen. Bei rund der Hälfte der Tschechen löste das Datum plötzlich Befürchtungen aus, zwei Drittel meinten gar, dass der Beitritt mehr Nach- als Vorteile bringe.

Die zitierte Umfrage zeigt aber auch, dass die Politiker mit ihren Ansichten weit von der Bevölkerung entfernt lagen. Die Angst vor einer Einbuße an staatlicher Souveränität etwa, die Präsident Václav Klaus über Monate an die Wand gemalt hatte, wurde von den »normalen« Leuten kaum geteilt. Klaus hatte am Vorabend des Beitritts symbolisch den Berg Blaník aufgesucht, der eine gute Autostunde von Prag entfernt ist. In jenem Berg hausen der Sage nach Ritter, die dann ausziehen würden, wenn Böhmen Gefahr drohe. Und er kündigte zudem mit einer Geste der Geringschätzigkeit gegenüber Brüssel an, auf der Burg in Prag, seinem Amtssitz, werde er unter keinen Umständen neben der tschechischen Fahne auch eine EU-Flagge dulden. Sein Sprecher zog gar in seinem Privatgarten eine tschechische Fahne hoch und befestigte an der Pforte ein Schild mit der Aufschrift: Hier endet EU-Territorium. Das gab der Boulevardpresse zwar hübsche Schlagzeilen und Fotos, interessierte die Tschechen aber nur mäßig. Denen war das Hemd näher als der Rock, die Preisentwicklung wichtiger als

Am 1. Mai 2004 wurde Tschechien mit neun weiteren Ländern in die Europäische Union aufgenommen, wozu es eine Festveranstaltung auf dem Altstädter Ring in Prag gab.

die Frage, ob künftig mehr in Prag oder in Brüssel entschieden wird. Das, was die Tschechen an »großen Fragen« vor dem Beitritt interessiert hatte, war eh über ihre Köpfe hinweg entschieden worden. Etwa das Beharren der meisten alten EU-Länder, ihren Arbeitsmarkt auf Jahre gegen tschechische Konkurrenz abzuschotten. So waren die »Aufklärungsbeiträge« in den Medien über das Funktionieren der EU-Strukturen auch eher eine Art von Selbstfindung der Autoren; einen Nutzeffekt bei den Rezipienten hatten sie kaum. Dabei wurden auch wirklich wichtige Themen abgehandelt, etwa die Regeln für den Erwerb von Boden und Immobilien durch EU-Ausländer. Immerhin wurden solche Fragen auch gern von Populisten benutzt, um Angst vor einem vermeintlich drohenden Ausverkauf des Landes zu schüren.

Aufgeklärtere Zeitgenossen sorgten sich derweil um den Zustand der Gemeinschaft, der die Tschechen fortan angehören sollten. Wie komme es, dass Deutschland und Frankreich die EU-Verschuldungs-Kriterien ignorieren und auch noch ungestraft davonkommen konnten? Stimmten am Ende die Befürchtungen, dass die kleinen EU-Länder nur Staffage sind? Was wird aus einer gemeinsamen Außen- und Sicherheitspolitik, was aus dem transatlantischen Bündnis, wenn die Amerikaner am Ende ihre Entscheidungen immer allein fällen? Jan Novák, der tschechische Otto Normalverbraucher, interessierte sich mehr für die Gehälter der künftigen tschechischen EU-Abgeordneten, die er als unverhältnismäßig hoch ansah. Dass diese Abgeordneten bereits im Juni, einen Monat nach dem EU-Beitritt gewählt werden sollten, wusste dagegen kaum jemand. Aber auch viele Menschen in den alten EU-Ländern kannten diesen Wahltermin nicht.

Die latente Skepsis der Tschechen wurde zusätzlich durch große politische Entscheidungen genährt: Als Österreichs Bundeskanzler Wolfgang Schüssel Anfang 2005 zum Staatsbesuch nach Prag kam, hatten sich viele eine Lockerung der langen Übergangsfrist für den Zugang tschechischer Arbeitskräfte auf den Arbeitsmarkt des Nachbarlandes erhofft. Schüssel enttäuschte in diesem Punkt, aus rein innenpolitischen Nöten: er hatte selbst mit einem wachsenden Arbeitslosenproblem zu kämpfen und wollte seine eigenen Landsleute nicht verprellen, indem er das Tor für Ausländer öffnete. Den meisten Tschechen geht es in dieser Frage nur ums Prinzip, nicht als EU-Mitglied zweiter Klasse behandelt zu werden. Nur zwölf Prozent der Tschechen wären nämlich überhaupt bereit, im Ausland nach Arbeit zu suchen. Und in den Ländern, die gleich nach dem 1. Mai ihre Arbeitsmärkte für die neuen EU-Mitglieder öffneten, muss man Tschechen mit der Lupe suchen.

Freilich hatte auch Prag seinerseits Übergangsfristen in den Beitrittsvertrag hineinverhandelt. Für den Kauf von Immobilien etwa durch EU-Ausländer. Kaum ein Deutscher oder Österreicher macht sich die Mühe, erst umständlich eine Firma in Tschechien zu gründen, um dann ein Haus kaufen zu können. So sind zumindest die Immobilienpreise in Tschechien seit dem EU-Beitritt nicht in die Höhe geschnellt.

Ausländische Investitionen in Tschechien sprudeln nach dem EU-Beitritt munter weiter. Die Investitions- und Entwicklungsagentur CzechInvest vermittelte binnen eines halben Jahres nach dem Beitritt 145 neue Projekte, mehr als doppelt so viel wie in dem halben Jahr zuvor. 20 000 neue Arbeitsplätze waren damit verbunden. Wichtig dabei: Zwei Drittel davon verlangten eine höhere Qualifikation der Arbeitnehmer. Investierten 2003 lediglich 15 ausländische Unternehmen in Forschung und Entwicklung, so waren es 2004 schon 41. Speziell Prag bietet bis heute für Investoren die besten Möglichkeiten aller Standorte in den neuen Mitgliedsländern. Auch die Landwirte Tschechiens, die große Sorgen vor dem Beitritt hatten, können zufrieden sein. Unter den neuen EU-Ländern gehört Tschechien bei der Nutzung der Gelder aus den Brüssler Strukturfonds zu den erfolgreichsten. Dass die Hauptstadt die reichste Region aller neuen Mitgliedsländer ist, rächt sich auf der anderen Seite: Die Moldaumetropole kann kaum Hilfsgelder beanspruchen. Und so sehen die Stadtväter die positive Bewertung auch mit gemischten Gefühlen. Gar nicht zu reden von einer Verkäuferin, die mit ihrem Einkommen deutlich unter dem Durchschnitt liegt, oder den Rentnern, die auf dem teuer gewordenen Pflaster Prag wahrlich keine großen Sprünge machen können.

Mit größerem Abstand gesehen haben sich die EU-Sorgen der Tschechen aber nicht bewahrheitet. Eine Mehrheit ist davon überzeugt, dass sich dieser Schritt für das Land ausgezahlt hat.

Interessant wurde das Thema EU für die Tschechen in den Folgejahren eigentlich immer nur dann, wenn es um den Schutz ihrer speziellen tschechischen Erzeugnisse für den gemeinsamen Markt ging. Dazu gehören etwa die Olmützer Quargeln (ein Harzer Käse), die südböhmischen Karpfen oder das tschechische Bier. Die Tschechen wussten bei all dem auch kräftig zu streiten. Selbst mit den einstigen slowakischen Brüdern. Legendär etwa war der Zwist um die *špekáčky*, die Speckwürstchen, die man in beiden Teilen der früheren Tschechoslowakei zu schätzen weiß. Die kurzen dicken Würstchen zeichnen sich vor allem dadurch aus, dass sie vor Fett triefen, mit dem man sich beim Essen garantiert bekleckert. Geschmacklich sind sie für Auswärtige auch nicht gerade der Renner. Am ehesten sind sie als »ertrunkene Würstchen« genießbar, eingelegt in einer sauer-scharfen Lake mit reichlich Zwiebeln und höllisch beißendem Paprika. Als solche werden sie unter der Bezeichnung *utopenci* gern zum Bier genommen.

Die Slowaken wollten sich hinter dem Rücken der Nachbarn die Speckwürstchen in Brüssel als nationale Spezialität schützen lassen. Das hätte aber bedeutet, dass die Tschechen fortan ihre *špekáčky* nach slowakischem Rezept hätten herstellen müssen. Anderenfalls wären sie gezwungen gewesen, sich für ihre eigenen Speckwürstchen einen neuen Namen auszudenken. Diese Vorwitzigkeit der Nachbarn ging den tschechischen Würstchenmachern gegen den Strich. Sie bombardierten ihr Landwirtschaftsministerium mit der Forderung, den Slowaken zu zeigen, wer am längeren Ende der Wurst sitzt. Prag drohte in Brüssel ein Veto an. Das Thema wurde denn auch allen Ernstes bei einer Krisensitzung der beiden Minister, Petr Gandalovič und Zdenka Kramplová, aufgetischt.

Schließlich einigten sich beide Seiten in Brüssel über die Vorgehensweise. Man werde nicht nur für die Speckwürstchen die Namensrechte beantragen, sondern für insgesamt vier Wurst- und Salamispezialitäten. Zwei Rezepte, die für Zipser und die Liptauer Salami, werden die Slowaken einbringen, für die Jägersalami und die Speckwürstchen haben die Tschechen das Vorschlagsrecht. Geschützt werden sollen alle vier Sorten aber für beide Länder gleichermaßen.

Kommentatoren nutzten die Gelegenheit, um gleich noch einen dringenden Wunsch im Interesse des eigenen Gaumens und dem der Verbraucher nachzulegen: Die tschechischen Würstchenmacher sollten tunlichst darauf achten, dass bei ihrer Rezeptur für die *špekáčky* Ersatzprodukte ausgemerzt werden. Das bezieht sich auf die Würstchen, die seit einiger Zeit die Ladentheken erobern, statt aus Fleisch aber aus einer undefinierbaren Soja-Masse bestehen. Diese Soja-Würstchen, »Möchtegern-*špekáčky*«, seien eine einzige Zumutung und hätten mit einem wahren Speckwürstchen nichts, aber auch gar nichts zu tun. Der Kommentator der »*Lidové noviny*« beendete seinen ausführlichen Beitrag über das Grundsatzthema Würstchen mit dem Stoßgebet: »Der liebe Herrgott und die EU mögen uns für immer vor solchen ›Speckwürstchen‹ bewahren!«

Im ersten Halbjahr 2009 mussten die Tschechen dann erstmals eine EU-Ratspräsidentschaft schultern. Am Vorabend machte ich mich seinerzeit auf den Weg in eine Prager Kneipe, um die Stimmung zu testen:

»Zuzana macht das geschickt: Aus einer winzigen Küche bugsiert sie vier Tassen mit köstlichem dicken Gulasch und auch zur Abendzeit noch frischem Brot durch den hoffnungslos überfüllten Gastraum. Nicht nur die Leute sitzen und stehen teilweise dicht an dicht, auch die Luft ist zum Schneiden. In tschechischen Kneipen wie dem ›Ausgeschossenen Auge‹ im Prager Szeneviertel

Žižkov wird wie selbstverständlich geraucht. ›Das lassen wir uns von Europa nicht nehmen‹, grinsen Miloš und Petr, zwei Mannsbilder, groß und breit wie Schränke. Martin, der Wirt, kommt kaum nach, die Aschenbecher zu leeren. Aus den Augenwinkeln nimmt er jedes sachte Winken mit einem leeren Bierglas wahr. Wenig später eilt er mit einem frisch gezapften herbei.

Das ›Ausgeschossene Auge‹ – der seltsame Begriff erinnert an den böhmischen Heerführer Jan Žižka, der in den Hussitenkriegen Mitte des 15. Jahrhunderts sein Augenlicht einbüßte und dem Stadtteil zu seinem Namen verhalf – ist eine besondere Kneipe. Hier haben die Žižkover Karnevalisten ihre Heimstatt, die Wirtschaft hielt wiederholt als Filmkulisse her. Die Getränkekarte hält ›Absinth für Abstinenzler‹ bereit, oder auch ›künstlichen Rum‹. Männliche Gäste können bei der Verrichtung am Urinal ihren schon schweren Kopf an eine in Augenhöhe angebrachte lederne Stütze lehnen. Die Speisen sind einfach, passen aber perfekt zum guten Bier.

Auf dem Tresen steht ein großes gläsernes Gefäß mit in Essig und Öl eingelegtem Camembert. ›Das ist speziell für Hygienekontrollen‹, weiß Liba, eine aus Mähren zugezogene, verdammt hübsche blonde Finanzberaterin, die um die Ecke wohnt und zu den Stammgästen gehört. ›Der Camembert stammt aus einem Supermarkt und wird nicht wirklich verkauft. Zuzana bereitet alle Speisen zuhause zu und bringt sie jeden Tag in die Kneipe mit. Damit umgeht sie die Hygienevorschriften der EU.‹ Diese besagen unter anderem, dass ein in der Kneipe zubereiteter Gulasch nach vier Stunden weggeschüttet werden und neu zubereitet werden muss. ›Dabei weiß jeder, dass ein Gulasch erst richtig schmeckt, wenn er ordentlich durchgezogen ist, am besten nach zwei Tagen.‹

Als Tschechien der EU beitrat und damit auch die Brüssler Regularien zu übernehmen hatte, waren die Kneiper Sturm gelaufen. So viel geballten kulinarischen Unverstand wollten sie nicht hinnehmen. Die tschechischen Spitzenpolitiker, die damals dem zustimmten, haben in diversen Prager Wirtshäusern bis heute Hausverbot. Für einen gilt das nicht im ›Ausgeschossenen Auge‹: den einstigen Präsidenten Václav Havel. Von ihm hängt sogar ein Bild in der Kneipe. Kunststück: Havel hat hier häufig sein Pilsner gepichelt.

Lída, ist die weibliche Ikone des tschechischen Journalismus und Stammgast, frage ich, warum die Tschechen so europaskeptisch sind. ›Es liegt am Komplex, den die Tschechen gegenüber den Deutschen haben. Die Tschechen fühlen sich neben den Deutschen klein, kleiner, am kleinsten. Gegen die könne man sich nicht durchsetzen, sagen sie. Dass es nicht darum geht, sich durchzusetzen in Europa, sondern sich einfach mit seinen Fähigkeiten und geschichtlichen Erfahrungen einzubringen, den europäischen Geist zu befördern, begreifen viele nicht.‹ Leider sei die Angst vor den Deutschen – und vor einer von Deutschland beherrschten EU – ›genetisch codiert‹. Man könne sehr leicht mit den Tschechen spielen, wenn man an die dunklen Seiten ihrer Geschichte erinnere.

Wie ambivalent das Verhältnis zu den Deutschen ist, kann man an jedem zweiten Tisch hören. Dort sind die ›Němci‹, die Deutschen, ein gern diskutiertes Thema. Die Meinungen schwanken zwischen Hochachtung und Abneigung. ›Frau Merkel war ja schon in alten Zeiten in Prag, kann ja sogar ein bisschen Tschechisch‹, lobt Zdeněk, ein landesweit bekannter Anwalt, der eine stinkende Pfeife raucht und nebenbei an utopenci knabbert. ›Das gefällt unserem Premier. Der Topolánek küsst sie immer, wenn sie sich treffen.‹ ›Aber wenn es hart auf hart kommt, macht auch die Merkel nur ihr eigenes Ding‹, räsoniert Zdeněks Kumpel Tomáš, dessen Erscheinungsbild an Alice Cooper in wildesten Zeiten erinnert. ›Was war denn zu Beginn der Finanzkrise? Die Deutschen sicherten die Konten ihrer eigenen Leute auf den deutschen Banken ab. Und unsere Banken verloren einen Haufen Kunden an deutsche Banken. Sakra!‹ Und dann wird auch noch Daniel Cohn-Bendit durchgehechelt, der Grünen-Chef im Europaparlament, der bei einem Besuch auf der Prager Burg dem selbst ernannten ›EU-Dissidenten‹ Václav Klaus so nassforsch die Leviten las.

›Ja, Klaus kann eine Belastung für die tschechische Präsidentschaft werden‹, ahnt Lída. ›Er fühlt sich momentan wie ein Fisch im Wasser. Wenn der Westen ihm auf den Leim geht, und jede Äußerung von ihm auf die Titelseiten der Zeitungen hebt, dann hat er sein Ziel erreicht. Mit Sicherheit wird er keine Gelegenheit auslassen, seine nicht einmal im eigenen Land mehrheitsfähigen Standpunkte in die Welt zu posaunen.‹

Und dann spekuliert der Stammtisch, warum der Präsident so tickt, wie er tickt. ›Er ist schlicht übermäßig eitel‹, murmelt

Zdeněk an seiner Pfeife vorbei. ›Was hat er einst gesagt? Er wolle nicht, dass der tschechische Würfelzucker in einem Kaffee so einfach aufgelöst werde. Eigentlich meinte er damals sich und die Angst vor seiner eigenen eventuellen Bedeutungslosigkeit.‹ ›Unsinn, er vertritt nur unsere nationalen Interessen‹, findet Miloš. ›Was sind denn unsere nationalen Interessen‹, fragt sein Spannemann Petr. ›Die Amerikaner werden uns nicht gegen die Russen verteidigen, wenn die mal wieder Großmacht spielen wollen. Wir sind Europäer und sollten uns auch so gegenüber den anderen Europäern verhalten.‹

Martin nimmt kurz vor eins noch die letzten Bierbestellungen auf. Zuzana hat ihre Töpfe abgewaschen und in Plastiktüten verstaut. Vor den Urinalen mit den Kopfstützen drängen sich die Bedürftigen.«

Lídas Befürchtungen über Klaus traten dann voll ein. Über Monate hielt der Präsident ganz Europa in Atem, weil er sich notorisch weigerte, den Reformvertrag von Lissabon zu unterschreiben. Senatoren aus der Bürgerpartei versuchten zweimal, vor dem Verfassungsgericht die Unvereinbarkeit des Vertrags mit dem tschechischen Grundgesetz zu erstreiten. Am Ende vergeblich. Klaus musste das Grundsatzdokument zähneknirschend unterzeichnen. Doch der Kampf gegen Europa gehe weiter, verkündete er trotzig.

Politische Kultur

Die Tschechen müssen einigermaßen hart gesotten sein, um ihre Politiker und deren Umgang miteinander zu ertragen. Es herrscht ein regelmäßiges Hauen und Stechen. Das wäre an sich nichts Besonderes und kommt auch in anderen Ländern vor. Freilich ist es schon etwas eigenartig, wenn sich die politischen Wettbewerber gerade in einem Augenblick gegenseitig die Beine wegschlagen, wenn das ganze Land in größerer Verantwortung steht.

So geschehen 2009, mitten in der EU-Ratspräsidentschaft der Tschechen. Ohne Not und aus einem nichtigen Grund kippten da die Sozialdemokraten im Verein mit den Kommunisten und einigen anderen die Regierung von Premier Mirek Topolánek aus dem Amt. Jener Premier stand aber nicht nur der tschechischen

Regierung vor, sondern war zugleich schon ein paar Monate turnusgemäß Ratsvorsitzender der Europäischen Union. Dabei hatten die Sozialdemokraten vor der tschechischen Ratspräsidentschaft hoch und heilig geschworen, alles für einen Erfolg dieses Unternehmens tun zu wollen. Topolánek musste seinen Hut nehmen, und Europa stand Kopf. Auch, weil die Sozialdemokraten nicht einfach selbst die Regierung übernehmen konnten. Die tschechische Verfassung nämlich kennt ein Instrument wie das »konstruktive Misstrauensvotum« wie in Deutschland nicht. Auf einer solchen Grundlage hätte der Sozialdemokrat Paroubek Topolánek ersetzen können. Wochenlang ging in Tschechien gar nichts. Dann einigten sich die großen Parteien schließlich auf eine »Beamtenregierung« unter dem Chef des Statistischen Amtes, Jan Fischer. Der machte seine Sache am Ende überraschend ordentlich, auch in Brüssel. Aber die hämischen Kommentatoren in Westeuropa, die schon vor Beginn der tschechischen EU-Ratspräsidentschaft den Tschechen die Fähigkeit zur Führung der Union angesprochen hatten, sahen sich bestätigt.

Das Problem der tschechischen Politiker ist, dass die meisten bis heute glauben, ihr Land sei eine Art Insel, wo sie schalten und walten können, wie sie wollen. Dass das Land Teil Europas ist und von außen beobachtet wird, kommt ihnen nicht in den Sinn. Bemerkenswerterweise auch den wenigsten Kommentatoren in den Zeitungen. Als ich nach tagelangen rein innenpolitischen Debatten über das Für und Wider des Regierungssturzes beim Chefredakteur einer großen Prager Zeitung anrief, um ihn zu bitten, mir Platz für einen Gastkommentar zu geben, staunte der nicht schlecht, dass es tatsächlich auch eine europäische Komponente innenpolitischer Entscheidungen gebe. Ich habe dann einen ziemlich bösen Kommentar über die miserable politische Kultur in meinem Gastland geschrieben, der vielen nicht gefallen hat. Es gab aber auch viele tschechische Reaktionen, in denen die Leser sich dankbar darüber äußerten, dass ich ihre Politiker auf die europäischen Folgen ihres Tuns aufmerksam gemacht hatte.

Politiker reagierten selbstverständlich nicht auf meine Meinungsäußerung. Das hat aber weniger mit mir zu tun, sondern mit dem generellen Verhältnis zwischen Politik und Medien, das man nur als merkwürdig bezeichnen kann. In der Regierungszeit des Sozialdemokraten Miloš Zeman versuchten Mitglieder seines Kabinetts, die angesehene Wochenzeitung *»Respekt«* so zu ver-

Der Vater der Wirtschaftsreformen und seit 2003 Präsident Tschechiens Václav Klaus.

klagen, dass deren Einstellung zeitweilig drohte. Legendär auch die Versuche der Politiker, das öffentlich-rechtliche Fernsehen unter ihre Aufsicht zu bekommen. Das führte zu einem Streik der Angestellten, der in der Bevölkerung große Sympathie genoss. Erstmals seit der Revolution gingen wieder Zehntausende auf den Wenzelsplatz demonstrieren.

1997 stürzte gar eine Regierung von Václav Klaus über eine Spendenaffäre der konservativen ODS. Leute aus Klaus' eigener Partei sagten sich wegen des Skandals von ihm los, als der gerade zu einem Besuch in Sarajevo weilte. Klaus sprach fortan immer vom »Attentat von Sarajevo«, in Anlehnung an ein wirkliches Attentat dort 1914, welches den Ersten Weltkrieg ausgelöst hatte. Wieder in der Heimat, suchte Klaus die Straße zu mobilisieren, was ihm teilweise auch gelang. Er wurde dennoch von Präsident Václav Havel zur Demission gezwungen, was wiederum beider Verhältnis weiter verschlechterte. Klaus und Havel kannten sich schon seit den 1960er Jahren. Klaus, damals ein aufstrebender

Václav Havel, Präsident von 1989 bis 2003, hat wesentlich das internationale Renommee des neuen Tschechien begründet.

junger Ökonom, der sich wissenschaftlich mit der Wirtschaft des Kapitalismus befasste, schrieb für die Zeitschrift »*Tvář*«, deren Chefredakteur damals Havel war. In den folgenden Jahren hatten sie eher lose Kontakte zueinander, die erst wieder in den Revolutionstagen 1989 aufgefrischt wurden. Klaus kam mit einem nahezu fertigen Programm zur wirtschaftlichen Umgestaltung des Landes zu Havel und seinen Freunden, die von Ökonomie vergleichsweise wenig verstanden. Ihnen kam der Wirtschaftsexperte wie gerufen. Und der nahm dann auch beherzt die Reformen in Angriff. Sowohl Klaus als auch Havel bestritten in den Folgejahren immer, Probleme miteinander zu haben. Vieles werde da von den Medien aufgebauscht. Doch ganz so einfach war es natürlich nicht. Klaus zählte Havel im Grunde immer zu den Linksintellektuellen, deren Ansichten dem Land – vor allem in den Fragen der Ökonomie – eher schadeten. Havel hat sich auf seine Weise 1997 an Klaus »gerächt«, indem er ihn nicht nur zur Abdankung zwang, sondern in einer Rede im Prager Künstlerhaus Rudolfinum auch seine Reformen nachträglich schlecht machte.

Pikant, dass am Ende ausgerechnet Klaus seinen Kontrahenten Havel in der Funktion des Präsidenten ablöste. Der Übergang forderte von beiden viel Beherrschung.

Die Tschechen waren geteilt in ihrer Meinung. Die einen halten bis heute Havel für den »wahren« Präsidenten, die anderen sehen in Klaus den richtigen Mann auf der Prager Burg. Klaus kann im höchsten Staatsamt sogar höhere Beliebtheitszahlen vorweisen, als Havel sie je gehabt hat. Fragt man freilich im Ausland, wer mehr für das Renommee des Landes getan hat, wird immer der Name Havels genannt. Es war sehr bewegend, wie sich beim Prager NATO-Gipfel die Präsidenten und Regierungschefs der Bündnisstaaten von Havel verabschiedeten, von dem klar war, dass seine letzte Amtszeit zu Ende ging. Havel selbst führt die Bewunderung, die ihm entgegenschlug, in seinem neuen Buch auf ein gewisses Unverständnis im Westen zurück, dass man so sehr seinen eigenen Überzeugungen treu bleibt, dass man dafür auch für mehrere Jahre ins Gefängnis geht. Er sei für westliche Politiker eine Art Exot gewesen. Als Havel dann nach 13 Jahren als tschechoslowakischer und tschechischer Präsident in den Ruhestand ging, wurden die verschiedensten Bilanzen gezogen. 391 Tage, so rechnete jemand aus, habe Havel bei 181 Staats- und Arbeitsbesuchen im Ausland zugebracht, am häufigsten in Deutschland, nämlich 18 Mal. Eine andere, schmerzliche Statistik erinnerte an 17 Krankenhausaufenthalte. Zweimal wurde Havels Leben buchstäblich in letzter Minute gerettet. In jenen Tagen, so wurde berichtet, suchten viele der sonst herzlich gottlosen Tschechen Halt im Gebet.

Die Bilder aus den Kliniken blieben im Gedächtnis seiner Landsleute. Aber auch andere: Havel, wie er aus einem verqualmten Hinterzimmer der *Laterna magica* heraus den politischen Umsturz leitete und Abend für Abend von einem Balkon über dem Wenzelsplatz mit einem Schlüsselbund in der Hand symbolisch das Ende des kommunistischen Regimes einläutete. Havel, wie er mit einem Tretroller die langen Gänge der Prager Burg erforschte. Havel, wie er in Australien ein Empfangskommando auf dem Flughafen ignorierte, um mit den Rolling Stones, seiner Lieblingsband, zu plaudern, die er zufällig auf dem Rollfeld traf. Oder der Havel, der auf dem ersten NATO-Gipfel in einem früheren Ostblockland bescheiden und wie immer etwas verlegen die Ovationen anderer Großer dieser Welt für sein Lebenswerk entgegennahm.

Sein politisches Comeback nach dem Zerfall der Föderation mit den Slowaken war überschattet worden, als seine erste Frau, die im Volk hoch verehrte Olga Havlová, an Krebs starb. Später, das erste Mal selbst knapp dem Tod entronnen, hat Havel in der Schauspielerin Dagmar Veškrnová eine neue Liebe gefunden. Die Tschechen mochten die hübsche Dáša als Theater- oder Leinwandstar; als First Lady hielten sie sie für untragbar.

Ich hatte eine andere Erfahrung mit ihr. Mitte des Jahres 1998 fragte ich in der Präsidialkanzlei wegen eines Interviews mit Dáša Havlová an – ohne ernsthaft einen positiven Bescheid zu erwarten. Die First Lady hatte bis dahin noch nie, auch tschechischen Zeitungen nicht, ausführlich Rede und Antwort gestanden. Mir hätte es schon genügt, mich mal eine halbe Stunde mit ihr zu unterhalten, um zu hören, wie es sich an der Seite des Präsidenten lebt, wie sie die mitunter harsche Kritik mancher Blätter wahrnimmt, die zum Teil wirklich unverschämt mit ihr umgingen, oder aber, wie sie den ständigen Vergleich mit Havels erster Frau Olga aushält. »Schreiben Sie doch mal unverbindlich ein paar Fragen auf«, hieß es in der Presseabteilung der Burg. Ich habe anstelle dessen gleich den Fragenkatalog eines ordentlichen Interviews konzipiert und weggeschickt. Beinahe hatte ich die Sache schon wieder vergessen, als ich nach ein paar Monaten zu einem Kaffee bei Frau Havlová eingeladen wurde. Die First Lady, so stellte sich heraus, hatte sich allen Ernstes drei Nächte um die Ohren geschlagen, um meine vielen Fragen abzuarbeiten. Acht Seiten hatte sie geschrieben. Ich vergalt diese Mühe mit einem überdimensionalen Strauß Teerosen – Dášas Lieblingsblumen, was mir ein bezauberndes Dankeslächeln eintrug. Bei Kaffee und Keksen plauderten wir über das nicht eben einfache Dasein an der Seite eines viel beachteten Mannes. Dáša, gerade mit Václav Havel von einem Besuch bei Bill Clinton in Washington zurückgekehrt, zeigte mir Fotos von dem Ereignis. Und wir sprachen bei dieser Gelegenheit auch über Clintons Affäre mit Monica Lewinsky, in der Havel dem US-Präsidenten unmissverständlich zur Seite gestanden hatte. Für die Menschen in Osteuropa, sagte Dáša, sei vor allem der Politiker Clinton wichtig, weil er wesentlich dazu beigetragen habe, die Länder des einstigen Ostblocks in die NATO zu integrieren. Deshalb habe man kein Interesse daran, dass er in den USA demontiert wird.

Als ich ein paar Monate darauf einen Termin für ein Interview mit dem Präsidenten selbst hatte, brachte ich wieder einen Strauß Teerosen mit. Havel, der ohnehin dazu neigt, schnell verlegen zu werden, war einigermaßen fassungslos, von einem Mann Blumen zu bekommen. Ich klärte ihn aber rasch auf, dass die natürlich für seine Gattin gedacht seien. Der Präsident hat die Rosen auch tatsächlich pflichtgemäß überreicht. Tags darauf flatterte mir ein nettes Dankschreiben von Dáša ins Haus.

Vieles aus dem Gespräch mit Dáša könnte man in die Rubrik Boulevard einordnen. So etwa die Geschichte, dass Václav wegen seiner hohen Arbeitsbelastung bei ihren Eltern telefonisch um die Hand ihrer Tochter hatte anhalten müssen. Oder die der gemeinsamen Aufenthalte in der Küche, wo Václav gern experimentiere, aber in der Regel viel zu scharf würze, während sie Hausmannskost nach überlieferten Rezepten bevorzuge. Dáša äußerte sich aber auch zu zahlreichen ernsthaften Dingen. So bedauerte sie etwa den Mangel an Frauen in der tschechischen politischen Szene. Frauen brächten in die Politik »Empfindsamkeit, Noblesse, Ruhe und Charme« ein, meinte sie, was wiederum die Männer um sie herum veranlasse, »mutiger und ehrenhafter« zu entscheiden und zu handeln. Einen großen Raum in dem Gespräch nahmen die schweren Erkrankungen des Präsidenten ein, und ihre Art, damit umzugehen. Genau diese Art war es schließlich, die die Tschechen dazu brachte, sich am Ende mit ihr auszusöhnen. Sie hatten gespürt, dass ihr Präsident ohne Dáša an seiner Seite in den kritischsten Situationen wohl nicht den erforderlichen Überlebenswillen aufgebracht hätte.

Havel hat es seinen Landsleuten mit seinem Moralisieren nie leicht gemacht. Marie Novotná sagt heute noch, eigentlich gehöre der Václav als »zweiter Wenzel« mit auf das Pferd des Böhmischen Landespatrons im Zentrum von Prag. Mit seinen oft brillanten Reden irritierte er die Tschechen häufig. Wenn der Präsident von den »schlechten Eigenschaften« der Tschechen sprach, von »nationaler Gehässigkeit«, »Rassismus«, »Demagogie«, »Intrigantentum« oder »Mangel an Toleranz, an Geschmack, Sinn für Maß und Bedachtsamkeit«, fühlten sie sich missverstanden und beleidigt. Bis heute fällt es der tschechischen Gesellschaft nicht leicht, den eigenen Anblick im moralischen Spiegel zu ertragen. Der geborene Anti-Schwejk Havel suchte die Tschechen aufzurütteln, keine »Angst vor der Freiheit« zu haben, sondern sich im schwierigen Alltag der Tugenden aus dem Glückstaumel der Revolution zu erinnern. Ihn selbst hielt ein »grundsätzliches Gefühl der Mitverantwortung für den Zustand der Welt« so lange im Amt. Das hat ihn zeitlebens bewegt, ließ ihn in den 1960er Jahren zwangsläufig in Konflikt zum damaligen Regime geraten. Ein Regime, das ihn erst wegen seiner bürgerlichen Herkunft benachteiligte, ihn später als Mitinitiator der Charta 77 fast fünf Jahre einkerkerte und das den Dramatiker von Weltruf von den Bühnen des eigenen Landes verbannte.

Immer wieder mahnte der Präsident eine »sittliche Politik« an. Anstand, Vernunft, Verantwortung, Aufrichtigkeit, Kultur und Toleranz seien nur auf eine einzige Weise durchsetzbar: anständig, vernünftig, verantwortlich, aufrichtig, kultiviert und tolerant. Sätze, die man auch im Ausland begierig aufnahm. So wurde Havel zu einer der ganz großen, weitsichtigen Gestalten auf dem politischen Weltparkett.

Als er ging, hatte er sein Land vor die Tore von NATO und EU geführt. Tschechien war da längst auf dem Weg zu einem ganz »normalen« Land, das den Zauber der Revolution lange hinter sich gelassen hatte und fortan ohne seinen Übervater auskommen konnte. Gefehlt hat er in den Jahren seither trotzdem, weil er sich auch und vor allem aus gesundheitlichen Gründen nicht so häufig zu Wort melden konnte, wie er es vielleicht selbst erhofft und sich die Tschechen in jedem Fall gewünscht hatten. Nebenbei: Er fehlte nicht nur den Tschechen, sondern zum Beispiel auch den Deutschen. Mit ihm wäre vermutlich der begonnene Aussöhnungsprozess besser vorangekommen.

Einer der Mitstreiter Havels in den Revolutionstagen war der Priester Václav Malý, der sich seit den 1970er Jahren politisch engagiert hatte und zu den Sprechern der Charta 77 gehörte. In die Politik ging er danach nicht, die Liebe zum Altar war größer. Dennoch beobachtet der heutige Prager Weihbischof das Geschehen in seinem Land sehr aufmerksam. Zum 15. Jahrestag der »Samtrevolution«, 2004, hatte ich Gelegenheit für ein längeres Gespräch mit ihm. Malý meinte damals, die Tschechen seien noch dabei, die Demokratie zu lernen. Die Fortschritte auf diesem Weg seien leider eher klein. »Noch bewegen sich zu wenig Leute, um etwas zu bewegen. Sie fühlen sich angesichts der allgegenwärtigen Bürokratie ohnmächtig. Vieles bleibt so den professionellen Politikern überlassen. Das halte ich für ungesund. Doch ich setze sehr darauf, dass unsere Demokratiefähigkeit in der EU gewinnt. Derzeit ist die politische Kultur bei uns erst sehr schwach entwickelt. Die Politiker führen Monologe, keine Dialoge. Und das auch noch in einem aggressiven Ton. Das macht die Leute verdrossen und hält sie auch davon ab, zu den Wahlen zu gehen. Ich bedauere das sehr.«

Hübsch ist, dass die Tschechen sich auch nicht alles von den Politikern gefallen lassen. Das bekam im Kampf um die – später auf den Frühsommer 2010 verschobene – Parlamentswahl der Chef der Sozialdemokraten (CSSD), Jiří Paroubek, zu spüren. Der Wahlkampf hat ihm vermutlich keinen Spaß gemacht, und ungewöhnlich teuer muss er auch gewesen sein: Täglich ging ein Anzug Paroubeks in die Reinigung, verziert mit den Spuren roher Eier.

Den Anfang machten 2009 junge Leute bei einer Veranstaltung Paroubeks in Plzeň. Aus gut acht Metern Entfernung brachten sie ein Ei ins Ziel. Paroubek fand das nicht lustig und titulierte den Werfer als »Schwein«. Der Partei war die Sache so peinlich, dass sie erst am Ende des Tages die Sozialdemokraten zähneknirschend einen »kleineren Zwischenfall« einräumte.

Diese plumpe Reaktion war genau falsch. Sie stachelte jeden Tag weitere Eierwerfer zu gleichen Untaten an. Die Zeitungen, die Paroubek nicht mögen, rühmten sogleich das Geschick der Eierwerfer. Jeder wisse schließlich aus dem Physikunterricht, dass das Treffen eines Ziels mit einem rohen Ei nicht so leicht sei, weil in einem fliegenden rohen Ei laufend der Schwerpunkt verlagert wird, was die Flugbahn beeinträchtigt. »Die Sportart, bei der ein Werfer ein rohes Ei wirft und sein Partner es unversehrt auffängt, gehört zu den schwierigsten überhaupt«, dozierte mit breitem Grinsen ein Kommentator auf der Titelseite der konservativen Tageszeitung *Lidové noviny*. Umso erstaunlicher sei es, wie relativ treffsicher die tschechischen Eierschleuderer seien.

Nicht alle Gegner Paroubeks unterzogen sich der sportlichen Mühe. Bei einem Wahlkampfauftritt Paroubeks in Písek stellte jemand eine Palette roher Eier kurzerhand auf die Bühne – »damit wir sie nicht schmeißen müssen«. Paroubek trat sie mit Schwung herunter und traf dabei leider einige Besucher, die ihm huldigen wollten. Sie sind heute vermutlich keine Fans mehr.

Ortsansässige Bauern witterten in dieser Zeit ein Geschäft. Vielfach kamen sie mit vollen Eierpackungen zu den Wahlveranstaltungen des Chefs der Sozialdemokraten. Im vor allem unter Jugendlichen beliebten Internetportal »facebook« hatte sich eine Interessengruppe »Eier auf Paroubek in jeder Stadt« gebildet. Zeitweilig waren dort 28 000 Mitglieder registriert.

Die CSSD vermutete hinter den Eierwerfern die politische Konkurrenz von der Demokratischen Bürgerpartei (ODS), die tatsächlich bei »facebook« kurze Zeit eine Werbung für sich geschaltet hatte. Die ODS reagierte: Auf folgenden Veranstaltungen installierten sie neben der Bühne auch Plakate, auf denen man lesen konnte: »Eier und sonstige Wurfgeschosse bitte hierher«, illustriert durch ein Foto von mehreren Eiern in Großaufnahme. Eines davon trug das Gesicht des ODS-Chefs Mirek Topolánek.

Paroubek selbst nannte die Eierwerfer »kindisch« und empfahl ihnen einen Gang in den nächsten Supermarkt, wo sie sich Lutscher kaufen sollten. Das machte ihn nicht eben beliebter.

Die Humorlosigkeit Paroubeks in Sachen Eierwerfer und Marsmenschen hatte Folgen, die weit über die zusätzlichen Anzugs-Reinigungskosten hinaus gehen: Die Sozialdemokraten verloren ihren riesigen Vorsprung in der Wählergunst. Urplötzlich hat die ODS in den Umfragen die Nase vorn.

Besonders erschreckend niedrig war die Wahlbeteiligung bei den ersten Europawahlen, 2004, an denen die Tschechen kurz nach der Aufnahme in die EU teilnehmen konnten. Dabei hatten sich durchaus ansehnliche Kandidaten um die lukrativen Plätze in Straßburg aufstellen lassen. Etwa Katja-Nora Bochniková-Baumberger. Besser bekannt unter ihrem Künstlernamen Dolly Buster. Über Jahre führte sie ihre Wundermaße 96/58/87 auf den Lotterbetten des Pornofilmgeschäfts vor. Mittlerweile hat sich Deutschlands berühmteste Pornoqueen zur Produzentin und cleveren Geschäftsfrau gemausert, die nebenher Platten besingt, Theater spielt und sich auch als Roman-Autorin versucht hat. 2004 ging sie als Spitzenkandidatin der »Unabhängigen Initiative« ins Rennen um einen europäischen Abgeordnetenplatz. Diese Gruppierung war 1990 als »Unabhängige erotische Initiative« gegründet worden und gehörte bei Wahlen wie auch die »Bierpartei« immer zur Gruppe der Exoten. Doch mit Dolly Buster sollte das alles anders werden, waren sich die Initiatoren der Kandidatur sicher. Wer, wenn nicht Dolly, könne die Tschechen aus ihrer politischen Müdigkeit reißen? Dem Fernsehsender Nova brachte der Bericht

Pornoqueen Dolly Buster als Kandidatin für das Europaparlament bei einem Wahlkampfauftritt 2004 vor Kohlekumpeln in Ostrava.

über die Kandidatur des Pornostars gleich eine fette Rüge ein. Die Redakteure hatten die Meldung mit Szenen aus schlüpfrigen Filmen Dolly Busters unterlegt, die nicht eben jugendfrei zu nennen waren, schon gar nicht abends zur Hauptnachrichtenzeit. Dolly Buster war nicht die erste Pornodarstellerin, die sich in der Politik versucht. Erinnert sei an Ilona Staller alias Cicciolina, die einst im italienischen Parlament für Furore sorgte.

Den Tschechen wurden bei den Europawahlen aber auch noch andere Exoten vorgesetzt. Die Attraktion der Kommunisten war der tschechoslowakische Kosmonaut Vladimír Remek. 1978 war er der erste Nicht-Russe oder -Amerikaner, der ins Weltall startete. Remek sollte auch schon für den Prager Senat und als Präsidentschaftskandidat ins Rennen gehen, hatte dies aber abgelehnt. Remek war als Armeeangehöriger bis 1990 Mitglied der KP und ist als Handelsrat heute an der Prager Botschaft in Moskau tätig.

Und da waren auch noch zwei, die ihre Kandidatur mit der Hoffnung verbanden, nach ihrer Wahl parlamentarische Immunität zu genießen. Viktor Kožený war der eine. Der »reichste Tscheche« hatte nach der Wende ein Riesenvermögen bei der Privatisierung gemacht. Allerdings auf äußerst dubiose Weise.

Da er auch Aserbaidschans Ölwirtschaft privatisieren wollte, mit dem Geld amerikanischer Anleger, das in seinen eigenen Taschen verschwand, stritten sich am Ende Amerikaner und Tschechen darüber, an wen der mit internationalem Haftbefehl Gesuchte ausgeliefert werden sollte. Kožený saß derweil auf den ziemlich sicheren Bahamas und sonnte sich. Am Ende wählten nur 0,4 Prozent seine Partei, womit er nicht einmal die Wahlkampfkosten zurückerstattet bekam. Aber es traf keinen Armen. Allein sein Aktienvermögen wird auf 100 Milliarden Kronen geschätzt.

Der zweite in dieser Reihe war der einstige Chef des TV-Senders Nova, Vladimír Železný. Dem wurde vorgeworfen, die amerikanischen Investoren bei Nova massiv übers Ohr gehauen zu haben, was Tschechien Milliarden Strafgelder kostete, die der Steuerzahler aufbringen muss. Železný flüchtete sich zunächst in die Immunität als direkt gewählter tschechischer Senator. Seine Kollegen dort hoben aber seine juristische Unantastbarkeit auf, was einen Prozess wahrscheinlich machte. Ein Mandat im Europaparlament, so Železnýs Überlegung, könnte diesen verhindern, zumindest aber verzögern.

Auch »richtige« Politiker traten natürlich bei der Europawahl an. Nur kannte die kaum einer. Was wiederum die Chancen für die Exoten erhöhte. Remek und Železný haben es tatsächlich geschafft, Dolly dagegen nicht. Aber sie konnte für sich immerhin in Anspruch nehmen, den lustigsten Wahlkampf geführt zu haben.

Das politische System

Beim Aufbau seines politischen Systems nach 1993 konnte Tschechien an die Erfahrungen aus der Ersten Republik von 1918 bis 1938 anknüpfen. Es handelt sich um eine parlamentarische Demokratie mit einem Zwei-Kammern-Parlament.

Das Abgeordnetenhaus wird von 200 Parlamentariern gebildet, in der zweiten Kammer, dem Senat, sitzen 81 Senatoren. Genauso viele Wahlkreise hat das Land. Während die Abgeordneten alle vier Jahre nach dem Verhältniswahlrecht gewählt werden, wobei für Parteien wie in Deutschland die Fünfprozentklausel und für Parteienbündnisse eine Siebenprozentklausel besteht, werden die Senatoren alle zwei Jahre zu einem Drittel über ein Mehrheitswahlrecht gewählt. Im Gesetzgebungsverfahren kommt dem

Abgeordnetenhaus eine bedeutend wichtigere Rolle zu, als dem Senat. Lehnt der Senat einen Gesetzentwurf ab, kann das Abgeordnetenhaus dessen Veto erneut überstimmen. Andererseits entscheidet der Senat beispielsweise über die vom Präsidenten vorzuschlagenden Mitglieder des Verfassungsgerichts allein.

Der Präsident wird alle fünf Jahre gemeinsam von den Mitgliedern beider Parlamentskammern gewählt. Eine Wiederwahl ist nur einmal möglich. Václav Havel regierte zwei Amtsperioden lang; sein Nachfolger, der amtierende Präsident Václav Klaus, trat 2008 seine zweite Amtszeit an. Der Präsident hat eher geringe Kompetenzen, vergleichbar mit denen des deutschen Bundespräsidenten. Er ernennt Richter, Generäle und Botschafter, kann Amnestien erlassen und Gnadengesuche positiv oder negativ bescheiden und ernennt den Regierungschef. Die Mitglieder der Regierung ernennt er auf Vorschlag des Ministerpräsidenten, wobei er kein Vetorecht hat. Dieses steht ihm allerdings im Gesetzgebungsverfahren zu. Aber ein Veto des Präsidenten kann auch wieder vom Abgeordnetenhaus überstimmt werden. Der Präsident ist zudem befugt, in Krisenzeiten das Parlament aufzulösen.

Als schwierig handhabbar in der Praxis erweist sich, dass der Präsident das Land nach außen vertritt. Damit verfügt er über gewisse außenpolitische Kompetenz. Für die Außenpolitik sind somit gleich drei Seiten zuständig: der Präsident, der Regierungschef und das Außenministerium. Hier hat es in der Vergangenheit verschiedene Male Kompetenzgerangel gegeben. Aktuell macht diese Aufgabenteilung Probleme, weil sich Präsident Klaus im Unterschied zum Regierungschef und dem Außenministerium wiederholt klar gegen den EU-Reformvertrag von Lissabon ausgesprochen hat.

Im Gegensatz zu den geringen Machtbefugnissen des Präsidenten steht seine außergewöhnlich hohe moralische Autorität. Das traf in erster Linie auf Václav Havel zu, der ein ähnlich hohes Ansehen im Volk hatte wie der Staatsgründer der Tschechoslowakei, Tomáš G. Masaryk. Sowohl Havel als auch Václav Klaus waren und sind in ihren Amtszeiten für die Tschechen die mit Abstand vertrauenswürdigsten Politiker gewesen.

Zwei rivalisierende große Parteien ragen aus dem Parteienspektrum heraus: die liberal-konservative Demokratische Bürgerpartei (ODS), die einst von Václav Klaus gegründet wurde und aus dem revolutionären Bürgerforum hervorgegangen war, sowie die

Sozialdemokratische Partei (ČSSD). Weitere Parlamentsparteien sind derzeit die christdemokratische Volkspartei (KDU-ČSL) und die Grüne Partei (SZ). Ein Unikat innerhalb Mittel-Osteuropas ist die Kommunistische Partei Böhmens und Mährens (KSČM). Die Nachfolgepartei der einst allmächtigen Kommunistischen Partei (KSČ) hat sich inhaltlich seit der »Wende« kaum verändert und wird vor allem von älteren und sozial benachteiligten Bürgern gewählt. Ihr relativ konstant hoher Prozentsatz erschwert regelmäßig die Regierungsbildung. Havel hat es in seiner Zeit als Präsident stets abgelehnt, die KSČM zu konsultieren. Unter Klaus kamen die Kommunisten schrittweise aus der Isolation heraus. Sie gelten den demokratischen Parteien aber auf Landesebene als nicht regierungsfähig. In den Kommunen gibt es dagegen vielfach Koalitionen der Kommunisten mit den demokratischen Parteien.

Zwischen Nostalgie und Aufbruch

Wie beschreibt man am besten, wie sich die Tschechen heute fühlen? Indem man sie selbst zu Wort kommen lässt. Ich habe im Laufe meiner Jahre im Land mit unendlich vielen Leuten gesprochen, meist zu konkreten Anlässen. Das folgende Interview zeigt typische Meinungen einer Frau, die in der kommunistischen Husak-Ära groß geworden ist und die die »Wende« als Chance begriffen hat. Libuše Dosedělová, Jahrgang 1958, gebürtig in Krnov, dem früheren Jägerndorf, einen Steinwurf von der tschechisch-polnischen Grenze entfernt. Sie war eine Wahlperiode lang Bürgermeisterin in dem kleinen Ort Dívčí Hrad (Maidlberg), hat danach als Reporterin beim Tschechischen Fernsehen in Ostrava (Mährisch-Ostrau) gearbeitet, ging später nach Prag in Führungspositionen bei Werbeagenturen und ist heute selbständige Finanz- und Immobilienberaterin in der Hauptstadt.

Was fällt Ihnen spontan über die Zeit vor 1989 ein?

Zunächst einmal war ich damals jünger (lacht). Leider habe ich in einer Ecke des Landes gelebt, in Mährisch-Schlesien, wo wir von vielem abgeschnitten waren, vor allem von Informationen. Es gab einen riesigen Unterschied zwischen Prag und der Provinz, vor allem im Grenzgebiet, in meinem Fall zu Polen. Bei uns lebten Leute mit geringerer Bildung, die zumeist in der Landwirtschaft tätig waren. Die privilegierte »Elite der Arbeiterklasse« fuhr zum Bergbau in die Gruben von Ostrava.

Was war besser damals? Nun, die Leute mussten arbeiten. Die Frage war aber, ob das eine befriedigende Arbeit war. Relativ hatten wir alle unser Auskommen. Der Staat stellte für junge Eheleute Kredite bereit, alle wollten zeitig Kinder bekommen. Dass wir kaum reisen konnten, hatte weniger Bedeutung. Wenn man wenig Geld hatte, war es egal, ob sie einen nach Bulgarien fahren ließen oder zufällig nach Jugoslawien, was damals schon Westen war. Zumeist ging es aber nur in andere Staaten des Ostblocks. Ich etwa fuhr mit dem Jugendreisebüro nach Bulgarien. Auch das hatte seinen Reiz. Ganz anders war das Zusammenleben der Menschen, für mich das einzig Positive aus dieser Zeit. Wir hielten früher mehr zusammen, weil es allen nicht besonders gut ging. Heute macht jeder seins. Die meisten politischen Witze gab es in den Kneipen in den 1970er Jahren, als es dem Volk am schlechtesten ging. Die politische Organisierung damals war sehr straff. Pioniere und Jugendverband waren ein Muss. Letzterer galt als Vorstufe zur Mitgliedschaft in der Kommunistischen Partei. Ich habe mehreren Anwerbungen für die Partei widerstanden, mit der Ausrede, ich sei »für diese Ehre nicht reif genug«. Schön war, wenn wir »ausbrachen«, aus dem Alltag »flüchteten«, in die Natur gingen, an Lagerfeuern zur Gitarre verbotene Lieder sangen, von Sängern, die längst im Westen waren. Das war unsere Art des »Widerstandes«.

Gab es irgendwelche Möglichkeiten, sich anders als über die Parteizeitungen zu informieren?

Selbstverständlich haben wir heimlich Radio Freies Europa gehört. Aber wir Jugendlichen hörten vor allem Radio Luxemburg wegen der tollen Musik, wegen der Beatles und der Rolling Stones. Das war auch ein Aufbegehren gegen die Alten, die diese Musik, die uns als Jugend schrecklich fanden.

Und wie war das 1989?

Eigentlich wusste jeder, dass mit Gorbatschow etwas eingeleitet wurde, das auch für uns Bedeutung haben würde. Dennoch haben die Informationen darüber, was im November in Prag geschah, lange bis nach Brno oder Ostrava gebraucht, noch länger in unsere kleinen Orte in der Grenzregion. Die Kommunisten haben das geschickt unter dem Deckel gehalten, hatten wohl geglaubt, dass der Spuk schnell vorbeigehen würde. Aber das war dann doch nicht mehr aufzuhalten.

Was ist aus den Unterschieden zwischen Stadt und Land geworden in den zwanzig Jahren seither?

Die gibt es bis heute. Man sieht es auch an den Wahlergebnissen. Die Kommunisten sind auf dem Land bis heute eine Macht.

War die Samtene Revolution vielleicht zu samten? Hätte man gleich nach der Revolution die Kommunistische Partei verbieten sollen?

Ich wäre für ein solches Verbot gewesen. Mir war die Revolution tatsächlich zu samten. Heute erscheint es mir lächerlich, Leuten wegen ihrer Vergangenheit am Zeug flicken zu wollen. Es kommen immer mal Verzeichnisse von Geheimdienst-Mitarbeitern ans Tageslicht, aber über ihre Vertrauenswürdigkeit muss man große Zweifel haben. Mir ist nie eingefallen, danach zu forschen, ob vielleicht in meiner unmittelbaren Umgebung irgendwelche Verräter oder Denunzianten gesessen haben. Ich kann mich nicht erinnern, dass der Geheimdienst in den 1970er Jahren jemanden im schwarzen »Tatra« abgeholt hätte. Damit hängt auch zusammen, dass die Kommunisten heute noch so eine Macht auf dem Lande haben. Es genügt nicht allein die Erinnerung der Leute, dass das Bier und die Brötchen spottbillig waren. Leider ist auch das für viele Leute bis heute die wichtigste Frage. Aber man muss das verstehen: Die Menschen standen morgens um 4 Uhr auf, kümmerten sich um das Vieh, fuhren zur Arbeit, kamen abends kaputt nach Hause, kümmerten sich wieder um das Vieh und gingen in die Kneipe. Für viele spielt sich das Leben bis heute so ab. In der Kneipe ziehen sie zwar über die Politiker her, aber sie tun kaum etwas, damit sich etwas ändert. Wir Tschechen sind alle große Kämpfer – in der Kneipe. Das nervt mich total.

Was stört Sie am meisten an der Entwicklung der letzten Jahre?

Eine ganze Reihe von Dingen. Wir wollten den Kapitalismus, und jetzt jammern wir, dass wir ihn haben. Natürlich öffnet sich die Schere zwischen arm und reich. Wir haben nicht mehr alle das Gleiche, das wäre auch schlimm. Es ist gut, dass die Leute zu Geld kommen können. Leider kommen viele bei uns auf unsaubere Weise dazu. Leute, die schon früher am Rande der Kriminalität lebten, sind zur Elite in diesem Land geworden. Das stört mich sehr. Viele Dinge funktionieren nicht. Das soziale Netz für ältere Bürger ist in katastrophalem Zustand. Dafür unterstützen wir Leute, die zwei gesunde Hände haben und einen Kopf zum Denken. Unsere Gefängnisse sind voll, aber die Insassen arbeiten nicht. Was ist das für ein Zustand? Was sind das für Gesetze? Unsere Sozialgesetze werden perfekt von den Roma ausgenutzt, die genau ihre Rechte kennen. Wenn ein »weißer« Tscheche etwas braucht, unverschuldet in Probleme gerät, krank wird, muss er lange um Dinge kämpfen, die ihm zustehen. Das sage ich, obwohl ich wirklich nicht rassistisch denke. Es ist einfach der Alltag in diesem Land, den ich als Bürgermeisterin selbst erlebt habe. Die riesige Bürokratie erschlägt uns. Hinzu kommt das hohe Maß an Korruption.

Was hat Sie nach der Revolution bewogen, für das Bürgermeisteramt zu kandidieren?

Ich hatte eine Menge Ideale, die ich gegen die Macht der Kommunisten durchzusetzen versuchte. Auf dem Lande gab und gibt es bis heute wahnsinnig viel zu tun. Eigentlich hatte ich bei den Wahlen nur die zweitmeisten Stimmen bekommen. Vor mir landete ein jüngerer Kommunist, der aber nebenher anfing, eine Firma aufzubauen. Das störte seine Genossen, und sie setzten ihn ab. Mit mir als Bürgermeisterin meinten sie, leichtes Spiel zu haben. Aber sie haben sich dann kräftig gewundert, was ich alles durchgesetzt habe. Vieles war unheimlich schwer, jeder noch so kleine Erfolg war enorm wichtig. Ich habe beispielsweise vernünftige Verkehrsverbindungen organisiert, die es bis heute gibt. Die Verkehrsfirmen wehrten sich, wollten nicht investieren in einem Gebiet mit geringer Bevölkerungsdichte, sie wollten wie alle damals schnell zu Geld kommen. Und doch haben wir das hinbekommen. Es wäre gut gewesen, wenn wir schon damals Unterstützung aus der EU bekommen hätten. Leider geht auch heute zu wenig Geld in die Provinz, vieles bleibt in den Ballungszentren und vor allem in Prag. Um in Prag Gehör zu finden, mussten sich seinerzeit hunderte Gemeinden in unserer Region zusammenfinden. Das alles war sehr mühselig. Aber es hat auch viel Spaß gemacht. Ich gehöre einfach einer Generation an, die meinte, nach der Revolution wirklich etwas verändern zu können, das Land schöner und lebenswerter zu machen.

Wenn Sie auf die Politiker heute schauen, was fällt Ihnen dazu ein?

Bis auf Ausnahmen kann man zu denen kein Vertrauen haben. Aber wir wählen sie fortwährend. Weshalb? Wollen wir keine Veränderungen? Haben wir Angst davor? Oder ist uns alles gleichgültig? Wir alle sind unzufrieden. Aber wir tun zu wenig dagegen.

Aber die Forderung nach freien Wahlen war eine Kernforderung der Revolution ...

Das ist wahr. Wahr ist aber auch, dass die Leute erschöpft sind. Es gab so viele Versprechen am Anfang, so viele gute Ansätze. Aus den meisten ist nichts geworden. Vielleicht hatten wir auch schlicht falsche Vorstellungen davon, wie der Kapitalismus funktioniert. Ohne Geld geht nichts. Tschechen mögen es, wenn ihnen die gebratenen Tauben in den Mund fliegen. Jetzt merken sie, dass das nicht passiert. Es herrscht ziemliche Apathie und Unzufriedenheit und die Überzeugung, dass man als Einzelner ohnehin nichts ändern könne. Dass man der »großen« Politik nicht trauen kann, ist eine meiner bittersten Enttäuschungen.

Gibt es auch etwas, worauf Sie zwanzig Jahre nach der Revolution stolz sind?

Natürlich ist nicht alles schlecht. Wir haben unendliche Möglichkeiten, uns zu entwickeln – die nötigen Finanzmittel vorausgesetzt. Wir müssen nicht nach Veränderungen von oben rufen, wir müssen damit anfangen, uns selbst zu verändern. Was mich freut, vor allem in Prag, das sind die veränderten Fassaden. Und das, was sich auch hinter diesen Fassaden verschönert hat. Das Land sieht insgesamt schöner aus, auch die früher vergessenen Dörfer.

Was überwiegt heute mehr, der Stolz oder die Enttäuschung?

Ich trauere dem Sozialismus wirklich nicht nach. Aber den Familien damals ging es zweifellos besser. Ein Kind ist heute eine große wirtschaftliche Kraftanstrengung. Heute kann man alles kaufen, aber man braucht Geld dafür. Es stört mich, dass wir tausende Supermärkte haben, die die kleinen Läden verdrängen. Es ärgert mich, dass wir nicht auf Qualität achten, dass in den Kneipen wie früher betrogen wird. Alles in allem überwiegt die Unzufriedenheit. Wenn wir uns bemühen würden, würde vieles anders aussehen. Das beginnt schon bei der Erziehung der Kinder. Die hatten früher zu grüßen, in Bahn oder Bus für Ältere aufzustehen, einfach Respekt zu zeigen. Aber wie wollen wir den Kindern Kultur vermitteln, wenn unsere größte Freude ist, am Wochenende mit der ganzen Familie die Supermärkte zu stürmen.

Bei so viel Unzufriedenheit wäre es logisch, noch einmal in die Politik zu gehen. Lockt Sie das?

Ich denke immer wieder darüber nach, wenn ich Dinge sehe, die mir gegen den Strich gehen. Aber man braucht Verbündete dafür, denen man vertrauen kann. Ich bräuchte eine große Lupe, um diese Leute zu finden. Ich hatte einst das Angebot, in die Landespolitik zu gehen, zunächst für die Bürgerpartei ODS nach Ostrava mit der Perspektive Prag. Dass ich mich anders entschieden habe, hatte auch familiäre Gründe. Sehe ich auf die Politiker, könnte ich sagen, Gott sei Dank, dass ich mich dagegen entschieden habe. Seit kurzem haben wir in Tschechien aber eine neue konservative Partei mit Fürst Schwarzenberg an der Spitze. Und ich denke ernsthaft darüber nach, mich dort einzubringen.

Die ungeliebten Roma

Die Tschechische Republik hat zwar nur einen Ausländeranteil von 3,8 Prozent, aber dafür ein massives Problem mit der starken Minderheit der Roma. Zwei Drittel der Tschechen lehnen es rundweg ab, in enger Nachbarschaft mit den »Farbigen« zu leben. In der »Unverträglichkeitsskala« liegen die Roma mit weitem Abstand an der Spitze.

Die Roma sind nach dem Zweiten Weltkrieg aus dem slowakischen Landesteil zugewandert und wurden vornehmlich in den Gegenden angesiedelt, in denen früher die Sudetendeutschen gelebt hatten. Die Roma dankten es auf ihre Weise: Sie gaben ihre Stimme bei den Wahlen den Kommunisten. Unter denen hatten sie auch ihr Auskommen. Hilfsarbeiten gab es reichlich; für mehr reichte es gewöhnlich nicht, weil schon die Kinder der Roma staatlicherseits als »weniger bildungsfähig« angesehen und in Sonderschulen abgeschoben wurden, wo man ihnen zunächst mal Tschechisch beibringen wollte. An dieser Praxis hat sich auch nach dem November 1989 kaum etwas geändert. Allerdings sind die Roma nach 1989 wirtschaftlich in ein tiefes Loch gefallen. Arbeit gab es für sie kaum noch, sie leben im Wesentlichen von Sozialhilfe oder von Geld, das sie zu Wucherzinsen bei reichen Roma geliehen haben. Diese Darlehen können sie kaum zurückzahlen. Also bleiben sie das Geld schuldig. Zuerst bei der Miete, dann beim Strom. Die Kommunen sehen oft keinen anderen Ausweg, als die Roma in Abrisshäuser umzuquartieren, was wiederum zu einer Gettobildung führt, mit all ihren Begleitumständen.

Eines dieser Gettos im nordböhmischen Ústí nad Labem, dem früheren Aussig, sorgte Ende der 1990er Jahre international für Aufsehen. Da wurde in einem Außenbezirk der Stadt allen Ernstes eine Mauer zwischen einem Roma-Elendsqartier und vier Einfamilienhäusern auf der anderen Straßenseite gezogen, in denen »weiße« Tschechen lebten. Diese Mauer sorgte dafür, dass die Tschechen selbst in solchen Ländern sofort als schlimme Rassisten abgestempelt wurden, in denen man sich bislang überhaupt nicht für sie interessiert hatte. Die Mauer verschwand wieder, aber die Probleme mit den Roma sind geblieben, wie ich in einer Reportage aus einer anderen Stadt Nordböhmens im Jahre 2009 nachzuzeichnen versuchte:

»Litvínov, das frühere Oberleutensdorf, ist eine ›Stadt in Bewegung‹, heißt es auf der Internetseite der nordböhmischen Stadt am Südrand des Erzgebirges. Das entbehrt nicht einer ungewollten Komik. Denn in der Tat gibt es eine beachtliche Bewegung in Litvínov – eine Absetzbewegung. Dutzende Roma-Familien ziehen fort. Weg aus dem Ort, weg aus der ungeliebten Heimat Tschechien. Gábina, eine junge Frau mit drei kleinen Kindern am Rockzipfel und dem jüngsten auf dem Arm, sagt es unumwunden: ›Hier kann man nicht leben. Wir wollen nach Kanada. Dort wird es uns besser gehen.‹

Kanada – das ist derzeit das Zauberwort in Litvínov. Genauer im Stadtteil Janov, wo mit mehr als 50 Prozent viele Angehörige der Roma-Minderheit leben. Es hat sich unter ihnen herumgesprochen, dass Kanadas Einwanderungspolitik liberal ist, 30 Prozent aller Asylbewerber dürfen bleiben, im europäischen Vergleich

Roma-Vater mit zwei seiner Kinder.

sind es gerade einmal fünf. Allein im vergangenen Halbjahr haben rund 1700 Roma dort um Asyl gebeten. Stets mit der Begründung, sie würden in ihrer Heimat von der ›weißen‹ tschechischen Mehrheitsgesellschaft diskriminiert, an deren Rand sie leben.

Die Plattenbauten im Stadtteil Janov waren nie schön. Und die Sonne dieses bislang eher verregneten Sommers kann ihnen auch kein angenehmeres Äußeres verleihen. Auf vielen Balkonen stapelt sich stinkender Unrat. Die eisernen Geländer an den bröckelnden Treppenaufgängen sind abmontiert. ›Die machen die Zigeuner beim Altstoffhändler zu Geld‹, weiß Franta, einer der verbliebenen ›weißen‹ Tschechen, die hier noch leben. ›Die Fahrstühle in vielen Häusern mit immerhin elf Etagen sind unbrauchbar. Wenn wir hoch wollen, müssen wir laufen.‹

Auf dem, was einst Rasenflächen waren, liegen leere Schnapsflaschen. Ganze Familien sitzen zwischendrin, Kinder toben kreischend über die Wege. Der Treffpunkt der Jugendlichen ist die Spielhalle. Eine Streife der Stadtpolizei beobachtet den Parkplatz vor einem Supermarkt. Autos knacken ist eine beliebte Freizeitbeschäftigung der Halbstarken an diesem Ort. Sie haben gerade

Schulferien. Und damit erhöhen sich Langeweile und das Potenzial für kriminelle Abwechslung.

Beim Blick aus den oberen Stockwerken der Mietskasernen sieht man das nahe gelegene petrochemische Werk. Für die meisten der Roma ist es unerreichbar. Arbeit für sie, die fast alle ungelernt sind, gibt es in dem hochspezialisierten Betrieb nicht. ›Ja, es ist schon seltsam, wenn ich den Gadje von nebenan mit dem Auto zur Schicht fahren sehe‹, sagt Milan, einer der Roma, die neugierig herangekommen sind. ›Gadje‹ ist der Ausdruck der Roma für die ›Weißen‹. So wie jeder ›weiße‹ Tscheche ›Zigeuner‹ sagt. Auf ein Plakat in der Lucni-Straße hat jemand den Spruch gemalt: ›Schuftet nur ordentlich, ihr Weißen – damit wir es besser haben.‹ Die meisten Roma in Tschechien leben von Sozialhilfe.

Litvínov-Janov steht exemplarisch für die Unfähigkeit und Ratlosigkeit von Staat und Gesellschaft, mit den Roma umzugehen. Einst war das unter den Kommunisten hochgezogene Plattenbauareal eine Schlafstadt für ›weiße‹ Tschechen aus dem Chemiewerk und für ein paar Hundert Roma. Das änderte sich, als die Stadt nach der Wende viele Wohnungen an eine Immobilienagentur veräußerte. Diese setzte in die Wohnungen sogenannte Problemfälle, wie die Roma im Behördentschechisch genannt werden. Roma, die an besseren Standorten gelebt hatten, dort aber die Miete schuldig geblieben waren. Ihnen wurde gekündigt und eine ›Ersatzwohnung‹ in Janov zugewiesen. Damit erhöhte sich die Zahl der Roma in dem Stadtteil schlagartig. Sehr zum Ärger der alteingesessenen Tschechen, die sich plötzlich in einem ›Roma-Getto‹ wähnten. Und in dem plötzlich alle Vorurteile gegen die Minderheit ein Gesicht bekamen: Verwahrlosung und Kriminalität brachen in eine einst heile Welt ein. ›Es ist unerträglich hier‹, sagt Franta, der ›Weiße‹. Er sieht nur den Dreck. Dass der gesellschaftliche Ursachen hat, interessiert ihn nicht.

Der Kommentator einer großen Prager Tageszeitung schrieb 2009: ›Der Sozialismus hatte den Roma Pferde und Wagen genommen, und ihnen dafür Schaufeln in die Hand gegeben. Die neue Zeit hat ihnen auch noch die Schaufeln weggenommen.‹ 95 Prozent der Roma sind arbeitslos. Früher hat man sie für Hilfsarbeiten gebraucht, heute braucht sie niemand mehr. Es ist sozialer Sprengstoff, der sich hier sammelt, ein idealer Nährboden für Radikale. Wiederholt ist die neonazistische Arbeiterpartei durch Litvínov marschiert. Glatzköpfe mit gewieften Rednern an der Spitze. Als sie dabei einmal die genehmigte Trasse verließen, um in Janov ›aufzuräumen‹, konnte die Polizei das zwar gerade noch verhindern. Dafür bekamen die militanten Rechtsaußen massiven Beifall von ›weißen‹ Tschechen in Janov.

›Viele hatten den Eindruck, dass endlich mal jemand etwas tut‹, erinnert sich Franta, der niemals solche Leute wählen würde, wie er beteuert. Aber: ›Die Stadt tut nichts, und der Staat tut auch nichts. Die Leute fühlen sich schlichtweg alleingelassen.‹ Andere als Franta haben bei der Europawahl die Rechtsradikalen ganz gezielt gewählt. Landesweit kamen sie zwar nur auf drei Prozent der Stimmen, aber Anspruch auf eine ordentliche Erstattung der Wahlkampfkosten haben sie damit bereits erreicht. Die sogenannte Arbeiterpartei empfand das als einen zweiten Sieg, nachdem ein Verbotsverfahren gegen sie zuvor gescheitert war. Der ›Aufmarsch‹ in Litvínov, der in einer Straßenschlacht mit der Polizei endete, bescherte ihr zudem große Medienpräsenz. Inzwischen marschieren die Rechtsradikalen auch andernorts. Das macht den Roma Angst und nährt ihren Wunsch, Tschechien zu verlassen.

›In der Nähe von Ostrava haben Nazis im Frühjahr Molotowcocktails in ein Haus geworfen. Eine Zweijährige kämpft seither mit schwersten Verbrennungen um ihr Leben‹, erzählt Gábina, die junge Mutter. ›Die Polizei ermittelt und ermittelt – die Täter hat sie noch immer nicht.‹ Längst wollen auch nicht mehr nur diejenigen fortziehen, die am Rand der Gesellschaft leben. Prominenteste Auswanderin war jüngst die Leiterin der Roma-Sendungen im Tschechischen Hörfunk. Rechte Schläger hatten mehrfach ihre Kinder überfallen.

In Kanada, dem Ort der Sehnsucht, wurde man hellhörig, nachdem die Anzahl der Asylanträge aus Tschechien massiv wuchs. Inzwischen müssen sich Tschechen, die nach Kanada wollen, in der kanadischen Konsularabteilung in Wien (in Prag gibt es derlei nicht) für ein Visum anstellen. Die Regierung in Ottawa zögerte lange, bis sie sich zur Visumpflicht durchrang, aus Sorge, dass Prag die Solidarität der übrigen EU-Staaten einfordern könnte. Der Unmut gegenüber den Roma wird dadurch nicht eben weniger. Die hätten das ja schließlich alles verbockt, sagt man in Janov nicht nur hinter vorgehaltener Hand. An Hilfsprogramme zur Integrationsförderung, wie sie Roma-Verbände immer wieder fordern, ist daher nicht zu denken. ›Wenn hier so etwas ruchbar werden würde, käme es zum großen Knall‹, ist Franta überzeugt. ›Das würde keiner von uns verstehen‹, schüttelt der Mittfünfziger den Kopf. ›Von uns‹, damit meint er die ›weißen‹ Tschechen.

Die Sonne hat sich verzogen, Regen prasselt auf Janov. Die Roma sind in ihre Behausungen geflüchtet. Nur die Kinder springen juchzend über die Pfützen. Die Polizeistreife verlässt den Parkplatz. ›Das sieht nach Dauerregen aus‹, grinst einer der Beamten. ›Gut für uns. Da haben wir nichts zu tun.‹

Die bürgerkriegsähnlichen Zustände, die der Aufmarsch der Arbeiterpartei hervorgerufen hatte, war am Ende einer der Punkte, der die Beamtenregierung unter Premier Jan Fischer veranlasste, ein neues Verbotsverfahren gegen die Rechtsextremisten anzustrengen. Im Februar 2010 hat das Oberste Verwaltungsgericht das Verbot und die Auflösung der Partei verfügt. Kommentatoren waren unterschiedlicher Meinung. Es sei zwar richtig, dass der Staat durchgreife, wenn jemand die demokratischen Grundsätze des Landes in Frage stelle. Aber mit dem Verbot der Partei sei ja nicht gleichzeitig die Gesinnung ihrer Anhänger so mir nichts dir nichts weg. Und schon gar nicht die Probleme, wie jenes mit den Roma, von denen die Arbeiterpartei im Grunde nur profitiert habe.

Im Ausland zeigt man weiter mit den Fingern auf die Tschechen und nennt deren Roma die am meisten diskriminierten Menschen in einem EU-Land. Ideen, wie man mit diesem Problem umgehen kann, kommen aber von den Oberschlauen im Westen leider nicht gleich mit.

Tschechischer Alltag

Die Familie

Als Eva und Petr Boublíkovi heirateten, Ende der 1970er Jahre, waren sie im damals »richtigen« Alter dafür: sie 20, er 23. Und es dauerte auch nicht lange, da meldete sich mit Tochter Lucie der erste Nachwuchs an. Die Umstände waren alles andere als günstig. Die jungen Eheleute lebten nämlich mit Eltern und Großeltern zusammen in einer kleinen Zweiraum-Wohnung. Mit Lucies Geburt waren es plötzlich vier Generationen in einem Haushalt. Dies galt freilich als völlig normal. Wohnungen zählten zur Mangelware, obwohl der staatliche Wohnungsbau florierte und bevorzugt an den Rändern der Städte Neubausiedlungen wie Pilze aus dem Boden schossen. Doch um dort einziehen zu können, brauchte man einen Wohnberechtigungsschein von der örtlichen Behörde. Und der war ohne einen anderen wichtigen Schein, den Trauschein, überhaupt nicht zu bekommen. Also heiratete man möglichst zeitig, um irgendwann auch in die eigenen vier Wände einziehen zu können. Den Boublíks half das nicht sonderlich. Sie mussten in der Behörde ein bisschen »nachhelfen«. Im Klartext: einen Umschlag mit Inhalt auf den Tisch des zuständigen Beamten legen. Zu diesem Zweck verkauften Evas Eltern ihren »Wartburg«. Eva, Petr und Lucie bekamen dafür eine Bleibe zugewiesen, die eigentlich schon seit Jahren nach Abriss rief. Aber es war ihr erstes gemeinsames Zuhause, und junges Glück verschmerzt so manches. Als dann aber ein Jahr später Tomáš zur Welt kam, wurde die Wohnung zu klein. Mit viel Glück und mittlerweile aufgebauten Beziehungen (Petr ist Automechaniker von Beruf, was sehr von Vorteil war) bekamen sie dann eine Wohnung, die man als solche auch bezeichnen kann. Zwar wurden in ihr die beiden Kinder in einem gemeinsamen kleinen Zimmer mit Doppelstockbett groß, aber das funktionierte ganz gut. Als Lucie im Backfischalter darauf bestand, allein zu schlafen, zog Tomáš jede Nacht auf das Sofa im Wohnzimmer.

Heute können alle über die Probleme von einst lachen. Lucie lebt in London, wo sie als Au-pair-Mädchen gearbeitet hat. An der Themse fand sie auch ihre große Liebe, einen jungen Australier. Kurz vor Silvester 2005 kam ihr Tobiáš zur Welt, und nach Prag, wo sie geheiratet haben, kommen die drei nur noch zu Besuch. Dann schlafen sie im Hotel. Tomáš hat längst auch eine Freundin, genießt aber ab und zu noch die Vorzüge von »Hotel Mama«, lässt sich beispielsweise von Eva regelmäßig die Wäsche machen. Eva und Petr haben ihre Wohnung nach 1989 gekauft – so wie viele Tschechen – und zahlen jetzt bei der Bank den Kredit dafür ab.

Heute heiraten die Tschechen deutlich später, mit 25 die Frauen und die Männer mit 28. Und auch mit dem Nachwuchs lassen sie sich Zeit. Das Land hat sich spürbar an westliche Verhältnisse angepasst. Es erlebte zugleich eine regelrechte Talfahrt bei den Geburten. Erst im Jahre 2005 wurde der Rückgang gestoppt, erblickten erstmals wieder mehr als 100 000 Kinder das Licht der Welt. Das sind pro Frau im Durchschnitt 1,2 Kinder. Damit werden EU-weit in Tschechien die wenigsten Kinder geboren. (In Deutschland sind es durchschnittlich 1,3 Kinder.) Dass die Gesamtbevölkerungszahl nicht zurückgeht, ist nur dem Zuzug von Ausländern zu danken.

Rund zehn Prozent der jungen Familien sind auf die Hilfe der Eltern angewiesen, was vor allem mit dem teuren Wohnen zusammenhängt. Sozialer Wohnungsbau war schon lange ein Auslaufmodell. Zwar erlebt das Land seit einiger Zeit wieder einen Bauboom; aber der bezieht sich im Wesentlichen auf den frei finanzierten Wohnungsbau. In Prag ist selbst eine neue Einraumwohnung mit Bad und Küchenzeile kaum unter umgerechnet 500 Euro im Monat zu mieten. Damit frisst die Miete für rund 40 Quadratmeter Wohnfläche etwas mehr als die Hälfte eines Durchschnittseinkommens.

Auf längere Sicht nicht besser dran sind die, die in einer Wohnung leben, die auch nach 1989 noch der Mietpreisbindung unterlag, die erst 2007 aufgehoben wurde. Hier konnte man tatsächlich für einen geringen Preis wohnen. Der wiederum konnte die Vermieter nicht zufrieden stellen. Es gab viele Fälle, in denen Leute regelrecht unglücklich wurden, weil sie ein Haus zurückerhielten, das den Vorfahren von den Kommunisten enteignet worden war. Der Reparations- und Renovierungsbedarf der runter-

Ein Viertel der Tschechen wohnt in Plattenbauten aus sozialistischer Zeit.

gekommenen Häuser war riesig, die Mieteinnahmen aber gering. Nicht alle neuen Eigentümer waren in dieser Situation zimperlich gegenüber ihren Mietern. Vor allem ältere hilflose Menschen wurden mitunter regelrecht genötigt, aus ihren billigen, aber geräumigen Wohnungen auszuziehen und mit einer Bleibe in einem Plattenbau am Stadtrand vorlieb zu nehmen. Der Vermieter zeigte sich dabei vermeintlich auch großzügig, indem er die Umzugskosten übernahm. Aus der frei gewordenen Altbauwohnung wurde dann aufwendig eine »atypische« Wohnung gemacht, wie man für tschechische Verhältnisse nahezu unbezahlbaren Wohnraum häufig umschreibt. Geld für solche Luxusunterkünfte gibt es unter einigen Leuten. Wenn nicht betuchte Ausländer zuschlagen, dann gut bezahlte tschechische Manager oder auch Leute, die auf nicht ganz legale Weise zu einem Vermögen gekommen sind. Verhielten sich Altmieter störrisch, dann drehte der Vermieter auch schon mal Strom und Wasser ab, bis man sich in sein Schicksal fügte. Rechtliche Schritte helfen da selten.

Dass die Mietpreisbindung inzwischen auch für die staatlichen Wohnungen aufgehoben wurde, ist von einigen durchaus begrüßt worden. Man erhofft, dass so auch wirklich ein Markt für Wohnungen entsteht. Das Fehlen eines solchen Marktes frei mietbarer und bezahlbarer Wohnungen behinderte über all die Jahre ganz erheblich die Mobilität der Menschen. Zwar gab es immer freie und auch interessante Stellen auf dem Prager Arbeitsmarkt; aber kaum eine qualifizierte Kraft konnte diese annehmen, weil einfach kein bezahlbarer Wohnraum zur Verfügung stand.

Das starke Geschlecht

Das wirklich starke Geschlecht in Tschechien sind die Frauen. Sie halten alles zusammen, sind der ruhende Pol der Familie. Der Mann schafft das Geld heran, aber für den »großen Rest« ist die Frau zuständig. Diese Rollenverteilung unterscheidet sich wesentlich in einem Punkt von der im Westen üblichen: Die Frau arbeitet zumeist auch. Tschechische Frauen sind »härter als Schwedenstahl«, heißt es mitunter. Dies ist in der Tat nicht von der Hand zu weisen. Sie sind doppelt und dreifach belastet. In vielen Haushalten ist es bis heute normal, dass die Frau morgens die Kinder für Kindergarten oder Schule fertig macht, zur Arbeit

Tschechische Frauen tragen bis heute neben der Arbeit die Hauptlast der Familienversorgung.

geht, die Kinder wieder holt, und dann auch noch für die ganze Familie kocht und die Wohnung in Schuss hält. Tschechische Männer verzichten nur sehr ungern auf eine warme Mahlzeit am Abend, halten es jedoch für unter ihrer Würde, selbst etwas dazu beizutragen. Interessanterweise sind die meisten betroffenen Frauen darüber nicht böse. Sie beziehen einen großen Teil ihres Stolzes daraus, dass sie die Belastungen des Alltags bewältigen. Eigenartigerweise erziehen sie ihre Söhne oft zu eben solchen Paschas. Das Wort »Emanzipation« ist den meisten älteren Frauen ein Gräuel. Sie können damit nichts anfangen. Als die Ex-Ehefrau des Ministerpräsidenten Jiří Paroubek in einem Interview sagte, sie halte nichts von Frauen in der Politik, erntete sie bei vielen Geschlechtsgenossinnen Zustimmung.

Hilfreich ist natürlich, wenn eine Großmutter der Frau unter die Arme greifen kann. Nur sind auch die tschechischen Großmütter nicht in dem Alter einer Babička, wie Karel Gott sie besingt. Die Babička ist selbst meist im arbeitsfähigen Alter und geht denn auch einem Beruf nach. Kochen, lachen, glücklich machen – das ist Sache höchstens der Urgroßmütter.

Sicher läge die Zahl der Frauen, die sich nur der Familie und dem Haushalt widmen, höher, wenn es die Bedingungen erlaubten. Doch meist reicht das Geld, das der Mann nach Hause bringt, nicht aus, um alle Kosten zu tragen und nebenbei die wachsenden Wünsche zu befriedigen, die den Leuten von der Werbung suggeriert werden. Junge Frauen haben es bei all dem nicht leicht, eine Anstellung zu finden. Obwohl sie in der Schule häufig bessere Leistungen gezeigt haben, wird ein Arbeitgeber zumeist einen jungen Mann vorziehen. Der kann nicht schwanger werden und wird kaum einer von den »neumodischen« Männern sein, die sich nicht voll auf die Arbeit konzentrieren, sondern sich auch noch den Haushalt mit der Ehefrau teilen. Zwar wären nach einer Umfrage bis zu 60 Prozent der Männer gern »neumodisch« und übernähmen sogar den Erziehungsurlaub an Stelle der Frau, aber nur unter der Voraussetzung, dass sie das höhere Einkommen hat. Dies ist jedoch in der Praxis kaum anzutreffen. Frauen bekommen die gleiche Arbeit deutlich schlechter bezahlt als ihre männlichen Kollegen, in der Regel liegen ihre Bezüge zwischen 15 und 20 Prozent unter denen der Männer.

Bemerkenswert ist die Zunahme der Ehescheidungen, die zu zwei Dritteln von den Frauen eingereicht werden. Fast jede zweite Ehe wird heute in Tschechien geschieden, das ist europäische Spitze. Alle zwanzig Minuten geht eine Ehe vor Gericht zu Ende. Durchschnittlich halten die ehelichen Beziehungen knapp 14 Jahre. Dass es in erster Linie die Frauen sind, die das Ende wollen, hängt mit ihrer wachsenden Selbständigkeit zusammen. Verdienende Frauen haben es nicht mehr nötig, aus wirtschaftlichen Gründen an einer Beziehung festzuhalten, in der die Liebe erloschen ist. Machen sie selbst Karriere, bleibt zwangsläufig weniger Zeit für die Familie. Viele Männer ertragen die neue Rollenverteilung, die ihnen dann plötzlich abverlangt wird, nicht.

Verändert haben sich auch die Scheidungsgründe. Standen früher eheliche Untreue und Alkoholismus an erster Stelle, so lautet der Hauptgrund heute, man habe unterschiedliche Vorstellungen vom Leben. Meist einigen sich die Scheidungsanwärter vorher auch schon auf alle Details für die Zeit nach der Trennung. Häufig genug ist die Angelegenheit dann in fünf Minuten erledigt. Mit der Selbständigkeit der Frauen hat schließlich auch noch eine andere Zahl zu tun: Während es vor ein paar Jahrzehnten zu den großen Ausnahmen gehörte, dass ein Kind unehelich geboren wurde, kommt heute ein Drittel aller Kinder außerhalb einer standesamtlich beglaubigten Verbindung zur Welt.

Das »zweite Kind«

Wenn von der Familie und ihren Mitgliedern die Rede ist, darf ein ganz wichtiges nicht fehlen: der Hund. Er gehört einfach dazu, ist vielfach Kindersatz oder das »zweite Kind«. Den Tschechen verbindet eine regelrechte Affenliebe mit den Vierbeinern. Schnauzer sind seit alten Zeiten stark vertreten. Böse Zungen sagen, das hänge mit der Ähnlichkeit ihres Äußeren mit dem Bart des verehrten Präsidenten der ersten Republik, Tomáš G. Masaryk, zusammen. Am häufigsten springen einem aber Dackel entgegen. Neuerdings häufen sich aber auch die Kampfhunde. Dagegen wäre an sich nichts zu sagen, wenn der Hundehalter es mit seiner Liebe nicht völlig übertreiben würde. Die meisten sind nämlich der festen Überzeugung, dass ein Hund frei herumzulaufen hat, weil er sonst Schaden an der Seele nehmen könnte. Leinenzwang könnten sich nur kranke Gehirne ausdenken. Glücklicherweise gilt der zumindest in den öffentlichen Verkehrsmitteln. Ich habe in all den Jahren Metro-, Bus- oder Bahnbenutzung auch nie einen Hund erlebt, der am Infarkt gestorben wäre, nur weil er für ein paar Stationen angeleint und mit einem Maulkorb versehen werden musste. Den tschechischen Hundehaltern aber geht derlei erheblich gegen den Strich. Dass die kläffenden Vierbeiner keine Rücksicht auf Kinderspielplätze mit Sandkisten nehmen, kann man ihnen schlecht vorwerfen. Sie finden es vermutlich besonders angenehm, dort ihr Geschäft zu verrichten. Der Hundehalter übersieht Schilder, die vor solchen Abwegen warnen, aber gern, genau wie die Automaten mit den kostenlos zu entnehmenden Papiertüten für die anrüchigen Hinterlassenschaften eines Gassigangs. Frauchen und Herrchen haben nur wenig Verständnis dafür, dass es Zweibeiner geben soll, die schlicht Angst vor Hunden haben. Der große Hundefreund Havel amüsierte sich sogar öffentlich über seinen langjährigen Sprecher, Ladislav Špaček, der zu dieser bemitleidenswerten Spezies gehört und furchtbar unter Dula, dem Schnauzer des Präsidenten, litt. Kurzzeitig konnte besagter Sprecher mal aufatmen. Als Havel seine zweite Frau Dagmar heiratete, wollte das der Schnauzer des Präsidenten nicht akzeptieren. Nein, nicht wegen Dagmar war er missmutig; er verstand sich einfach nicht mit den Boxern, die die Schauspielerin mit in die Ehe brachte. Es musste eine Lösung her. Der Schnauzer wurde abgeschafft und einer Haushälterin der Havels

Der Hund steht oft im Mittelpunkt des Familienlebens; so auch auf dieser Hochzeitsfeier.

geschenkt. Das Ereignis war tagelang Gesprächsthema Nummer eins selbst in vorgeblich ernst zu nehmenden Medien. Viele Hundehalter waren außer sich, weil sie glaubten, der Schnauzer werde jetzt keinen Knochen mehr anrühren und sich zu Tode grämen. Es gab vermutlich kaum einen anderen Grund, der die Umfragewerte des Präsidenten für eine gewisse Zeit so heftig zu drücken vermochte. Im Januar 2006 haben die Havels aber alles wieder gutgemacht. Der Anlass war zwar ein trauriger: Dagmar Havlovás Boxerhündin Šugar hatte das Zeitliche gesegnet. Die Art und Weise, wie das im Rundfunk bekannt gegeben wurde, sprach Bände und lohnt wegen seines erheblichen Unterhaltungswertes einer kompletten Zitierung: »Am Mittwoch, dem 4. Januar 2006, starb im Alter von 14,5 Jahren Dagmar Havlovás Boxerhündin Šugar. Sie entschlief im Kreise ihrer Angehörigen daheim in der Dělostrelecká-Gasse am 9. Hochzeitstag der Eheleute Havel. Für die ganze Familie und die nahen Freunde der Eheleute Havel ist dies ein großer und schmerzlicher Verlust eines Familienmitglieds. Šugar war zugleich ehrenamtliche Mitarbeiterin der Stiftung Vize 97 von Dagmar und Václav Havel. Mit ihrer achtjährigen Tochter Madlenka (benannt nach Madeleine Albright, die sich zum Zeitpunkt ihrer Geburt gerade in Tschechien aufhielt) begleitete Šugar Dagmar Havlová regelmäßig in die Stiftung, wo sie zu einem untrennbaren Bestandteil des Arbeitsteams wurde. Trotz des schmerzhaften Verlustes wird Dagmar Havlová ihr Arbeitsprogramm nicht ändern.«[27] Die Stiftung der Havels ist übrigens keine Stiftung für Hundehalter und deren Sorgen und Nöte; sie widmet sich vorrangig der Bekämpfung von Darmkrebs. Und zum besseren Verständnis: Bei Madlenka handelt es sich mitnichten um eine Tochter Dagmar Havlovás, sondern um den Nachkömmling der verblichenen Hündin Šugar.

Homo chalupář

Ist die Familie am Wochenende komplett, dann gibt es zwei Lieblingsbeschäftigungen. Die einen fallen in die jüngst entstandenen Super- oder gar Hypermärkte ein, um nur mal so zu gucken oder alles zu kaufen, was man so braucht oder auch überhaupt nicht braucht. Besondere Anziehungspunkte sind Baumärkte, wo sich vor allem der tschechische Mann tagelang aufhalten könnte. Mit Kennerblick wird da jede Schraube betrachtet, liebevoll streicht die Hand über glatt gehobelte Holzbretter, und an der Kasse wird rasch noch ein besonders preisgünstiger Zollstock eingepackt, obwohl man schon drei zu Hause hat. Die Supermärkte haben deutlich das Kaufverhalten vieler Tschechen verändert. Man kauft zuhauf auf Kredit. Von 2000 bis 2003 schnellte das private Kreditvolumen bei den Banken um 65 Prozent in die Höhe. Tendenz weiter steigend. Nicht eingerechnet sind die Geschäfte über Leasing-Gesellschaften. Das Problem dabei: Die wenigsten Tschechen waren es gewohnt, auf Pump zu leben, haben kaum Erfahrungen damit, Schulden regelmäßig zurückzahlen zu müssen. Die Nationalbank setzte denn auch den Slogan in Umlauf: »Nehmt ruhig weiter Kredite auf, aber denkt darüber nach, was in fünf oder zehn Jahren ist.« Auf der anderen Seite war die Konsumfreudigkeit der Tschechen immer auch ein Impuls, das Wirtschaftswachstum anzukurbeln.

Die andere Spezies sind die Tschechen, die eine längere Betrachtung verdienen: Wenn sich im Sommer Heerscharen von Touristen die Absätze auf den buckligen, sonnenheißen Pflastern Prags oder anderer ansehnlicher tschechischer Städte krumm treten, sind sie fast unter sich. Die Einheimischen verdrücken sich nämlich pünktlich zu Ferienbeginn. Der »Škoda«, bis auf das Dach beladen mit einem abenteuerlich anmutenden Sammelsurium aus Zweitfernseher, Bügelbrett, Rattangestühl und Bierkästen, findet den Weg fast allein, pendelt er doch auch den Rest des Jahres an den Wochenenden häufig genug zwischen der Wohnung seines Besitzers und dessen eigentlicher Idylle – dem Gartenhäuschen im Grünen, was die Ost-Deutschen Datsche nennen. Verfahren kann er sich auch deshalb nicht, weil er Teil einer kilometerlangen Blechlawine ist, in der alle eben dieses Ziel anvisieren. Nach den Schweden sind die Tschechen europaweit die zahlenmäßig größten Wochenend-Häuslebesitzer. Betuchtere Städter residieren in einem renovierten steinernen Bauernhaus, der *Chalupa,* Jan Novák, Tschechiens Otto Normalverbraucher, hält sich eher eine *Chata*, ein etwas kleineres, hölzernes Anwesen. Allesamt sind es aber häufig architektonische Kunstwerke, kleine Paläste im Grünen, in die über Jahre viel Liebe, Schweiß, Tränen, handwerkliches Geschick, Improvisationsvermögen und (vielfach zu kommunistischen Zeiten in den Betrieben geklautes) Material gesteckt wurden. Seinerzeit begann auch der Drang ins Freie zu einer regelrechten Massenbewegung zu werden. Vom bedürfnisnivellierenden, bevormundenden realen Sozialismus des Alltags genervt, schufen sich die Tschechen in rastloser Eigeninitiative ihr privates Refugium. Hinter Zäunen und Hecken buddeln sie nun in der Erde, graben um, hacken, lockern, pflanzen, düngen mit Eierschalen, Mist, zerkleinerten Hühnerknochen, Kompost, Kalk und dem Inhalt ausgeklopfter Tabakspfeifen, sprengen mit dem Schlauch oder schleppen Gießkannen, jäten zunehmend ermattend das bösartig sprießende Unkraut, mähen mit Sense oder röhrend maschinell, harken, suchen händeringend Platz für neue Stecklinge, berauschen sich am Blütenduft, ernten, fluchen über zuviel Regen oder zuviel Sonne, jammern über den schmerzenden, krummen Rücken, verscheuchen lästige Wespen, Mücken und in den Kirschen hockende Stare, prahlen vor den Nachbarn mit den Rosen, ärgern sich über deren (natürlich unverdient) größere Kartoffeln, bekämpfen vergeblich die Blattläuse, zimmern, hämmern, sägen, schrauben, mauern, malern am Häuschen, werfen den Grill an und sinnen beim wassereimergekühlten Bier über das Leben nach.

Nahezu jede tschechische Familie, so sagt die Statistik, findet auch nach wie vor auf diese Weise ihre Erfüllung. Anfangs meinten Soziologen, mit dem gesellschaftspolitischen Neuanfang werde ein großes *Chata*-Sterben einsetzen. In der Tat gab es einen kurzzeitigen Knick, als die Benzinpreise so anstiegen, dass es sich mancher nicht mehr leisten konnte, jedes Wochenende auf sein geliebtes Grundstück zu fahren. Doch längst ist der Drang ins Grüne wieder angestiegen. Das hängt damit zusammen, dass es zum Beispiel für die Kinder keine preisgünstigere Möglichkeit der Erholung in den Ferien gibt. Fachleute verweisen auch auf die zunehmende Einsamkeit und Entfremdung der Leute selbst in ihrer unmittelbaren Wohnumwelt. Die Kontakte laufen eher übers Internet als zum Nachbarn.

In den Wochenendkolonien ist das anders, da funktioniert noch der alte Zusammenhalt. Inzwischen stellte sich aber ein neues Problem ein: Vielen Häuslebesitzern reicht ihre Hütte nicht mehr, ein Swimmingpool muss her. Das hat in verschiedenen Orten schon zu erheblichen Schwierigkeiten mit der Wasserversorgung geführt.

Es gibt natürlich auch Tschechen, die es in den Ferien mitunter in die Ferne zieht. Kroatien ist da ebenso beliebt wie Italien, die Türkei, Tunesien oder die nahe Slowakei, zumal es in letzterer häufig noch Verwandtschaft gibt. Der Besitzer einer *Chalupa* oder *Chata* tut dies aber eher selten, denn ihn plagen die Sorgen, was während der Abwesenheit in seinem Garten geschieht. Der Nachbar, dem das Idyll derweil zur Pflege überlassen wurde, hat womöglich den einen oder anderen Punkt auf dem zehnseitigen Merkzettel nicht ernst genug genommen und der Rasen ist am Ende dann doch braun.

Übrigens wird nun auch klar, weshalb die Tschechen dazu neigen, Aufwallungen von Kampfesmut immer in der kalten Jahreszeit zu bekommen und lieber im Winter zur Demo zu gehen. Die »Samtrevolution« ging in einem November über die Bühne, die Proteste gegen die neue Politikergarde, derer man überdrüssig geworden war um die Herren Václav Klaus und Miloš Zeman fanden in einem Dezember statt, und die Solidaritätsbekundungen für die um die Unabhängigkeit ihres Senders kämpfenden Mitarbeiter des tschechischen Fernsehens füllten den Wenzelsplatz auch mitten im kalten Winter. Fragt man die Tschechen, warum das so ist, erntet man ungläubiges Staunen. »Wieso, wann macht ihr denn eure Demos? Im Sommer? Da sorgt man sich gefälligst um die Gurken.«

Da kommen sie. Morgens schon gegen 5 Uhr schwärmen sie aus. Autos rattern über Landstraßen und holprige Waldwege heran. Am Waldrand wird geparkt, missmutig registriert, dass man wieder einmal nicht der erste ist. Dann wird der Korb geschnappt, das Messer und ab geht's. Pünktlich mit den Sommerferien beginnt in Tschechien die Hauptsaison für ein besonders Vergnügen: Es geht in die Pilze.

Welche Bedeutung die Pilze jenseits des Erzgebirges haben, verdeutlicht ein Blick in die Medienlandschaft. In welchem anderen Land wird auf den Titelseiten auch der seriösen Zeitungen schon gemeldet: »Rostou!« – zu Deutsch: »Sie wachsen!«. Auch die Fernsehnachrichten versäumen es nicht, regelmäßig besonders große Funde in Bild und Wort zu dokumentieren. Derlei spornt die eigene Sammelwut noch weiter an, obwohl die ohnehin in den Genen der Tschechen angelegt zu sein scheint. Nicht nur europa-, sondern weltweit gelten sie als die Verrücktesten und Eifrigsten in diesem Metier.

Das erregt im Ausland schon mal tiefe Verwunderung. Einer der großen Fußballer aus der einstigen Tschechoslowakei, Josef (Pepi) Bican, stieß in seiner Zeit in der belgischen Liga bei seinen Mannschaftskameraden auf strikte Ablehnung, als er sie zu einem großen Pilzeessen einlud. Nicht ein einziger Mitspieler wagte, etwas von dem vermutlich köstlichen Mahl zu kosten. Dafür schlossen die Belgier heimlich eine Wette ab, dass Bican die Pilze nicht überleben würde. Am nächsten Tag kamen sie und sahen ernsthaft nach, ob ihr tschechischer Kollege noch lebe.

»Je westlicher ein Land, desto geringer ist das Interesse an Pilzen«, weiß Petr Müller, der Herausgeber der Zeitschrift *Houbar* (Der Pilzesammler). Und Aleš Vít von der Tschechischen Gesellschaft für Mykologie (Pilzkunde) ergänzt: »Weder in Nordeuropa noch in den USA oder gar Australien sammelt man Pilze im wahrsten Sinne des Wortes – als Speise. Ein Hauptgrund dafür ist die Angst, sich vergiften zu können.« Eine Ausnahme machen die Japaner, die ebenfalls große Pilzsammler sind. Allerdings essen sie die Pilze nur als Beilage.

In Tschechien kann das mit den Vergiftungen kaum passieren. Zwar gibt es pro Saison immer mal zwei drei Leute, die sich vertun und etwa den tödlich giftigen Grünen Knollenblätterpilz für essbar halten. Aber in der Not gibt es auch Heerscharen von Pilzberatern. Zudem veröffentlichen die Zeitungen in ihren Wochenbeilagen immer wieder halbe Pilzbücher. Mit Fotos natürlich, vor allem aber auch ausführlichen Beschreibungen bis hin zur Verarbeitung der Pilze. Nicht jeder der hübschen Findlinge lässt sich beispielsweise auch trocknen. Und das ist bei den Mengen, die die Tschechen aus den Wäldern schleppen, eigentlich unumgänglich.

Das Schöne am Pilzesammeln ist, dass man trefflich darüber spekulieren kann, wie das mit den vermeintlichen Regeln ist. Das am meisten diskutierte Thema unter tschechischen Pilzjägern ist, ob die Pilze denn nun bei Vollmond besonders schießen. Einige halten das für schlichten Aberglauben, andere schwören darauf.

Petr Müller von der *Houbar* äußert sich salomonisch: »Sie wachsen bei Vollmond tatsächlich schneller – aber nur, wenn es auch genügend Luftfeuchtigkeit gibt.« Und wie ist das mit den Pilzen nach ergiebigem Regen? »Davon allein hängt es auch nicht ab«, sagt der Experte. »Es braucht auch entsprechende Temperaturen. Ungünstig ist starker Wind, weil der den Boden austrocknet. Und die Pilzgeflechte brauchen Feuchtigkeit.« Stimmt es, dass man bei einem Pilz immer noch ein paar weitere findet? »Wenn wir einen Pilz aus der Erde drehen, ist das so, als würden wir einen Baum aus der Erde reißen. An dessen Stelle wächst kein neuer nach.« So ein Pech!

Während deutsche Pilzesammler gern ihre Fundorte geheimhalten, sind Tschechen mit ihren Informationen freigiebiger. Auf speziellen Internetseiten geben sie allen Ernstes Fundstellen preis. Aber auch enttäuschende Erlebnisse finden Eingang, etwa so: »War am Wochenende zwanzig Kilometer südöstlich von Prag, unweit der Autobahnabfahrt Richtung Wien. Lauter Nichts.« Die Kommunikationsfreudigkeit tschechischer Pilzesammler erklärt Petr Müller so: »Man kommt einfach mit anderen Sammlern ins Gespräch. Spätestens auf dem Parkplatz vor der Heimfahrt. Da prahlt man gern mit seinem vollen Korb und seinen geübten Augen. Freilich werden aus Neid auch manche einstigen Freunde zu Feinden.«

Die Experten führen sogar Statistiken. Aleš Vít: »Wir sind ungefähr zehn Millionen Tschechen. Davon sagen wir eineinhalb Millionen Kinder in einem Alter, in dem sie noch nicht suchen gehen. Etwa gleich viele Rentner im fortgeschrittenen Alter sammeln keine Pilze mehr. Und von den anderen marschiert natürlich auch nicht jeder in den Wald. Wir können aber davon ausgehen, dass sieben von zehn Tschechen ab und zu diesem Hobby fröhnen. Richtige Pilzesammler werden wir wohl etwa fünf Millionen haben. Die holen im Jahr im Durchschnitt pro Kopf eineinhalb Kilo aus dem Wald, das wären also zusammen siebeneinhalbtausend Tonnen.«

Pilze halten im Tschechischen auch für Redewendungen her. Sagen die Deutschen einem Dreikäsehoch: »Da warst du noch im Teich« oder »Da bist du noch mit der Trommel um den Christbaum gerannt«, sagt der Tscheche: »Da warst du noch bei den Pilzen.« Ethnografen erklären das auch damit, dass in der Tat viele Kinder im Wald beim angeblichen Pilzesammeln gezeugt werden. Da im Wochenendhäuschen häufig mehrere Generationen zusammenleben, müssten sich die jungen Leute ein eigenes Fleckchen suchen. So sei denn die Aufforderung »Lass uns in die Pilze gehen« mitunter nichts anderes als die Einladung zu einem Rendez-vous.

Warum sind nun aber ausgerechnet die Tschechen so verrückt nach den Pilzen? »Sie waren in alten Zeiten schlichtweg ein billiges Essen», sagen die Fachleute. Für die Tschechen, die nie zu den reichsten Völkern gehört hätten, somit ein »gefundenes Fressen« – im wahrsten Sinne des Wortes.

Eine Speise übrigens, die auch Prominente stets zu schätzen wussten. Die Tennislegende Martina Navrátilová behauptet etwa, dass sie nie so gut abschalten konnte, wie beim Pilzesammeln im heimatlichen Tschechien. Manche sind so prominent, dass ihnen auch noch geholfen wird beim Sammeln. So wurde die erste Ehefrau von Václav Havel, Olga, immer von Personenschützern in den Wald begleitet, was sie eigentlich nicht sonderlich erfreute. Bis sie einmal einer der Leibwächter von hinten anhüstelte: »Frau Havlová, wenn sie mal nach rechts schauen würden, da steht ein herrlicher Steinpilz.«

Autofahrer

Dass der Tscheche etwas von Autos versteht, gehört zu seinem historischen Selbstverständnis. Aber es gibt nicht nur den geschickten »Schrauber«, sondern auch den Fahrer. Das Auto ist des Tschechen – wie des Deutschen – liebstes Kind und zugleich ein Statussymbol. Da Wohnungen knapp sind, kann man seinen innenarchitektonischen Geschmack selten anderen gegenüber wirklich zur Geltung bringen. Das Auto aber sieht der Nachbar. Und wenn der dann auch noch ein bisschen neidisch auf den fahrbaren Untersatz ist, dann macht das das Glück erst richtig vollkommen.

Leider gehören die Tschechen nicht eben zu den ordentlichsten Autofahrern. Die Unfallstatistik weist sie im Rahmen der EU eher als ziemliche Rowdys aus. Nur Griechen und Portugiesen sind noch berüchtigter. Täglich lassen auf tschechischen Straßen drei bis vier Menschen ihr Leben. Auf der längsten Autobahn, der zwischen Prag und Brno (Brünn) fahren zu müssen, ist nicht unbedingt ein Vergnügen. Zwar existiert ein Tempolimit von 130 km/h. Aber ernst nimmt das niemand. Wem ausreichend PS gegeben sind, der brettert ohne Rücksicht auf Verluste durch die Lande. Drängeln ist eine Art Nationalsport, einige fahren auch gern mit Dauerlichthupe. Besonderes Vergnügen bereitet es manchem tschechischen Lenker, einen vor ihm fahrenden Deutschen zu jagen, einzuholen und mit triumphierendem Blick zu überholen. Wem am Wochenende ein solches Manöver geglückt ist, berichtet das am Montag in der Firma in aller Ausführlichkeit. Und plötzlich sind alle tschechischen Autofahrer solidarisch und loben den Erzähler als tollen Hecht. Ich kenne solche Manöver von meinen zahlreichen Fahrten zuhauf. Natürlich könnte man sich zu einer kleinen Wettfahrt verleiten lassen. Ich kann davor aber nur warnen. Genau dann nämlich gerät man in der Regel in eine Polizeikontrolle.

Die Tschechen sind in ihrer Mehrheit für mehr solcher Kontrollen und fordern auch ein härteres Vorgehen gegen Rowdys. Immer dann, wenn die Polizei entsprechende Großaktionen startet, fahren die Leute auch vernünftiger, wenn man der Unfallstatistik glauben darf.

Bemerkenswert ist das unterschiedliche Fahrverhalten tschechischer Autofahrer im In- und Ausland. Geriert sich der Fahrer auf heimischen Pfaden gerade mal wieder als Rambo, wird er lammfromm, sobald er sich auf deutschem Gebiet befindet. Peinlich genau achtet er auf die Tachonadel, fährt brav in der rechten Spur und betätigt vor und nach einem Spurwechsel sogar den Blinker, was ihm zu Hause nicht im Traum einfallen würde. Der Grund liegt auf der Hand: Zum Strafezahlen sind ihm die knappen Euros denn doch zu schade.

Das ärmste Würstchen im tschechischen Straßenverkehr ist der Fußgänger. Zwar gibt es auch in Tschechien die segensreiche Einrichtung des Zebrastreifens. Aber der wird von 90 Prozent der Autofahrer prinzipiell ignoriert. Nirgendwo in einem anderen zivilisierten Land gibt es so viele Verkehrstote wie auf tschechischen Zebrastreifen. Die Fußgänger kennen natürlich ihre motorisierten Pappenheimer und springen selbst im Rentenalter wie junge Gazellen über die Straße. Sicher ist sicher. Genauso seltsam schauen sie in der Regel auf deutsche Kraftfahrer, die ihnen aus deutscher Gewohnheit auf dem Zebrastreifen den Vortritt lassen. Aber ein Blick auf das Kennzeichen genügt: »Ach so, ein Deutscher. Na klar, der hält.« Man kann mit Fug und Recht sagen, dass deutsche Autofahrer allein wegen dieser für sie Selbstverständlichkeit eine Menge zum Ansehen ihrer ganzen Nation bei den Nachbarn beitragen.

Die Zahl der zugelassenen Autos hat sich übrigens in den vergangenen zwanzig Jahren nahezu verdoppelt. Ende 2005 waren fast vier Millionen Wagen registriert. Eine andere Zahl ist auch ganz aufschlussreich: Pro Kilometer Autobahn fahren in Tschechien zwei Drittel mehr Autos als in Westeuropa. Das zeugt schlicht davon, dass es in Tschechien 2006 nur 564 Kilometer Autobahn gab, viel zu wenig für ein so wichtiges Transitland zwischen Nordwest- und Südosteuropa. Immerhin hat Prag die Stadt Wien in der Zahl der zugelassenen Autos pro Einwohner schon deutlich hinter sich gelassen. Leider entspricht das Prager Straßennetz nicht annähernd den Anforderungen des modernen Autoverkehrs. Wer unbedingt mit dem Wagen in die Stadt fahren muss, ist arm dran, weil er viel Zeit für die zahlreichen Staus mitbringen muss. Der kluge Prager benutzt die öffentlichen und zudem preiswerten Verkehrsmittel, die in der Regel auch gut funktionieren. Sie sind deshalb Touristen unbedingt anzuraten. Wer mit dem Wagen in Prag anreist, sollte ihn bis zu seiner Abreise in der Hotelgarage lassen. Parkplätze in der Stadt sind Mangelware, mittlerweile auch ziemlich teuer und nicht unbedingt sicher.

Wertsachen, und damit rasch noch ein paar Tipps, sollten keinesfalls sichtbar im Wagen liegen gelassen werden. Der Gang zur Polizei, wenn etwas gestohlen wurde, ist ebenso unerfreulich wie zumeist völlig sinnlos. Außerdem kommt man in der Regel in Prag um ein Bier nicht drumherum. Fahren darf man anschließend aber nicht; hier gilt die Null-Promille-Grenze, deren Einhaltung gern und vorzugsweise bei Ausländern intensiv kontrolliert wird. In jedem Fall sollten sich deutsche Autofahrer davor hüten, bei einer Kontrolle aus der Rolle zu fallen. Begriffe wie »blöder Bulle« oder »Wegelagerer« sind auch tschechischen Uniformierten mit wenig Deutsch-Kenntnissen ein Begriff und können richtig teuer werden. Wenig sinnvoll ist es zudem, die Polizei mit Euros bestechen zu wollen. Die hätten dafür angesichts ihrer nur schmalen Einkommen natürlich Verwendung, aber die Kampagne gegen Korruption zeigt inzwischen ihre Wirkung. Wer sich von Beamten tatsächlich ungerecht behandelt fühlt, sollte sich die Nummer auf der Marke merken, die jeder Polizist an seiner Uniform trägt. Nur so kann man möglicherweise bei einer Beschwerde im Nachhinein Erfolg haben. Aber am besten ist, sich im Straßenverkehr vernünftig zu verhalten. Das kommt dem nicht immer so positiven Bild der Tschechen von den Deutschen in jedem Fall zugute.

Handymanie

Die Tschechen gehören zu den Handy-verrücktesten Nationen dieser Erde. Nach einer EU-Statistik kommen auf 100 Bewohner 106 SIM-Karten. Da aber zahlreiche davon auch für den Anschluss von Computern an das Internet benutzt werden, nennen rund vier Fünftel der Einwohner ein Handy ihr Eigen. In Deutschland existieren zum Vergleich 90 SIM-Karten pro 100 Einwohner. An Weihnachtsfeiertagen werden in Tschechien immer so um die 50 Millionen SMS verschickt – dabei hat das Land nur 10 Millionen Einwohner. Silvester ist es beinahe noch schlimmer. Da brechen regelmäßig die Netze zusammen. Geht man durch Prag, trifft man zumindest alle zwei Minuten einen Menschen, der mit dem Handy hantiert. In den Straßenbahnen und Bussen hat das Tippen von SMS längst das früher beliebte Zeitunglesen abgelöst. Interessant ist allein schon, den vielen verschiedenen Klingeltönen zu lauschen. Leider wird auch in den Restaurants ununterbrochen telefoniert. Das nervt erheblich, ist den Leuten aber nicht abzugewöhnen, wie die Inhaber feststellen mussten.

Besonders lustig zu beobachten ist das Verhalten der Handy-Besitzer in der Metro. Da wird während der Fahrt eine SMS getippt und dann gewartet, bis man auf der nächsten Station wieder den Zugang zum Netz bekommt. Dann heißt es, rasch die Mitteilung abschicken, denn im Tunnel geht das erst mal wieder nicht. Aber man kann da schon die nächste SMS eingeben.

Hoch im Kurs stehen die glitzernden kleinen Mobiltelefone vor allem bei den Jugendlichen und Schülern. Freilich sehr zum Ärger der Eltern, die mitunter horrende Rechnungen zu bezahlen haben. Viele der geplagten Mütter und Väter sind dazu übergegangen, ihren Sprösslingen nur noch eine Prepaid-Card zu genehmigen. Wenn die leer telefoniert ist, herrscht erst einmal Funkstille bis zum Monatsende – ein Problem, das Eltern auch in anderen Ländern mit ihren lieben Kleinen haben.

Autofahrer halten es für selbstverständlich, während der Fahrt alles Mögliche mit allen möglichen Leuten per Handy zu bereden. Das ist zwar ebenso wie in Deutschland streng verboten, wird aber allgemein als Kavaliersdelikt betrachtet. Dabei schlägt es mit vier Punkten in der Verkehrssünderkartei kräftig zu Buche. Zwölf sind insgesamt nur erlaubt, danach ist man den Führerschein los.

Der Ehre halber muss aber auch gesagt werden, dass es Gesetze gibt, an die sich die Tschechen sehr wohl halten. So wird an den Haltestellen von Bus und Straßenbahn zwar mit dem Handy hantiert; das Rauchverbot aber, das dort in der Silvesternacht 2005 in Kraft trat, wird ziemlich eindeutig befolgt. Schon in den ersten Stunden gab es reichlich Anrufe bei der Polizei, bei denen Raucher an den Haltestellen angezeigt wurden. Rein technisch ist das ja auch kein Problem, ein Handy hat ja jeder dabei.

Vergleichsweise schwach sieht es dagegen beim Zugang zum Internet aus. Nur jeder zwanzigste Tscheche verfügte Anfang 2006 über eine schnelle Breitband-Verbindung. Im Festnetzbereich ist der technische Aufholbedarf einfach riesig. Die Tendenz ist hier inzwischen aber stark steigend.

Glanz und Elend der tschechischen Küche

Klarer Fall: Knödel machen dick. Das würde wohl jeder behaupten. Oder ist das doch nur ein Gerücht?

Für den Dokumentarfilm »Super Size Me« hatte sich der amerikanische Regisseur Morgan Spurlock einen Monat ausschließlich bei McDonald's ernährt. Das Ergebnis war verheerend: Der gute Mann nahm zehn Kilo zu, trug eine Fettleber davon, sein Cholesterinwert verdoppelte sich und er bekam – auch das noch – Probleme mit der Potenz.

Parallel zum Filmstart von »Super Size Me« rief die tschechische Produktionsfirma Aerofilms zum Selbstversuch auf und nahm einen Tschechen unter die Lupe, der sich vier Wochen lang nur von böhmischer Küche ernährte. Dreimal am Tag marschierte das ›Versuchskaninchen‹ Karel Gustav Božan in ein typisches tschechisches Wirtshaus. Typisch daran ist zum Beispiel die notorische Abwesenheit von frischem Gemüse. Zu den kulinarischen Höhepunkten zählen hier Weiß- oder manchmal Rotkraut und ein bis zur Unkenntlichkeit zerkochter Spinat. In der Regel schwimmen dafür fünf Scheiben Knödel in einem Meer ziemlich leckerer, aber auch sehr fettreicher Soße. Auch das Fleisch ist eher selten als mager zu bezeichnen. Božan futterte nicht nur, sondern spülte auch in gewohnt tschechischer Weise nach: mit reichlich Bier.

Das Ganze kam also einer Mutprobe gleich. Und wohl jeder Tscheche wäre eine Wette eingegangen, dass sich der Bauchumfang des Delinquenten in den vier Wochen sichtlich vergrößern würde, Schweinsbraten, Kraut und Knödel den Wettstreit mit Hamburgern locker aufnehmen würden. Doch dem war nicht so. Sensationellerweise nahm Karel sechs Kilo ab. Mehr noch: sein Cholesterinspiegel sank, und zudem hatte er am Schluss bessere Leberwerte. Die Tschechen waren baff. Hatte man ihnen nicht immerzu eingeredet, sie würden sich mehrheitlich denkbar ungesund ernähren? Müssen alle solche Theorien jetzt umgestürzt werden?

Lukáš Pollert, Arzt und ehemaliger Olympionike, der den tapferen Karel über die vier Wochen regelmäßig untersuchte, klärte seine verblüfften Landsleute auf: Zum einen habe Karel bei Beginn der kulinarischen Tortur schon stolze 125 Kilo gewogen. Da sei es ihm leichter als einem Schlanken gefallen, abzuspecken. Die Hauptrolle bei all dem hätten aber die Wirtshaus-Portionen gespielt. Die seien beileibe nicht so üppig. Zu Hause stehe der »normale« Tscheche nicht ohne zumindest einen Nachschlag vom Tisch auf. Den gebe es in den Kneipen nicht. Deshalb sei es auch etwas übertrieben, jetzt vom Ende des Mythos der ungesunden böhmischen Küche zu sprechen, die direkt ins Grab führe.

Nein, so richtig gesund ist die böhmische Küche nicht. Zuviel Butter, zuviel Mehl, zuviel Zucker. Immerhin haben sich die Essgewohnheiten schon ein bisschen verändert. Hatte man früher Glück, wenn man ein Viertel Tomate auf seinem Teller hatte, das aber mehr zu Zierde da war, so gibt es jetzt auch Salate als Hauptgerichte. Vor allem die zahllosen »Italiener« machen damit bei ihrer vorrangig jüngeren Klientel, die auf die schlanke Linie achtet, gute Geschäfte. Auch der Wegfall der sozialistischen Subventionierung von Fleisch trug dazu bei, dass eine Zeitlang der Konsum von Rind und Schwein drastisch zurückging. Dafür stieg Geflügel kräftig im Ansehen. Dennoch werden die Tschechen immer dicker, obwohl sie sich gesünder als früher ernähren. Das liegt in erster Linie jedoch an der mangelnden Bewegung. Man fährt viel Auto, sitzt im Büro, nutzt die Fahrstühle, muss nicht mehr wie früher in der Mittagspause im Laufschritt die mangelhaft vorhandenen Lebensmittel einkaufen, verbrennt kaum Energie. Fast ein Drittel der Tschechen lehnt jeglichen aktiven Sport ab.

Die Ernährungsumstellung ist auch nur partiell zu beobachten. Mein Prager Stammlokal, in dem vorrangig böhmisch gekocht wird, ist zur Mittagszeit, anders als der »Italiener« und der »Chinese« gegenüber, rappelvoll. Dort ignorieren die Gäste Salate, neigen eher zu traditionellen Gerichten wie Gulasch, Schweinebraten, Schnitzel oder Rinderbraten in Sahnesoße. Fisch kommt selten auf den Tisch, ist in diesem Binnenland auch vergleichsweise teuer. Zwar essen die Tschechen traditionell zu Weihnachten Karpfen, aber ein großer Teil gibt zu, ihn eigentlich gar nicht zu mögen.

Ein besonderes Kapitel ist die Ernährung der Kinder und Heranwachsenden. Sie folgen am stärksten dem westlichen Trend und ernähren sich häufig von Fast-Food-Gerichten. Die Folge ist eine auffallend zunehmende Fettleibigkeit schon in diesen Altersgruppen. Generell sind 40 Prozent der Tschechen und 50 Prozent der Tschechinnen übergewichtig. Soziologen haben zudem festgestellt, dass es in der Gesellschaft eine große Toleranz gegenüber Dicken gibt. Der sozialdemokratische Regierungschef Paroubek fühlte sich zwar nicht wohl in seiner Haut, als er von Fotografen eines Prager Boulevardblatts während eines Österreich-Urlaubs reichlich unvorteilhaft in einer Turnhose abgelichtet wurde. Aber wenig später räumte er ein, dass ein ordentlicher Bauch für einen tschechischen Politiker nicht wirklich ein Makel sei. Er würde eine gewisse Sicherheit ausstrahlen. In diesem Punkt würde ihm kaum ein Tscheche widersprechen.

Glücklicherweise hat sich nicht nur das Speiseangebot durch fremdländische Lokale verbreitert – man hat sich auch von den Einheitsrezepten für die böhmische Küche getrennt, die zu sozialistischen Zeiten vorherrschten.

Das zu viele Essen und die mangelnde Bewegung haben ihren Preis. Die meisten Tschechen sterben an den üblichen, auch mit der Ernährung zusammenhängenden Zivilisationskrankheiten. Ganz oben stehen Herz-Kreislauf-Erkrankungen. Pro Kopf liegt Tschechien mit der entsprechenden Todesfallrate in einem Weltvergleich hinter Österreich auf einem unrühmlichen zweiten Platz. Beim Gewicht können in Europa einzig Griechen, Rumänen und Leute aus dem ehemaligen Jugoslawien mit den Tschechen auf der Waage »mithalten«.

Sie werden den Werbespruch aus dem deutschen Fernsehen sicher im Ohr haben: »Morgens halb zehn in Deutschland ...« Der suggeriert, alle Deutschen mit etwas Geschmack würden sich um diese Zeit genussvoll ein »Frühstückchen« einhelfen. Das ist natürlich übertrieben. Nicht annähernd so übertrieben ist es, zu behaupten, dass besagte Vormittagsstunde eine gute Gelegenheit ist, viele, sehr viele Tschechen in der Kneipe anzutreffen. Die »frühstücken« alle das Gleiche: ihr geliebtes Bier, das *pivo*. Natürlich aus dem Halbliterglas. Kleinere Gefäße sind aus tschechischer Biertrinkersicht etwas für Schwächlinge und erzeugen bei der Bestellung beim Wirt je nach Laune ein mitleidiges Lächeln oder zusammengezogene Augenbrauen. Bestellt wird in der Regel aber gar nicht. Man kommt, sitzt kaum, und hat schon ein Bier vor der Nase stehen. Auch die weiteren werden nicht speziell geordert. Der Wirt hat ja Augen im Kopf und ist sehr um seinen Umsatzplan und das Wohl seiner Gäste besorgt. Wirklich bestellen muss nur der, der dem Bier abhold ist, noch Auto fahren muss oder sonst ein schweres Leiden hat und aus diesem Grund nur alkoholfreie Getränke zu sich nehmen kann. Dass jemand Cola möchte, kann einem der Wirt beim besten Willen nicht ansehen. Und »Sonderlinge« dieser Art finden sich halt auch immer mal an der Theke ein. Generell aber gilt: Durst ist zwischen Erzgebirge, Böhmerwald und der Morava (March) ausschließlich bierlöslich, wenn man davon absieht, dass die Menschen in Mähren auch mal einem Wein den Vorzug geben und gern auch einen selbstgebrannten Pflaumenschnaps zu sich nehmen.

18 753 268 Hektoliter betrug 2005 der Ausstoß der 53 tschechischen Brauereien. Subtrahiert man davon rund 2,6 Millionen Hektoliter, die exportiert wurden, blieben immer noch mehr als 16 Millionen für den Eigenverbrauch. Das bedeutet pro Nase mehr als 160 Liter im Jahr. Das ist Weltrekord, wenn auch so ziemlich der einzige, den die Tschechen halten. Aber immerhin mit erheblichem Vorsprung vor Belgiern und Deutschen. Der tschechische Biertrinker legt Wert darauf, dass das Bier aus seinem Land stammt. Ich erinnere mich gut, wie vor meinem ersten Weihnachten in Prag 1990 bayerische Brauereien versuchten, den Nachbarn ihre Erzeugnisse in den entstehenden Supermärkten schmackhaft zu machen. Neugierig ist der Tscheche auch. Also

kaufte er mal eine Flasche. Dabei blieb es aber auch. Einmal und nie wieder, lautete der allgemeine Slogan. Der Patriotismus in Sachen Bier hält auch wunderschöne Witze bereit. Zum Beispiel diesen: »Sitzen drei Vertreter bedeutender Brauereien in einem Wirtshaus. Der von Heineken bestellt ein Heineken, weil es aus den besten Rohstoffen hergestellt werde. Der Vertreter von Anheuser-Busch verlangt ein amerikanisches Budweiser, weil es das absolut beste Bier der Welt sei. Der Tscheche aus der Brauerei in Pilsen bestellt eine Cola, was die beiden anderen fast vom Stuhl wirft. Auf ihre Frage, weshalb er kein Bier bestellt habe, sagt der Tscheche lächelnd: ›Wenn Sie kein Bier bestellen, tue ich das auch nicht.‹«

Freilich trinkt der Tscheche in der Regel gar kein »tschechisches« Bier mehr. Viele der großen heimischen Brauereien sind nämlich längst in ausländischer Hand. Das *Pilsener Urquell* gehört der südafrikanisch-amerikanischen Gesellschaft SAB Miller, das *Staropramen* aus Prag ist Teil der belgisch-südafrikanischen Gruppe InBev, *Starobrno* wird geführt von der holländischen Heineken-Brauereí, und die Radeberger Gruppe war zwischenzeitlich Eigner der Brauerei in *Krušovice.* Das stört aber den Tschechen nicht sonderlich, sind doch die Rezepturen seines Biers nach wie vor die alten.

Das einzige Stück wirklichen tschechischen Bier-Familien-Silbers, was in tschechischer Hand geblieben ist, ist die Brauerei *Budějovický Budvar*, also das Brauhaus, in dem das tschechische *Budweiser* hergestellt wird. Feuchte Kälte und ein süßlicher Geruch kriechen durch den lang gestreckten Keller der südböhmischen Brauerei unweit des Ortseingangs von České Budějovice/Budweis. In gewaltigen Tanks döst die Flüssigkeit vor sich hin, bis sie nach 70 Tagen eine Perle böhmischer Braukunst genannt werden darf: 12-grädiges *»Budvar«*. Ein köstliches Nass, bernsteingelb, geprägt von nordböhmischem Hopfen und südmährischer Malzgerste. »Bei den hier herrschenden zwei Grad Celsius Raumtemperatur schmeckt das Bier am besten«, schwört Dana Zdvihálová, während sie einen leicht verbeulten, metallenen Seidel reicht, gefüllt mit einem von steifem Schaum gekrönten, ordentlichen 2-Liter-»Probeschluck«. Frau Zdvihálová ist die stellvertretende Gütekontrolleurin bei *»Budvar«*.

Als ich sie und ihre Kollegen Ende der 90er Jahre besuchte, tobte ein regelrechter Kampf um die Brauerei. Der weltgrößte

Brauereikonzern Anheuser-Busch versuchte, sich einen kräftigen Aktienanteil zu sichern. In der örtlichen Presse veröffentlichte er ganzseitige Anzeigen. Dort priesen die Amerikaner ihre Erfahrungen im Bierbrauen an, von denen auch die Tschechen unbedingt profitieren sollten. Doch in Wahrheit ging es ihnen um die Schutzmarke »*Budweiser*«. Sie brauen ein Bier gleichen Namens, dessen Qualität aber nicht annähernd mit dem der tschechischen Kollegen mitzuhalten vermag. Jiří Boček, der Generaldirektor von »*Budvar*«, erzählt bei einem Bier die Geschichte des Herrn Busch, eines im 19. Jahrhundert ausgewanderten Deutschen, der sich eines Tages auf den Weg aus der Neuen Welt in die alte Heimat aufmachte, um Rezepte für einen Gerstensaft zu sammeln, welcher auch bei der Biertrinkergemeinde in Übersee Beifall finden könnte. Seither braut man in Amerika nach Budweiser Art. Und bald entbrannte der Kampf um die Schutzmarke. An der hängen die Vertriebsrechte, und die liegen derzeit für die meisten Länder Europas, aber auch für Japan oder Israel, in den Händen der Tschechen. Die Amerikaner fuhren schwere Geschütze auf, um »*Budvar*«, einen vom Ausstoß her vergleichsweisen Mickerling, aus diesem Markt herauszudrängen. Per Gerichtsentscheid gelang ihnen das auch schon verschiedentlich. Anheuser-Busch würde die Klagen alle fallen lassen, aber nur bei einer Beteiligung in Südböhmen. Das »Problem« ließe sich dann »einvernehmlich« lösen. Der Witz an der Sache ist der, dass die Amerikaner bestimmen wollen, was »einvernehmlich« heißt, weshalb der Streit andauert. »*Budvar*« schreibt seit eh und je schwarze Zahlen, kann seit der »Wende« den Gewinn endlich auch im eigenen Betrieb investieren und ist so nicht auf eine ausländische Beteiligung angewiesen. »Obwohl der europäische Binnenmarkt eigentlich gesättigt ist, setzen wir von Jahr zu Jahr bei unseren Kunden mehr Bier ab, namentlich auch in Deutschland.« Schlechter sieht es mit dem Absatz in Böhmen und Mähren aus. Die gestiegenen Bierpreise infolge der Mehrwertsteuererhöhung haben das Käuferverhalten nicht unbeeinflusst gelassen, obwohl die Tschechen das Biertrinken nach wie vor nicht nur als durstlöschende Maßnahme begreifen, sondern als eine »Kulturtat«.

Das Geheimnis des einzigartigen Wohlgeschmacks von »*Budvar*« hängt mit der milden Süße zusammen. Die Brauer in Südböhmen setzen weniger Hopfen zu als beispielsweise die Kollegen in Pilsen. Dafür ist »*Budvar*« mit einem höheren Alkoholge-

Das legendäre Pilsener Urquell ist längst nicht mehr in tschechischer Hand, sondern gehört inzwischen der südafrikanisch-US-amerikanischen Gesellschaft SAB Miller.

halt ausgestattet. Das eigentlich Einmalige aber ist das Wasser. »Das beziehen wir aus einem artesischen Brunnen«, sagt Dana Zdvihálová, »320 Meter unter der Stadt. Und schließlich ist da die durch nichts zu ersetzende Erfahrung, die uns die Braumeister aus grauer Vorzeit übermittelt haben.« Dank ist da dem König Přemysl Otakar II. abzustatten. Er gründete nicht nur die Stadt, sondern verlieh ihren Bürgern auch von Beginn an das Braurecht.

In Tschechien geht man traditionell besonders pfleglich mit dem Gerstensaft um. Man stürzt ihn nicht einfach so die Kehle runter. Zuerst prüft man mit dem Handrücken an Glas oder Flasche die Temperatur. Wer sich vom Wirt einen Krug zapfen lässt, temperiert das Gefäß vorab zu Hause mit kaltem Wasser, das erst vor der Kneipentür ausgeschüttet wird. Das kühle Bier aus dem Hahn soll ja schließlich keinen Schock bekommen, wenn es in den Krug rinnt. Flaschenbier wird ein ordentlicher Tscheche nur im Hochsommer im Kühlschrank lagern. Besser ist ein Balkon zur Nordseite, ganz ohne Sonne. Als »Geheimwaffe« aber gilt die siebte Kellerstufe. Verewigt wurde dieser kühle Tipp in der bezaubernden Filmkomödie »Vesničko má středisková« (Dörfchen, mein Dörfchen) des Oscar-Preisträgers und Biertrinkers Jiří Menzel. Dort fragt der Dorfarzt (gespielt von Rudolf Hrušínský, dem tschechischen Jean Gabin) den Lkw-Fahrer (verkörpert von Marián Labuda), wie er denn auf den Dreh mit der siebten Stufe gekommen sei. Labuda hebt die Arme, gestikuliert ein bisschen, schaut Hrušínský verschmitzt an und sagt: »Das war ganz einfach: Auf der achten Stufe war es zu kalt und auf der sechsten zu warm.«

Eine der großen tschechischen Brauereien glaubte aus diesem hochwissenschaftlichen Umgang der Tschechen mit ihrem Lieblingsgetränk Kapital schlagen zu können. Sie entwickelte ein »Zauberetikett« für ihre Flaschen. Ein spezielles Logo darauf werde angeblich erst bei der Idealtemperatur sichtbar. Da Biertrinken in Böhmen aber eine sehr ernste Sache ist, nahm die honorige »Gesellschaft für Materialprüfung« die revolutionäre Neuheit unter die Lupe. Das Ergebnis war niederschmetternd. Das Logo war am besten bei null Grad Celsius zu lesen und verflüchtigte sich erst bei ebenso un(v)erträglichen 15 Grad. Es handelte sich also um reinen Werbe-Schnickschnack. Die Tschechen ignorierten denn auch tapfer diese Weltneuheit auf dem Biermarkt und vertrauten lieber weiter der siebten Stufe. (Das Geheimrezept soll dem Vernehmen nach auch außerhalb Tschechiens funktionieren.) Es gibt natürlich auch eine Kehrseite des erheblichen Alkoholkonsums der Tschechen, wovon selbst das Parlament nicht verschont blieb. Der Abgeordnete Petr Kott verpasste im Herbst 2003 mehrere wichtige Abstimmungen, da er am helllichten Tag sturzbetrunken in einer Kneipe im Unterhausgebäude versackt war. Das ärgerte seine bürgerlich-demokratische ODS besonders, wollte sie doch gerade bei diesen Abstimmungen versuchen, die sozial-liberale Regierung des Premiers Vladimír Špidla zu stürzen. Bei einem Machtverhältnis von 101 zu 99 Abgeordneten zwischen Regierungslager und Opposition zählt schließlich jede Stimme. Kotts Parteiführung schäumte mehr als jedes Pilsner. Sie forderte den Abgeordneten ultimativ auf, sein Mandat zurückzugeben und das Parlament zu verlassen. Als der sich, wieder ausgenüchtert, weigerte, wurde er zumindest aus der ODS-Fraktion ausgeschlossen. Die wichtigste Folge des Ausrasters von Kott aber war eine andere: Parlamentspräsident Lubomír Zaorálek wies an, dass ab sofort in der Stehkantine unmittelbar vor dem Sitzungssaal kein Alkohol mehr ausgeschenkt werden darf. Die Abgeordneten hätten eine Vorbildfunktion zu erfüllen, und das sei mit öffentlich werdenden Alkohol-Eskapaden nicht vereinbar.

Kurze Zeit später wurde das Thema breit wie nie debattiert. Die Zeitschrift *»Týden«*, vergleichbar mit *»Spiegel«* oder *»Focus«*, widmete ihm gar eine Titelstory unter der Überschrift »Saufen auf Tschechisch«. Chefredakteur Dalibor Balšínek verteidigte die »etwas vulgäre Wortwahl« mit der Tatsache, dass die tschechische Gesellschaft wie kaum eine andere in Europa bislang gefährlich tolerant mit dem Thema Alkohol umgehe. Dies sei auf Dauer nicht hinnehmbar. Die Fakten sprechen eine harte Sprache: Nach Portugiesen und Iren haben die Tschechen mit jährlich pro Kopf 15 Litern reinem Alkohol einen traurigen Spitzenplatz inne. Jeder vierte Bewohner über 15 Jahre betrinkt sich mindestens zweimal in der Woche. Eine Million der insgesamt zehn Millionen Tschechen haben ernste Alkoholprobleme, 300 000 Menschen gelten darüber hinaus als Alkoholiker. Unter Alkoholeinfluss werden jährlich an die 10 000 Verkehrsunfälle verursacht. Fünf Prozent aller Ehen scheitern wegen der Trinkgelage eines der Partner. Die Mehrheit der Fälle von Gewalt in den Familien ist auf Alkoholkonsum zurückzuführen.

Das Problem beginne schon in frühem Alter, beklagen die Fachleute. »Ein junger Mensch, der mit Freunden im Wirtshaus sitzt, steht unter schrecklichem Druck, sich zu betrinken. Es gilt der Spruch: ›Wer trinkt, stirbt, wer nicht trinkt, stirbt auch. Also lieber trinken.‹ Dagegen versagen alle rationalen Argumente«, sagt Boris Hybner, der sich seit Jahrzehnten beruflich mit Alkoholikern befasst. Nichttrinker hätten es in der tschechischen Gesellschaft schwer, zählten zu »komischen Außenseitern«. »Normale Leute« würden Abstinenzler in ihrer Umgebung nicht gern haben, weil sie in ihnen ein schlechtes Gewissen erzeugten. Es gebe kaum eine Gelegenheit, bei der kein Alkohol getrunken werde. Auf den Fotos der »Gesellschaftsseiten« in den Boulevardmedien hat fast immer jemand ein Glas in der Hand. Selbst Spitzensportler gehören zu den regelmäßigen Trinkern. Hauptsponsor der tschechischen Fußball-Bundesliga ist ein großes Brauhaus, und auch die Nationalspieler schleppen nach Heimspielen ein überdimensionales Pack mit Büchsen in ihre Autos, und das unter den Augen von Fußballanhängern im Kindesalter. Als der Eishockey-Crack Patrik Eliáš einst mit dem gewonnenen Stanley-Cup der nordamerikanischen Liga durch die tschechische Provinz tourte, rieben sich die begleitenden Journalisten verwundert die Augen. Eliáš trank aus dem riesigen Pokal allen Ernstes Juice. Die Kommentare darüber fielen erwartungsgemäß hämisch aus.

Die politischen Parteien setzen seit Jahren bei ihren öffentlichen Wahlkampfauftritten auf Alkohol. Wenn Sie sich jetzt an die Tucholsky-Ballade vom »Älteren, aber leicht besoffenen Herrn« erinnern, sind sie genau richtig. Bei den Sozialdemokraten wird gratis Bier, Becherovka oder Rum ausgeschenkt, bei der ODS Whisky, Bier und Wein, bei den Christdemokraten Wein und Pflaumenschnaps, bei der Freiheitsunion Whisky und Fernet Branca und bei den Kommunisten Bier und Wodka. Berühmt-berüchtigt war der Hang von Ex-Premier Miloš Zeman zum Becherovka, mit dem er obendrein auch noch öffentlich bei jeder Gelegenheit kokettierte. Und das 2003 erlassene Verbot des Alkoholverkaufs vor dem parlamentarischen Sitzungssaal half auch kaum: Im Parlamentsgebäude gibt es zum einen noch zwei andere reguläre Gaststätten. Und zum anderen wird vor allem in den Büros der Abgeordneten reichlich gebechert.

Karel Nešpor, Psychiater in der Trinkerheilanstalt Prag-Bohnice, sieht das Grundübel darin, dass man in Tschechien »sen-

Tschechiens »Grundnahrungsmittel«, das Bier, wird in Halblitergläsern serviert und schnell getrunken.

timental an einer alten Tradition« hänge: »Wir sind das wohl einzige Land, in dem Bier billiger ist als Limonade.« Bemerkenswert ist, dass entgegen landläufiger Behauptungen nicht in den Zeiten Schwejks oder in der ausweglosen Zeit der kommunistischen Diktatur am meisten getrunken wurde. Der Alkoholkonsum nahm seinen richtigen Aufschwung erst nach der »Wende«. »Damit steht unser Land völlig im Widerspruch zum allgemeinen Trend in Europa«, urteilt Nešpor.

Die Politik tut sich schwer, etwas gegen diesen Trend zu unternehmen. Die frühere Gesundheitsministerin Marie Součková hatte zwar ein ehrgeiziges Programm aufgelegt: Sie wollte unter anderem regelmäßige Alkoholtests bei Beschäftigten im Verkehrswesen, bei den bewaffneten Einheiten, in der chemischen und Elektroindustrie durchsetzen. Kinder und Jugendliche sollten mit Präventivmaßnahmen vom Alkohol fern gehalten werden, die zumindest in den Schulen greifen sollen. Součková wollte zudem den Verkauf von Alkohol aus Automaten verbieten. Nur noch spezialisierte Geschäfte und eigene Abteilungen in den Supermärkten sollten zum Verkauf berechtigt werden. Doch die anderen Minister blockten das Programm ab. Für den Psychiater Nešpor gibt es dagegen nur einen Weg, den Alkoholmissbrauch zu bekämpfen: »Alle Regierungen redeten bisher über die Marktkräfte des Kapitalismus. Doch an die Preise für Alkohol ging keine heran.« Nur ein kräftiger Preisanstieg, verbunden mit schärferen Regeln für die Alkoholwerbung, könne die Leute abhalten, sich regelmäßig zu betrinken. »Der Staat muss schließlich auch Jahr für Jahr Milliarden für die Heilung von Alkoholkrankheiten ausgeben.«

Um dieses Kapitel nicht so düster ausklingen zu lassen, noch eine Geschichte aus dem Dezember 2005. Da nämlich knallten in den malerischen dörflichen Landstrichen Mährens die Korken noch vor Silvester. Denn dort beherrscht man wie kaum sonst irgendwo die Kunst des Destillierens. Aus dem fernen Prag kam nun die freudige Nachricht, dass die Abgeordneten des Parlaments den Tatbestand aus dem Strafgesetzbuch, wonach »die Herstellung oder Aufbewahrung von Einrichtungen zur Erzeugung von Alkohol« strafrechtlich verfolgt wird, endlich gestrichen haben. Die etwas umständliche Formulierung verstand jeder hier auch noch nach mehreren Stamperln: Der Gesetzgeber hatte das private Schnapsbrennen legalisiert.

Nun hat die Leute zwar noch nie wirklich interessiert, was das Gesetz von dieser beliebten Freizeitbeschäftigung hielt. Es galt immer der Spruch: »Zu Hause wurde gebrannt, wird gebrannt und wird auch in Zukunft gebrannt werden.« Auch kam es äußerst selten vor, dass die Polizei einschritt, wenn ruchbar wurde, dass da jemand heimlich Slibowitz oder ähnliche geistige Getränke selbst produzierte. Statistiken der »Union zur Herstellung von alkoholischen Getränken« sagen, dass rund ein Viertel aller in Tschechien produzierten Schnäpse heimlich gebrannt wird. Doch es ist irgendwie beruhigender, wenn niemand aus der Familie mehr Schmiere stehen muss, wenn der Destillierapparat in Betrieb genommen wird.

Nicht alle waren glücklich über die Neuregelung. Vor allem die großen Brennereien und der Zoll, der aus Steuergründen über die Herstellung von Schnaps wacht, entfachten einen regelrechten Sturm der Entrüstung. Doch der endete wie ein Sturm im Schnapsglas. Strafbar, so sagt es das neue Gesetz, macht sich nur der, der es mit der Brennerei übertreibt und mehr als 300 Liter reinen Alkohols jährlich in seiner Hütte produziert.

Aber Hand aufs Herz – wer braucht schon solche Mengen für den Eigenbedarf? Zumal der Trend zum Schnaps in Tschechien rückläufig ist. Jaroslav Malučký vom »Verein zur Erhaltung der Traditionen in der Walachei« fand am Rande einer in Vsetín abgehaltenen »Slibowitz-Weltmeisterschaft« auch eine Erklärung für den Rückgang des Schnapskonsums: »Die Leute kämpfen mehr als je zuvor um ihren Arbeitsplatz, wollen nicht unangenehm auffallen und trinken lieber nur noch am Wochenende.« Schließlich ist der Geruch von Pflaumenschnaps deutlich zu bemerken. Und David Binar vom »Forum für einen verantwortungsbewussten Konsum von Alkohol« machte auf den veränderten Lebensstil vieler Menschen aufmerksam. »Sie achten einfach mehr auf ihre Gesundheit und müssen heute auch mehr Auto fahren als früher.« Und das geht in Tschechien weiterhin nur mit null Promille.

Kaffeehaus-Kultur

Im Prager Café »Slavia« bestellt jemand das kommunistische Parteiorgan »*Rúde právo*«. »Tut mir leid, die Zeitung erscheint nicht mehr«, erwidert der Ober. Doch der Gast nervt weiter mit seiner Bitte. Am Ende langt's dem Kellner: »Wie oft soll ich's Ihnen denn noch sagen, »*Rúde právo*« gibt's nicht mehr!« – »Seien's nicht bös«, sagt der Gast. »Ich hör's halt so gern.« Ein Prager Witz aus Revolutionszeiten, der Anfang der 90er Jahre nur mit Bitterkeit erzählt wurde.[28] »*Rúde právo*«. gibt es nämlich immer noch, auch wenn das Blatt nun »*Právo*« heißt. Das Café »Slavia« aber, durch dessen große Fenster man seit 1881 je nach Sitzplatz auf das Nationaltheater oder über die Moldau hinweg zur Burg sehen konnte, war geschlossen.

Intellektuelle Größen der Stadt hatten hier ihren »Türkischen« geschlürft: Smetana, der im Haus wohnte, oder Karel Čapek gehörten dazu, auch Thomas Mann. In den 60er Jahren kamen Vertreter der vom Staat gedemütigten Elite: Filmemacher Miloš Forman oder dessen Freund, der Dramatiker Václav Havel. Ein anderer Freund Havels aus Dissidentenzeiten, Zdeněk Urbánek, sorgte nach 1989 unfreiwillig für das jähe Ende des Kult-Cafés.

Als Rektor der musischen Akademie, die in dem Haus ihren Sitz hat, unterzeichnete er einen für 50 Jahre gültigen Mietvertrag mit einer Firma im fernen amerikanischen Boston. Der Vertrag enthielt keinerlei Verpflichtungen zur Sanierung und Neueröffnung; folgerichtig tat sich auch nichts.

Anfang November 1993 bekam der Fall eine politische Dimension. Ex-Stammgast Havel, inzwischen zum Präsidenten aufgestiegen, rief zur Unterstützung einer Petition an die Pächter in Boston auf, das Café sofort wieder zu öffnen. Wenn sich am geschlossenen Zustand des Cafés nichts ändere, würde das »die Beziehungen der Prager Intellektuellen zum Kapitalismus und zu den USA ernsthaft belasten«. Tage später nahmen Studenten die *Kavárna* im Handstreich. 14 Tage lang balancierten sie ungeübt Tabletts, den Kaffee gab es gratis. Spenden waren freilich willkommen. Die Spezies von einst ließen nicht lange auf sich warten. Jiří Dienstbier rekelte sich in einer Sofaecke, der Jazzmusiker Michal Kocáb, der nach der »Wende« den Abzug der Russen ausgehandelt hatte, der Schriftsteller Ota Filip, der dem Café ein ganzes Buch gewidmet hat. Dazwischen Studenten, amerikanische Schickeria-Typen, die kein Wort Tschechisch konnten, oder feingemachte ältere Damen, mit Hütchen und Handschuhen Kekse knabbernd.

Zwei Wochen währte das illegale Provisorium. Es folgten Gerichtsverhandlungen, um den Mietvertrag mit der Firma in Boston kündigen zu können. Die anschließende Ausschreibung zur Neuvermietung gewann eine tschechische Gesellschaft. Der aber ging das Geld für die Sanierung aus. 1996 fand sich ein potenter Investor. Am 17. November 1997 dann, dem Jahrestag des Beginns der »Samtrevolution«, erfolgte die Wiedereröffnung. Präsident Havel wollte sie persönlich vornehmen, hieß es auf der Titelseite einer Prager Zeitung. Nicht irgendeiner Zeitung, es handelte sich um »*Právo*«.

Havel konnte dann doch nicht kommen, war ans Krankenbett gefesselt. Sein Kanzler Ivan Medek verlas wenigstens Grußworte seines Chefs. Die Auferstehung des »Slavia« sei »ein kleiner Sieg über die Dummheit«, hieß es darin. Den Gästen wurde einiges geboten: Sekt, eine fünfstöckige Torte, ein riesiger südböhmischer Hecht, Moldaukrebse, Spanferkel und manche Leckerei aus der hauseigenen Patisserie. Pavel Kohout, einer der Gäste, sprach die Überzeugung aus, dass die Kaffeehaus-Kultur wieder an die Moldau zurückgekehrt sei.

Das legendäre Kaffeehaus »Slavia«, in dem einst die Dissidenten verkehrten.

Ganz so war es nicht. Das Kaffeehaussterben ging zunächst weiter. Ähnlich hart traf es die beliebten Schnellrestaurants, in denen die *chlebíčky*, angeboten wurden, Weißbrotschnittchen, belegt mit Salami, Käse, Ei, Schinken oder Salaten. Dafür boomten an jeder Ecke die Fast-Food-Restaurants, wie man sie in aller Welt findet.

Mittlerweile ist das Pendel wieder zur anderen Seite ausgeschlagen, wie so oft im Nachwende-Tschechien. Es macht wieder Spaß, in die Cafés zu gehen, die wie Pilze aus dem Boden schießen, über Gott und die Welt nachzudenken, den Rauchschwaden zuzusehen, Gäste zu beobachten, Zeitungen zu lesen und auch einen ordentlichen Kaffee zu trinken. Den bekommt man inzwischen in allen möglichen Ausführungen, wenn man Glück hat, sogar noch mit Live-Musik, wie im Café des Jugendstil-Hotels »Europa« am Wenzelsplatz. Nur eines fällt den Inhabern der Häuser noch schwer: zu begreifen, dass zum Espresso auch ein Glas Wasser gehört. Gratis natürlich – was in Wien, dem Vorbild vieler Kaffeehäuser von Prag, selbstverständlich ist. Aber vielleicht setzen sich die Prager auch in dieser Frage bewusst von den Österreichern ab – den Habsburgern zum Trotz.

Vitalis oder der Tscheche als Bücherwurm

Als die sonst so träge unter den Prager Brücken dahingleitende Moldau im Sommer 2002 verrückt spielte, ertrank in ihren Fluten auch ein Unikat – der kleine Vitalis-Verlag, den zehn Jahre zuvor ein aus der Steiermark zugereister, Prag zugeneigter Arzt aus der Taufe gehoben hatte. Harald Salfellner und seine Mitarbeiter waren der Verzweiflung nahe, als Enten und Schwäne vor dem hübschen Laden am Klárov-Platz kreuzten. Der Laden und das Lager waren bis unter die Decke abgesoffen. Zehntausende Bücher wurden ein Raub der übel riechenden schlammigen Brühe. Ein mühsames Aufbauwerk war vernichtet, der erste und einzige deutsche Verlag in Prag versunken, wie die einstige Symbiose von Tschechen, Juden und Deutschen. Gerade der Prager Literatur hatte sich Salfellner angenommen, Werke von Kafka und Kisch, Werfel und Brod, Hašek und Urzidil, Rilke und Raabe dem Vergessen entrissen und hübsch illustriert herausgegeben. Welch Unterfangen! Doch es funktionierte. Die beiden Läden, der eine auf der Kleinseite, der andere im Goldenen Gässchen auf dem Burgareal, sind längst kein Geheimtipp für deutschsprachige Gäste Prags mehr.

Salfellner ist nicht nur Herausgeber. Er schreibt auch selbst, geht den alten Geschichten nach, die kaum noch jemand erzählen kann, und bewahrt sie davor, dass sie ungelesen bleiben. Und er knüpft zugleich an die alte Kaffeehaus-Kultur an, veranstaltet dort literarische Abende. Der leider schon verstorbene Hugo Rokyta hat dort wiederholt aus seiner dreibändigen »Kulturgeschichte der Böhmischen Länder« gelesen, die jedem empfohlen sei, der sich näher mit Prag und Böhmen und Mähren beschäftigen möchte. Ich habe im Laufe der Jahre zahlreiche Schätze in dem kleinen Laden am Klárov-Platz geborgen, und viele davon gehören zu meinen Lieblingsbüchern. Hartmut Binders wunderbarer Bildband über die Prager Kaffeehäuser, »Wo Kafka und seine Freunde zu Gast waren« beispielsweise. Der opulent ausgestattete Band entführt den Leser in die versunkene Welt an der Moldau, verarbeitet über dreihundert historische Fotografien und zahlreiche unbekannte Schriftzeugnisse zu einem faszinierenden Bild der Kaffeehäuser, Varietés und Nachtlokale, die die Stadt an der Moldau in den letzten Jahren der Monarchie und in der Zeit zwischen den beiden Weltkriegen zierten.

Der Verlag ist für seine Arbeit unter anderem mit einem Preis der Stiftung Ostdeutscher Kulturrat ausgezeichnet worden. Doch nicht das war es, was Salfellner nach der Tragödie 2002 ermunterte, von vorn anzufangen. Es waren die traurigen Blicke von Spaziergängern in die Müllcontainer vor dem Laden, in dem sich die durchnässten, schimmelnden und verschmierten Literaturkadaver stapelten. Bücher sind mehr als eine übliche Handelsware. Der Neuanfang ist Salfellner gelungen – auch mit Hilfe von Verlagskollegen aus Deutschland. Und es gibt nichts Schöneres, als sich an einem freien Nachmittag bei Vitalis ein Buch zu kaufen und drei Schritte weiter in einen der Gärten zu gehen, wo man ganz ungestört auf einer Bank bis in die Dämmerung hinein schmökern kann.

Bücherlesen gehört bis heute zu den Lieblingsbeschäftigungen der Tschechen generell. Der Spruch »*Co Čech, to knihomol*« (Jeder Tscheche ist ein Bücherwurm) trifft zu. Pro Jahr kommen an die 15 000 neue Werke auf den Markt, 40 am Tag, was für ein kleines Land wie Tschechien erstaunlich viel ist. Freilich findet man darunter auch manches, was man getrost nicht lesen muss – Übersetzungen fragwürdiger amerikanischer Unterhaltungsliteratur etwa. Doch bei den Autogrammstunden einheimischer Autoren in den Buchhandlungen stehen sich die Tschechen gern auch mal die Beine in den Bauch. Früher, zu sozialistischen Zeiten, kam die neue Ware an jedem Donnerstag in die Läden. Die Auflagen waren in der Regel viel zu klein, um die Nachfrage befriedigen zu können. Für ein neues Buch von Hrabal schliefen die Interessenten auch schon mal eine Nacht vorher vor den Geschäften. Das Verlegen von tschechischer Belletristik ist heute jedoch ein Verlustgeschäft. Die Auflagen sind eher gering, was allerdings auch mit dem kräftigen Preisanstieg für Bücher zusammenhängt. Zwar zahlt man für ein durchschnittliches Buch nicht sehr viel mehr als umgerechnet acht bis zehn Euro. Früher lag der Preis jedoch bei einem Fünftel. Umso erstaunlicher, dass es in Prag, mitten am Wenzelsplatz, heute zwei große Buchhäuser gibt, die sich über mangelnde Kundschaft nicht beklagen können – die Buchhandlung der tschechischen Buchhändlerdynastie Kanzelsberger und der Palast der Bücher *(Palac knih)*. Sie leben maßgeblich von der konstant hohen Nachfrage für Fach- und Sachbücher. Auch die gut geführten Abteilungen mit preiswerter fremdsprachiger Literatur erfreuen sich regen Zuspruchs. Besonders schön ist, dass man in den großen Buch-Häusern nicht mehr wie früher von einer Verkäuferin hinter der Ladentheke abgefertigt wird, sondern selbst auswählen und in Sitzecken oder Cafés, wo es auch regelmäßig Lesungen und Autorentreffen gibt, in Ruhe schmökern kann.

Fernsehen und Film

Alle Jahre wieder zum Weihnachtsfest sind Tschechen und Deutsche in einem Punkt fest vereint: Sie schauen sich den Film »Drei Haselnüsse für Aschenbrödel« an, eine Koproduktion zwischen den Filmstudios in Barrandov und Babelsberg, mit Stars aus der Tschechoslowakei und der DDR. Garantiert einer der vier tschechischen Sender strahlt den Streifen aus, in Deutschland ist er der Renner in den Dritten Programmen, wurde Weihnachten 2005, wenn ich richtig gezählt habe, acht Mal gezeigt. Tschechen wie Deutsche kennen die Szenen längst auswendig, in die Hauptdarstellerin Libuše Šafránková haben sich schon mehrere Generationen verliebt. Der Film, nach einer Adaption des Aschenputtelmotivs durch Božena Němcová entstanden, ist von den Tschechen zum schönsten Märchenfilm aller Zeiten gekürt worden. Zu Recht.

Auch andere Märchenfilme genießen in beiden Ländern gleichermaßen Kultstatus. Serienhits wie »Pan Tau«, »Der kleine Maulwurf«, »Luzie, der Schrecken der Straße«, »Die Besucher« oder »Die Tintenfische aus dem 2. Stock« avancierten zu einem Markenzeichen und spülten überdies erhebliche Valutamittel nach Barrandov. Verdient gemacht hat sich hierbei vor allem der Westdeutsche Rundfunk, wo man sehr rasch auf die Kreativität der Filmemacher im Nachbarland aufmerksam geworden war. Bis heute ist der kleine Maulwurf ein von den Kindern in Deutschland geliebter Stammgast in der »Sendung mit der Maus«. Zu erwähnen sind zudem Streifen wie »Die kleine Meerjungfrau«, »Die wahnsinnig traurige Prinzessin«, »Mit dem Teufel ist nicht gut spaßen« oder »Wie man Doktor Mráček ertränkt oder Das Ende der Wassermänner in Böhmen«. So schön diese Filme sind: Eigentlich entstanden sie alle aus einem traurigen Anlass heraus. Ihre Schöpfer waren nach dem zerstörten Prager Frühling teilweise mit jahrelangem Berufsverbot belegt worden und suchten einen Ausweg aus ihrer persönlich niederdrückenden Lage. Und so fanden sie ihr Refugium in den Märchenfilmen, die sowohl zeitlos als auch »unverdächtig« waren.

Herausragende abendfüllende Filme für Erwachsene blieben jedoch in der Zeit der politischen »Normalisierung« eher Mangelware. Menzels »Haaropfer« nach einer literarischen Vorlage von Bohumil Hrabal lässt sich hier nennen oder auch die schon zitierte Komödie »Dörfchen, mein Dörfchen« vom selben Regisseur. Für gute Geschäfte für Barrandov sorgte in den 70er und 80er Jahren vor allem das tschechoslowakische Fernsehen. Eine Serie nach der anderen wurde da produziert, die auch in die Bundesrepublik exportiert wurden wie etwa »Das Krankenhaus am Rande der Stadt«, die als die »Mutter« aller Krankenhausserien gilt und auch zur »Schwarzwaldklinik« inspiriert haben soll. Weit mehr noch kaufte das DDR-Fernsehen auf, darunter die vordergründig spannende Serie »Die Kriminalfälle des Major Zeman«. Besagter Major Zeman war jedoch kein normaler Kriminalkommissar, sondern stand im Dienst der Prager Staatssicherheit. Als das tschechische Fernsehen nach der politischen Wende Zemans Fälle neuerlich aufführte, tobte ein erbitterter öffentlicher Streit darüber. Mit einiger Verständnislosigkeit nahmen die Tschechen auch zur Kenntnis, dass einige dritte Programme der ARD nach der deutschen Einheit die realsozialistisch kitschige Serie »Die Frau hinter dem Ladentisch« wieder aufführten. Die Titelheldin wurde von der nur mittelmäßigen Schauspielerin Jirina Švorcová verkörpert, die als verhasste Präsidentin des Theaterverbandes in der Zeit der »Normalisierung« Dutzenden Dissidenten die Karriere zunichte gemacht hatte.

Nach 1989 gab es dann immer wieder solche Szenen wie die aus dem Jahre 2001, als es in der Prager Altstadt zu einem Auflauf kam. Am Schaufenster eines Antiquitätengeschäfts drückten sich Neugierige die Nasen platt, gestikulierten wild, kreischten vor Aufregung und Vergnügen. Die Käufer drinnen, denen der plötzliche Auflauf galt, waren keine Normal-Sterblichen: Hollywood-Superstar Bruce Willis, dessen nicht minder berühmte Ex-Gattin Demi Moore und die drei gemeinsamen Kinder. Erst eine herbeigerufene Polizeistreife sicherte den Prominenten »freien Abzug«. Action-Held Willis ließ tags darauf in den Prager Zeitungen ein Dankschreiben für das »höchst professionelle

Verhalten« der Uniformierten veröffentlichen. Der 46-Jährige drehte seinerzeit auf einem ehemaligen Militärgelände nördlich der tschechischen Hauptstadt den Film »Hart's War«, in dem er einen Kriegsgefangenen spielte. Die Dreharbeiten waren top secret. Umso begieriger griffen die Boulevardjournalisten alles auf, was sich sonst so in Erfahrung bringen ließ: Willis wohnte im teuersten Hotel am Platze, direkt an der Moldau, mit Traumblick auf Karlsbrücke und Hradschin. Abend für Abend sei er durch die Prager Kneipen gezogen, habe regelmäßig ein »unbedingt blutiges Steak« geordert, »erhebliche Mengen« Tequila getrunken und sich kubanische Zigarren schmecken lassen. Aus »absolut zuverlässigen Quellen« war auch die Rede von einer »beachtlichen Zahl« Damen eines professionellen Escort-Services, die dem Superstar die Nächte verkürzt hätten. Ob Dichtung oder Wahrheit, Willis selbst sah den Rummel um seine Person zumeist gelassen – wohl auch, weil er die tschechischen Zeitungen nicht lesen konnte. Fotoreportern schaute er stets freundlich in die Kamera und schon ein wenig patriotisch tschechisch – mit einer Baseball-Mütze mit dem Emblem der Barrandov-Filmstudios auf dem Kopf.

Jene Ateliers auf einem Prager Hügel sind längst zum »Hollywood des Ostens« geworden und haben andere europäische Standorte wie Babelsberg zeitweilig abgehängt. Dass Miloš Forman hier einst seinen Oscar-Erfolg »Amadeus« drehte, war noch verständlich; immerhin ist Forman gebürtiger Tscheche. Aufregender war da schon die Produktion von Barbra Streisands »Yentl«. Mittlerweile ist man in Barrandov an große Namen aus dem Ausland gewöhnt. Joseph Vilsmaier drehte hier »Stalingrad«, Steven Soderbergh »Kafka«, Bille August »Les Misérables«, Gleb Panfilow »The Last« oder Brian de Palma »Mission Impossible« mit Tom Cruise. 2006 war die Moldaustadt die Kulisse für den neuen James-Bond-Film »Casino Royale«. Prag und Tschechien haben etwas von einer filmischen Traumkulisse, die Traumfabrik Barrandov bietet das filmtechnische Know-how dazu, und ein Produzent aus dem Westen kann seine Kosten hier um bis zu 50 Prozent senken. Drehen lässt sich praktisch alles rund um Prag, sieht man vielleicht von Seeschlachten ab. (Shakespeare irrte bekanntlich, als er im »Wintermärchen« behauptete, Böhmen liege am Meer.) Doch das macht zur Not die Trickabteilung mit sprichwörtlichem tschechischem Erfindungsreichtum wett.

Die Geschichte der Barrandov-Studios begann kurz nach der Jahrhundertwende und ist eng mit dem Namen Havel verbunden. Václav Havel, Großvater des späteren tschechischen Präsidenten, schuf zunächst am Wenzelsplatz den Kulturpalast *Lucerna,* zu dem auch ein Kino gehörte. Vorgeführt wurden dort anfangs Stummfilme, vornehm und aufwendig, nicht mit einem Pianisten, sondern einem zwölfköpfigen Orchester. Des Präsidenten Onkel, Miloš Havel, eröffnete dann 1929 im Lucerna-Kino mit dem amerikanischen Streifen »Showboat« die Prager Tonfilmära. Nachdem sich Miloš ein Jahr in Los Angeles umgesehen hatte, gründete er schließlich die Barrandov-Studios, um tschechoslowakische Filme drehen zu können. 1933 wurde auf dem Areal, das heute so groß ist wie etwa 100 Fußballfelder, der erste Film produziert. Und schon ein Jahr später sorgte der tschechoslowakische Streifen »Ekstase« von Gustav Machatý für Schlagzeilen: Auf der Biennale in Venedig, dem einzigen internationalen Filmfestival vor dem Krieg, gewann er den Hauptpreis – gegen massiven Protest aus dem Vatikan. Dort stieß man sich an einer Nacktszene mit Hedy Lamarr, was dem Film jedoch nur zusätzlich Ruhm eintrug und in Barrandov für einen weiteren Aufschwung sorgte. Ende der dreißiger Jahre waren die Ateliers vollgestopft mit dem Feinsten und Modernsten an Filmtechnik, was man weltweit finden konnte. Grund genug für die deutschen Besatzer, die Hände danach auszustrecken. Miloš Havel musste die Studios für einen lächerlichen Preis an sie verkaufen.

Fortan standen in Prag deutschsprachige Publikumslieblinge wie Hans Albers, Heinz Rühmann, Gustav Fröhlich, Hans Moser, Theo Lingen oder Viktor Staal vor den Kameras. Das Unterhaltungsgenre hatte Konjunktur, um das vom Krieg geplagte Volk bei Laune zu halten. »Hauptsache glücklich«, »Geld ins Haus« oder »Anuschka« waren einige der in Barrandov gedrehten Titel. Reichspropagandaminister Joseph Goebbels ließ drei neue Ateliers errichten und sah noch kurz vor Ende des Krieges in Prag die »deutsche Filmmetropole der Zukunft«. Kein Wunder, die Filmstudios im Reich waren lange schon den Luftangriffen der Alliierten ausgesetzt – Drehen war dort nicht mehr möglich.

Nach Kriegsende wurden die Barrandov-Ateliers durch ein Dekret Beneš' nationalisiert. Das, was nach der »Wende« damit geschah, war ein bisschen pikant. Während die Beneš-Dekrete, die u.a. die Enteignung der später aus der Tschechoslowakei vertriebenen Sudetendeutschen beinhalteten, bis heute nicht angetastet werden, machte man bei Barrandov eine Ausnahme. Per Gesetz hob man in diesem Fall die Beneš-Anordnung auf, um die Studios privatisieren zu können. Miloš Havel übrigens erhielt nie eine Krone Entschädigung dafür, dass er die Ateliers deutlich unter Wert hatte veräußern müssen.

Seine kreativste Zeit erlebte Barrandov in den 1960er Jahren, der Zeit des politischen Tauwetters. Eine neue Generation von Filmemachern, die an der staatlichen Filmakademie FAMU studiert hatte, brachte gleich mehrere Senkrechtstarter hervor. Regisseure wie Věra Chytilová, Miloš Forman, Karel Kachyna, Jan Němec, Vojtěch Jasný, Ivan Passer, Elmar Klos, Ján Kadár oder Jiří Menzel räumten mit ihren Filmen der so genannten »Neuen Welle« auf den Weltfestivals Goldene Palmen und Oscars ab. Gegen Pathos, Linientreue, Dogmatismus und Fortschrittsglauben setzten sie unkonventionelle, groteske Streifen mit regelrechten Antihelden. Sie inszenierten tragikomisch die verordnete banale Langeweile der einheimischen Provinz (Formans »Feuerwehrball«), ließen junge Frauen das Außergewöhnliche in ihrem Leben suchen (Chytilovás »Tausendschönchen«) oder konfrontierten eine vermeintlich heile Welt mit den Schrecken des Krieges (Menzels »Liebe nach Fahrplan«). Doch der bisher hinter dem Eisernen Vorhang ungekannten Freiheit der Filmkunst wurde schon bald ein Riegel vorgeschoben. In der vordersten Front der Gegner fanden sich dabei auch die orthodoxen Kulturwächter aus Ulbrichts »befreundeter« DDR, wo man die politische Sprengkraft der »Neuen Welle« besonders fürchtete.

»Der Zynismus feiert Orgien«, schrieb 1968 die »Nationalzeitung«, das zentrale Blatt der DDR-Blockpartei NDPD.[29] Als die Warschauer-Pakt-Staaten im August 1968 ihre Panzer gegen den Prager Frühling in Marsch setzten, war es auch um die neue tschechoslowakische Filmkunst geschehen. Die Regisseure wurden mundtot gemacht, einige verließen ihre Heimat. Zahlreiche Streifen wie Menzels »Lerchen am Faden« über die Liebe zweier gesellschaftlicher Außenseiter in den stalinistischen 1950er Jahren oder Kachynas bittere Satire über diese Zeit, »Das Ohr«, landeten für Jahrzehnte in den Tresoren. Auch personelle »Reinigungen« nahm man vor. Der progressive Leiter der nationalen Filmproduktion in Barrandov, Alois Poledňák, wurde gefeuert, künftig hatte ein so genannter »Zentraldramaturg« das Sagen –

mit unbegrenzten Zensurbefugnissen. Das Prager KP-Organ »*Rúde Právo*« nannte in einer Retrospektive die Generation der 1968er Filmemacher »Leute mit einer verstümmelten Persönlichkeit«, »literarische Ehrgeizlinge« und »Prediger der Dekadenz«, denen nach dem August 1968 zum Glück das Handwerk gelegt worden sei. Das Blatt räumte ein, dass die meisten der bis 1969 gedrehten Filme wegen ihrer »antisozialistischen« Tendenz nicht mehr freigegeben werden. Der neue Chef der Barrandov-Studios, Míroslav Fábera, erklärte in einem Grundsatzartikel, man sei glücklicherweise wieder zu »geistig gesunden« Werken zurückgekehrt. Die verbotenen Filme konnten zu einem großen Teil erst nach 1989 gesehen werden. Die Parallelen zur DDR-Kulturpolitik sind offensichtlich.

Nach 1990 wurde der tschechoslowakische Film in die Marktwirtschaft entlassen. Doch es verschwanden nicht nur Gängelei und Zensur, sondern auch die bis dahin üblichen Subventionen und Schutzgesetze. Kassandrarufe hallten über den Barrandov-Hügel. 2700 Angestellte mussten aus Einsparungsgründen gehen, nur 600 blieben. Der erste Generaldirektor der privatisierten Studios, Václav Marhoul, sah, wie sein Babelsberger Kollege Volker Schlöndorff Fördermittel der EU lockermachen konnte. »Wir haben bisher nicht eine einzige tschechische Bank gefunden, die in einen Film investieren wollte«, klagte er auf einem gemeinsamen Forum mit Schlöndorff. Immerhin waren sich beide aber auch darin einig, dass das europäische Kino nicht allein an fehlenden Finanzmitteln oder der Übermacht aus Hollywood krankt, sondern zu Teilen auch an der mangelnden Kreativität der Filmemacher.

1997 drohte dann tatsächlich das Ende von Barrandov. Der Mehrheitseigentümer, die Firmengruppe Moravia Steel, verpfändete Teile der Filmstadt für 120 Millionen Mark an eine Bank, vorgeblich, um das Geld in die Modernisierung von Barrandov zu stecken. Die Mittel wanderten aber in den Kauf eines stark defizitären neuen Stahlwerks in Mähren. Marhoul verlor seinen Posten, weil man »keinen Künstler, sondern einen Ökonomen« an der Spitze der Filmstudios haben wollte. Wenig später, als die Prager Treuhandanstalt zwei Milliarden Kronen für das zu erwerbende Stahlwerk forderte, vergriff sich Moravia Steel erneut an Barrandov und verpfändete auch noch den Rest des Geländes. Dass die Filmstadt heute noch existiert und nicht längst vom

Konkursverwalter heimgesucht wurde, ist nur den zahlreichen lukrativen Co-Produktionen mit westlichen Filmemachern und den Auftragswerken des tschechischen Fernsehens zu verdanken. Letzteres hält auch viele der aktuellen tschechischen Regisseure am Leben – gemeinsam mit Sponsoren aus dem Westen. Die »alte Garde« der Filmemacher mit Chytilová, Němec oder Juraj Jakubisko hat es aber zunehmend schwer. Westliche Co-Produzenten setzen mehr auf die »jungen Wilden« wie Jan Hřebejk, dessen Streifen »Wir müssen zusammenhalten« für den Oscar nominiert war, auf Saša Gedeon, Vladimír Michálek, Petr Zelenka, Filip Renč oder Alice Nellis, Leute, die ihre Regiedebüts zumeist erst nach der »Wende« vorgelegt haben. Die unbezweifelbare Lichtgestalt unter ihnen ist jedoch Jan Svěrák, der mit »Kolja« wieder einen Oscar nach Prag holte. Sein Nachfolgestreifen »Tmavomodrý svět« (»Dunkelblaue Welt«) war ebenfalls auf einen Oscar ausgerichtet, wurde aber nicht dafür nominiert. Ein kommerzieller Erfolg wurde er dennoch. Das musste er auch, hatte er doch die für tschechische Verhältnisse bislang für einen Film unvorstellbare Summe von 6,5 Millionen Dollar gekostet.

Zu den neuen Gesichtern des tschechischen Films gehört Anna Geislerová, die einen Preis nach dem anderen einheimst und deren wichtigster Streifen »Želary« für den Oscar nominiert war. Schon als 14-Jährige debütierte sie 1991. Mittlerweile hat sie mehr als 20 Filme gedreht und ist auch in internationalen Produktionen tätig. Beim Filmfestival 2006 in Karlovy Vary hatte ihr Streifen »Kráska v nesnázích« (Schönheit in Not) von Jan Hrěbejk Premiere, an dessen Drehbuch sie auch mitgewirkt hat.

Die Tschechen lieben ihre Filme, die sich auch gut gegen die vorwiegend amerikanische Konkurrenz in den Kinos schlagen. Hohe Einschaltquoten in den Fernsehprogrammen haben auch wieder einheimische Serien. Die Zeit, da man aus Interesse und Neugierde kollektiv »Dallas« und »Denver-Clan« sah, ist vorbei. Die besten Quoten haben jedoch bis heute die Nachrichtensendungen am Abend, wobei die meisten Tschechen dem Privatkanal »*TV-Nova*« den Vorzug gegenüber dem öffentlich-rechtlichen Sender »*Česká televize*« geben.

Boulevardzeitungen wie »*Blesk*« (Blitz) aus dem schweizerischen Ringier-Verlag oder kostenlose Blätter wie »*Metro*« sind ebenfalls beliebter als die seriösen Zeitungen. Zu denen gehören die liberale »*Mladá fronta Dnes*«, die konservative »*Lidové no-*

Der neue Kinostar Anna Geislerová; sie hat es bereits zu einer Oscar-Nominierung gebracht.

viny«, die bis 2008 dem deutschen »*Handelsblatt*« zugehörige »*Hospodářské noviny*« und »*Právo*«, das einstige Zentralorgan der Kommunisten. »*Právo*« ist die einzige Zeitung in tschechischer Hand. Die übrigen Blätter haben mehrheitlich deutsche Besitzer. Besonders aktiv auf dem Regionalzeitungsmarkt ist der Verlag der Passauer Neuen Presse. Redaktionellen Einfluss nehmen die deutschen Herausgeber in der Regel nicht; sie wollen schlicht Geld verdienen. Die Qualität der Berichterstattung aus den deutschsprachigen Ländern hängt in erster Linie vom Engagement der zuständigen Redakteure ab. Eigene Korrespondenten in Deutschland leisten sich nur die Nachrichtenagentur ČTK, der tschechische Hörfunk *Český rozhlas* und das öffentlich-rechtliche Fernsehen *Česká televize*. Für die Zeitungen ist das zu teuer. Umgekehrt sind nur wenige deutsche Medien mit eigenen Korrespondenten in Tschechien vertreten, die zudem meist noch die Berichterstattung über die Slowakei übernehmen. Üblich ist es, die Zeitung am Kiosk zu kaufen und dann in den öffentlichen Verkehrsmitteln zu lesen. Aber manchmal begegnet man auch noch Tschechen, die wie vor 1989 die Fahrtstrecken mit der Lektüre anspruchsvoller Wochenzeitschriften wie »*Respekt*«, »*Literární noviny*« oder dem Studium der neuen Kulturzeitung »*A2*« überbrücken.

Als Deutscher in Tschechien

Der Begriff »Böhmische Dörfer« ist sicher jedem geläufig und würde, wenn man ihn in der Spielshow »Wer wird Millionär?« erraten müsste, wohl höchstens 100 Euro einbringen. Böhmische Dörfer sind etwas, von dem man keinerlei Vorstellungen hat. Es mutet ein bisschen seltsam an, dass der deutsche Blick zum Unverständlichen nicht ein bisschen weiter reicht als bis unmittelbar hinter die Landesgrenze. Die Praxis bestätigt jedoch auch heute noch häufig genug, dass Deutsche in den USA oder Westeuropa erheblich besser zurechtkommen als bei den Nachbarn im Osten des Kontinents. Wer glaubt, Deutsche und Tschechen seien schließlich Europäer und würden sich deshalb auf Anhieb verstehen, liegt falsch. Diese Erfahrung haben vor allem viele deutsche Manager machen müssen, die nach der »Wende« nach Tschechien aufbrachen, um dort Unternehmen zu führen und mit tschechischen Kollegen zusammenzuarbeiten. Es gibt zahllose Missverständnisse zwischen Angehörigen beider Nationen, die wiederum vielfältige Hintergründe haben.

Zunächst ist es immer gut, ein paar Brocken Tschechisch zu können, ehe man zu den Nachbarn reist. Dass auch die beste Absicht zu einem Lacherfolg werden kann, habe ich am zweiten Tag meines Prag-Aufenthaltes erlebt. Ich musste tanken fahren und benötigte eine Quittung dafür. Nach einem Blick ins Wörterbuch sagte ich wohl zehnmal das tschechische Wort für Quittung, *potvrzenka*, auf. Als es dann soweit war, und ich meine Quittung erbat, verwechselte ich zwei Buchstaben; aus *potvrzenka* wurde *podprsenka*. Das Gelächter meines Tankwarts war groß: *podprsenka* ist mitnichten einen Quittung, sondern ein Büstenhalter.

Generell wird Sie jeder Tscheche bewundern, wenn Sie drei Sätze »geradeaus« in seiner Sprache sprechen. Tschechisch gehört wahrlich nicht zu den leicht zu erlernenden Sprachen dieser Welt. Sie ist vielfältiger, teilweise auch blumiger als Deutsch, und obendrein plagt man sich mit einer Grammatik herum, die mehr Ausnahmen als Regeln hat. Die Tschechen sind sich darüber im Klaren, dass Deutsch weltweit erheblich verbreiteter und für die Verständigung wichtiger ist. Umso mehr aber freut es sie, wenn sich jemand bemüht, sich in ihrer Sprache verständlich zu machen. Allerdings kann Ihre vermeintliche Sprachfertigkeit auch ganz schnell dazu führen, dass Sie ihr Gegenüber vor lauter Freude mit einem tschechischen Redeschwall eindeckt, der Ihnen nur noch die Möglichkeit lässt, ermattet die Waffen zu strecken. Die freundliche Bitte, *pomalu*, langsam zu sprechen, klärt die Lage aber sofort. Wichtiger als Fach-Tschechisch ist in jedem Fall, sich drei Sätze zum Alltag sowie ein paar Höflichkeitsformeln zu merken. Anders als in Deutschland kommt in Tschechien Kontakt sehr viel mehr über persönliche Fragen und Bemerkungen zustande. Fallen Sie nie mit der Tür ins Haus. Für fachliche Verhandlungen kommt man anfangs kaum ohne einen Dolmetscher aus.

Merken sollten sich Deutsche zudem einen eminent wichtigen Unterschied in der Mentalität: Tschechen mögen die deutsche Art, sich streng sachlich über ein Problem zu verständigen, nicht sonderlich. Erwarten Sie nie ein eindeutiges Ja oder Nein. Das macht einiges schwerer. Handelsleute staunen immer wieder über die »Fähigkeit« ihrer tschechischen Partner, Dinge ständig neu in Frage zu stellen, die längst abgehakt schienen. Das ist kein böser Wille, sondern ganz einfach normal für den Tschechen. Es bringt auch nicht sonderlich viel, einen tschechischen Partner mit strenger Miene zu fragen, ob er zusichern kann, dass der Auftrag, den man besprochen hat, pünktlich erledigt wird. Sie können ziemlich sicher sein, dass alles seinen Gang geht, wenn auch oft in letzter Minute und nur durch das sprichwörtliche tschechische Improvisationstalent. Tschechen hassen lange Sitzungen, die wiederum bei Deutschen an der Tagesordnung sind. Die fallen für unsere Nachbarn unter den Begriff der deutschen Gründlichkeit, die ihnen schlicht zuwider ist, auch wenn sie sie manchmal bewundernd zur Kenntnis nehmen. Der Tscheche ist mehr praktisch veranlagt und macht nicht erst drei Zeichnungen wie der Deutsche, ehe er anpackt. Der oft gehörte deutsche Vorwurf, die Tschechen würden es mit der Ordnung nicht so genau nehmen, ist kaum berechtigt. Mit Sicherheit aber werden Sie sich über die notorische Unpünktlichkeit Ihrer tschechischen Partner wundern. Das so genannte »akademische Viertel« könnte eine tschechische Erfindung sein. Ich jedenfalls habe es nie erlebt, dass ein Gesprächspartner einmal vor mir am vereinbarten Treffpunkt gewesen wäre. Stets war ich es, der warten musste. Aber mit der Zeit gewöhnt man sich auch daran. Bruce Lockhart, ein Brite, der kurz nach dem Ersten Weltkrieg und der Gründung der Tschechoslowakei an der Prager Gesandtschaft seines Landes tätig war, hat amüsant ein für ihn gar nicht lustiges offizielles Abendessen beschrieben, das auch heute hätte stattfinden können: »Um acht Uhr dreißig sollte das Essen sein. Um acht Uhr fünfundzwanzig langte der erste Gast an. Es war ein Adliger. Zwischen acht Uhr fünfundzwanzig und halb neun kam der ganze Adel. Um halb war nicht ein einziger Tscheche im Saal. (...) Es war mir klar geworden, dass meine Tischordnung einer Operation in letzter Stunde würde unterzogen werden müssen. Tschechen, die abgesagt oder nicht geantwortet hatten, waren gekommen. Manche, die für ihre Frauen mit zugesagt hatten, hatten diese zu Hause gelassen. Andere, die abgesagt hatten, hatten sie mitgebracht. Zwischen neun Uhr und Viertel nach neun ließen sich wiederum etliche Nachzügler blicken. Um Viertel fehlten noch immer zwei Minister. (...) Mir selbst rannen die Schweißtropfen herab. Im fiebrigen Bemühen, irgendeinen Sinn in meine arme Tischordnung zu bringen, war ich zwischen den Empfangssalons und dem Speisesaal hin und her gerannt. Nun stürzte ich ans Telefon, um die fehlenden Minister anzurufen. Während ich das Amt anklingelte, kam der eine Minister in Begleitung seiner Frau, die nicht angenommen hatte. Den anderen Minister konnte ich nicht erreichen. Um neun Uhr fünfundzwanzig kam er ganz schüchtern herein, sein Gesicht war ganz rot vor Nervosität, und seine neuen Schuhe knarrten laut auf dem Parkettfußboden. (...) Etwas nach neun Uhr dreißig setzten wir uns zum Diner. Das Essen war freilich verdorben. Die Suppe war kalt.«[30]

Eine spezielle Sitte ist es in Tschechien, sich mit dem Titel anzureden. Das rührt aus der Zeit des Landes als Teil der österreichisch-ungarischen Monarchie her und hat auch die vierzig Jahre Kommunismus überdauert. Es war für mich am Anfang etwas gewöhnungsbedürftig, als »Herr Redakteur« angeredet zu werden. Aus diesem Grunde empfiehlt sich immer, einen raschen Blick auf die Visitenkarte seines Gegenüber zu werfen. Visitenkarten sollte man demzufolge auch selbst immer dabeihaben. Der Kult mit den Titeln hat auch seine Schattenseiten. Er führt nämlich auch schon mal dazu, dass man sich Titel anmaßt, die man gar nicht tragen dürfte. An dieser Stelle reagieren die Leute einigermaßen ungehalten. Das musste unter anderem auch ein wichtiger liberaler Politiker aus der »Nachwendezeit« erfahren, der der Öffentlichkeit als promovierter Jurist bekannt war. Als ruchbar wurde, dass er sich den Doktortitel zu Unrecht ans Revers geheftet hatte, war es um ihn geschehen. Der gute Mann wurde so lange unter öffentlichen Druck gesetzt, bis er sich am Ende freiwillig aus der großen Politik verabschiedet hatte.

Wenn Sie in eine tschechische Familie eingeladen werden, müssen Sie natürlich nicht unbedingt mit Titeln herumhantieren. In jedem Fall können Sie mit großer Gastfreundschaft rechnen. Im Gegenzug gehört es mehr als zum guten Ton, der Dame des Hauses einen Strauß Blumen mitzubringen. Blumen sind in Tschechien vergleichsweise teuer. Man muss deshalb nicht mit einem Riesenstrauß aufkreuzen. Damit würde man nur den Eindruck des »reichen Deutschen« erwecken, der protzen möchte. Es macht wie häufig die kleine Geste. Anderenfalls könnte das den Minderwertigkeitskomplex verstärken, den viele Tschechen gegenüber den deutschen Nachbarn haben – unverdientermaßen. Dieser hat seine Ursache darin, dass der Durchschnittstscheche genau weiß, dass er nicht mit dem Einkommen eines durchschnittlichen Deutschen konkurrieren kann. Er vergisst dabei aber auch, dass der Deutsche für viele Dinge deutlich mehr bezahlen muss als er selbst. Sie werden jedoch kaum einen Tschechen finden, der mit einem Deutschen nicht den Zusammenhang »reich« verbinden würde.

Damit ist ein Kapitel angesprochen, das einem Deutschen in Tschechien auch erhebliche Probleme bereiten kann – der Neid, dem leider viele Tschechen unterliegen und den sie selbst als ihre »schlechteste Eigenschaft« bezeichnen. Dieser Neid bezieht sich beileibe nicht nur auf Ausländer. Wenn sich zwei Polen in der Welt begegnen, sagt man, dann umarmen sie sich, weil sie Polen sind, und sie helfen sich gegenseitig. Wenn sich aber zwei Tschechen begegnen, dann überlegt sich jeder, wie er dem anderen am besten ein Bein stellen kann. Ich selbst habe den unausrottbaren Neid vor allem in der »Autofrage« wiederholt verspürt. Es zeigte sich nämlich, dass es keine gute Idee war, mit einem Wagen zu fahren, der ein deutsches Kennzeichen trug. Als ich über viele Jahre in Ermangelung einer Garage mein Auto auf der Straße parkte, fing ich mir unverhältnismäßig oft Beulen und Dellen am Wagen ein. Einige Zeitgenossen meinten wohl, es »dem Deutschen« zeigen zu müssen: Weshalb muss der auch ein Auto fahren, das für einen Tschechen nicht so leicht zu bezahlen ist. Ich habe später daraus meine Konsequenzen gezogen und nur noch Wohnungen mit Garage gesucht. Andererseits hatte ich Anfang der 1990er Jahre auch ein höchst unerfreuliches Erlebnis auf deutscher Seite mit einem Dienstwagen, der ein tschechisches Kennzeichen trug. An einer Autobahntankstelle beschied mir da allen Ernstes ein Tankwart, ich solle woanders nach Sprit suchen: »Russenknechte bedienen wir nicht!« Ich dachte, mich verhört zu haben. Zum Erstaunen des geistig und politisch wohl etwas verwirrten Menschen verlangte ich in akzentfreiem Deutsch auf der Stelle, seinen Chef zu sprechen. Die Sache klärte sich daraufhin in Windeseile.

Wenn Sie sich auf einen privaten Besuch bei Ihren tschechischen Gastgebern vorbereiten, achten Sie bitte darauf, dass Sie nicht versehentlich ein Loch im Strumpf haben. In tschechischen Haushalten zieht man gewöhnlich die Straßenschuhe vor der Wohnungstür aus. Am besten ist es, Sie bringen sich ein paar Hausschuhe mit. An Essen und Trinken werden Ihre Gastgeber reichlich auffahren. Wundern Sie sich beispielsweise nicht, wenn Brot aus der Hand gegessen wird. Brot ist auch für die ansonsten wenig christlichen Tschechen eine Gottesgabe, die man nicht mit dem Messer schneidet. Bei offiziellen Empfängen ist das natürlich anders.

Eine andere »Spezialität« für Ausländer und damit auch für Deutsche, die sich in Tschechien niederlassen wollen, ist der Gang zu Behörden. Einmal jährlich musste man früher den schweren Gang zur Ausländerpolizei antreten, um seinen Aufenthalt verlängern zu lassen. Vor dem Amt, das sich im Prager Stadtteil Žižkov befindet, spielten sich abenteuerliche Szenen ab. Da die Behörde den Andrang nicht zu bewältigen vermochte, war es üblich, dass man sich Studenten mietete, die für einen die Nacht in der Schlange vor dem Gebäude verbrachten. Der Ton in der Behörde ist nach wie vor gewöhnungsbedürftig. Zudem muss man eine große Zahl von Dokumenten vorweisen, amtlich beglaubigte Übersetzungen zur Hand haben, die alles in allem richtig Geld kosten. Diese Besuche gönne ich meinem ärgsten Feind nicht. Seit dem Beitritt Tschechiens zur EU kommt man als EU-Ausländer glücklicherweise nur noch einmal in fünf Jahren in den zweifelhaften Genuss, bei der Ausländerpolizei vorsprechen zu müssen.

Die Tschechen nehmen Schlangen vor Ämtern deutlich gelassener hin. Alljährlich kann man sie beispielsweise Stunden geduldig vor den Finanzämtern stehen sehen, wo sie ihre Steuererklärungen abgeben. Für Deutsche wäre das der reinste Horror. Eine ähnlich seltsame Einrichtung ist der so genannte Inkasso-Tag. Die Mehrheit der Tschechen marschiert an jedem 15. des Monats zur Post, um dort die Gelder für die Nebenkosten der Wohnung einzuzahlen. Sie könnten das natürlich auch per Dauerauftrag über ihre Bank abwickeln. Zum einen aber sind die Bankgebühren in Tschechien europaweit wohl die höchsten, zum anderen ist es Tradition und erscheint vielen als sicherer. Die Schlangen vor den Postschaltern – häufig genug sind nur einer oder zwei für diese Einzahlungen zuständig, während sich die Fräuleins hinter den anderen Schaltern die Fingernägel feilen und Kaffee trinken – sind so enorm lang, dass man zu keinem anderen Schluss kommen kann. Namentlich für ältere Leute ist der Gang zum Schlangestehen allerdings eine durchaus willkommene Gelegenheit, regelmäßig mit Mitmenschen zu kommunizieren. Für Ausländer ist das interessant zu beobachten, man bekommt auch viel von der Alltagssprache mit. Wirklich erstrebenswert ist stundenlanges Anstehen allerdings nur, wenn man gar nichts anderes zu tun hat. Wer dem Inkasso-Tag aus dem Weg gehen und trotzdem Bankgebühren sparen will, der kann an jedem anderen Tag zur Post gehen; man wird sein Geld nämlich selbstverständlich auch dann los.

Rechnen Sie immer damit, dass Ihnen Tschechen auch reserviert gegenübertreten könnten. Zum einen benehmen sich viele deutsche Zeitgenossen in Tschechien häufig reichlich arrogant, was von den Tschechen dann schnell verallgemeinert wird. Deutsche haben gegenüber dem Nachbarvolk aber vor allem reichlich Schuld auf sich geladen. Angesichts der vierzig Jahre realen Sozialismus verbietet es sich namentlich für Westdeutsche, ihre tschechischen Gastgeber sofort nach ihrer politischen Einstellung vor der »Wende« zu fragen. Das wäre taktlos. Ostdeutsche haben es in diesem Punkt etwas leichter, sind sie doch unter ähnlichen politischen Verhältnissen groß geworden und haben ähnliche Biografien wie die meisten Tschechen. Völlig »neben der Spur« befindet sich der Westdeutsche, der überheblich feststellt, dass er es unter den Kommunisten nicht ausgehalten hätte, und sich wundert, wie sein Gegenüber das wohl vermocht habe. Die

Tschechen hatten keine »Westtschechen«, zu denen sie unter Umständen hätten wechseln können. Und die Tschechen, die in mehreren Schüben, nach der kommunistischen Machtergreifung 1948 oder nach dem zerschlagenen Prager Frühling 1968, ins westliche Exil gingen, haben dies nie leichten Herzens getan. Und das nicht nur wegen der für sie schweren deutschen Sprache.

Dank an die tschechischen Freunde

Es ist nie leicht, sich in der »Fremde« einzugewöhnen, selbst wenn sie geografisch nahe liegt. Wer sich entscheidet, für eine Zeit in ein anderes Land zu gehen, zumal aus beruflichen Gründen, bekommt in der Vorbereitung häufig Zweifel: Werde ich mit der Mentalität klarkommen, wie schnell beherrsche ich wichtige Dinge des Alltags, wie oft wird mir am Anfang die Sprachbarriere im Weg stehen, was sagt mein Magen zum fremden Essen? Auch uns beschlichen natürlich solche Gedanken, bevor wir 1990 in Berlin unsere Koffer packten und ins Auto luden, das uns nach Prag bringen sollte. Sorgen machten wir uns vor allem darüber, wie unsere damals 14-jährige Tochter Irene mit der Trennung von den Freunden zurechtkommen und sich in Prag einleben würde. Und es wäre gelogen, würden wir heute sagen, dass da alles problemfrei gelaufen wäre. Da floss vor allem am Anfang manche Träne, und unser mitgereister Kater Minki wunderte sich, wenn er öfter als sonst von unserer Tochter als Seelentröster geknuddelt wurde.

18 Jahre ist das jetzt her. Aber vieles von damals ist bis heute gegenwärtig. Vor allem, wie leicht es die Mitschüler im Prager Gymnasium im Stadtteil Žižkov meiner Tochter machten, sich heimisch zu fühlen. Am ersten Tag musste sie auf Socken durch die Schule gehen – wir wussten nicht, dass tschechische Schüler prinzipiell Hausschuhe tragen. Der Unterricht selbst war für Irene, die bis zu ihrer Ankunft in Prag nahezu kein Wort Tschechisch sprach, am Anfang eine Qual, sieht man von den Deutsch-Stunden ab, in denen sie selbst sich aber zurücknahm. Sie hätte ihren tschechischen Deutsch-Lehrer, für den Deutsch eine Fremdsprache war, natürlich immer wieder korrigieren können. Aber instinktiv war ihr klar, dass es dann mit seiner Autorität vorbei gewesen wäre. Es dauerte etwa von September bis Weihnachten, ehe Irene dem Stoff auch in den anderen Fächern folgen konnte. »Als ich dann das

erste Mal allein mündlich an der Tafel geprüft wurde – ausgerechnet in Chemie, was ich nie mochte – und den Stoff ordentlich repetieren konnte, haben meine Mitschüler wie verrückt geklatscht. Das war wichtiger als die Eins, die ich bekam.«

Das Eingewöhnen wurde meiner Tochter auch dadurch erleichtert, dass sie die Mitschüler häufig nach der Schule mit in ihre Familien nahmen. »Das waren die allernettesten Menschen, die man sich vorstellen kann, unheimlich lieb und gastfreundlich. Am Anfang begegneten mir die Eltern und die Oma meiner besten Freundin Jana sehr respektvoll und zurückhaltend. Aber das hing einfach mit ihrer Angst zusammen, dass ich sie nicht gut verstehen würde. Das hat sich aber ganz schnell geändert. Ich habe meinerseits immer gestaunt, welche Autorität die Eltern und Erwachsene überhaupt bei meinen tschechischen Mitschülern genossen. Die Jungs hatten es in den Familien immer leichter als die Mädchen, wurden an der langen Leine geführt. Sie waren immer dafür zu haben, mir ihre Lieblingsecken von Prag zu zeigen. Wenn sie später als verabredet nach Hause kamen, gab es auch kein Theater. Lukáš Krejčí zum Beispiel hat mich mal in einen Altwarenladen hinter dem Altstädter Ring geschleift, wo er mich über Stunden für rostige Nägel und ähnliches zu begeistern versuchte. Als wir irgendwann auf die Uhr sahen, bemerkten wir, dass wir die Zeit völlig vergessen hatten. Lukáš, in der Annahme, dass ich zu Hause – wie jedes tschechische Mädchen in meinem Alter – Ärger bekommen könnte, hat mich dann bei meinen Eltern abgeliefert und sich formvollendet entschuldigt. Jana hätte sich eine solche Verspätung nicht erlauben dürfen. Und ihr wäre es auch nie eingefallen, gegen das strenge Regime zu rebellieren. Sie war wie die anderen Mitschülerinnen zu Hause immer auch ganz anders eingespannt. Vor allem, wenn es um die Versorgung der Familie ging. Knödel wurden hier selbst zubereitet, nicht etwa im Supermarkt gekauft. Zu Weihnachten gab es eine unglaubliche Vielfalt an Plätzchen – das Backen ist ein Hobby, dem man in jeder tschechischen Familie mit Inbrunst nachgeht. Wer weniger als 30 verschiedene Sorten bäckt, gilt als blutiger Anfänger, der noch eine Menge zu lernen hat.«

An Disco oder Ähnliches, was meiner Tochter damals äußerst erstrebenswert erschien, dachten ihre tschechischen Mitschüler nicht. Sie hörten zu Hause ihre Lieblingsbands von Platte und Tonband. »Alkohol spielt eigentlich keine Rolle. Auch nicht im Skilager im Riesengebirge, das zu meinen schönsten Erinnerungen zählt. Diese Exkursion war Bestandteil des regulären Sportunterrichts. Wir wurden eingeteilt in Anfänger und Fortgeschrittene, die Abende wurden aber immer zusammen verbracht. Wir haben uns mit ganz normalen Spielen vergnügt, Pantomime etwa, worüber meine deutschen Freunde nur die Nase gerümpft hätten. Man glaubt nicht, wieviel Spaß ganz einfache Dinge machen können, wenn die Truppe stimmt. Und die war wirklich absolut in Ordnung, hat in jeder Situation zusammengehalten, auch wenn es mal darum ging, kollektiv einen Tag zu schwänzen und gemeinsam Prag ›unsicher‹ zu machen.«

Viele Mitschüler Irenes fühlten sich ihrerseits auch bei uns wie zu Hause. Da wurde immer viel gelacht, vor allem in der Zeit, als es bei uns mit der Sprache noch tüchtig holperte. Eine von Irenes Freundinnen, die von unserem Kater sehr angetan war, erzählte, dass sie auch ein Haustier habe, und versuchte es uns pantomimisch zu beschreiben. Klar wurde nur, dass es ein Tier mit einer Art Höcker sein musste. Irenes Mutter tippte scherzhaft auf »Kamel«, worauf sich das Mädchen gar nicht wieder einkriegen konnte vor Lachen. Mit Hilfe des Wörterbuchs wurde das »Kamel« schließlich als Schildkröte enttarnt.

An der tschechischen Schule hat meine Tochter vor allem den Kunstunterricht regelrecht genossen. Die Erziehung auf diesem Gebiet ist in der Tat beispielhaft im Land. Heute profitieren von den damals erworbenen Fertigkeiten Irenes Töchter Helena und Lilian. (Helena gehört übrigens zu den verbreitetsten weiblichen Vornamen in Tschechien.)

Als »Heimat« würde meine Tochter Tschechien nicht bezeichnen, denn die Wurzeln liegen eben doch andernorts. Aber Prag und die Menschen, die sie dort lieb gewonnen hat, haben für immer einen Platz in ihrem Herzen, wie sie betont. Als sie nach einem Jahr zurück nach Berlin musste, weil sich unsere Hoffnung zerschlagen hatte, dass das Abitur des Prager Gymnasiums in Deutschland in absehbarer Zeit anerkannt würde, flossen wieder viele Tränen. Später wurden daraus Freudentränen, wenn sie wieder an die Moldau zu Besuch zurückkehrte.

Die herzliche Aufnahme im Land erleichterte uns allen die Eingewöhnungszeit. Für mich ist die Herzlichkeit der Tschechen dann auch mit ein Grund gewesen, den beruflichen Aufenthalt immer wieder zu verlängern. Mittlerweile steht fest, dass ich für immer in Tschechien bleiben werde. Dafür bin ich vielen Menschen – etwa Jana, Lukáš I, Lukáš II, Marie Novotná und ihrer Familie und ganz besonders meiner tschechischen Lebensgefährtin Libuše – sowie den vielen, die ungenannt bleiben müssen, außerordentlich dankbar. Ohne die tschechischen Freunde hätte ich nie diese Liebe zum Land entwickeln können, wäre vermutlich dieses Buch nicht entstanden.

Nachwort

Trauergäste aus Tschechien und Deutschland nahmen am 4. Juli 2008 in der überfüllten großen Trauerhalle des Krematoriums Prag-Strašnice Abschied von Lenka Reinerová. Die letzte deutsch schreibende Prager Autorin war Ende Juni im Alter von 92 Jahren gestorben. Kränze des deutschen Außenministeriums, der deutschen und der österreichischen Botschaft in Prag, des tschechischen Botschafters in Deutschland, des Goethe-Instituts und der Stadt Prag, deren Ehrenbürgerin Lenka Reinerová gewesen ist, bezeugten den großen Respekt, den die Grand Dame der deutsch-jüdisch-tschechischen Literatur über ihre Heimatstadt hinaus genoss. Respekt und Hochachtung wurde Reinerová auch in den Trauerreden zuteil.

Viera Glosíková vom Prager Literaturhaus deutschsprachiger Schriftsteller nahm Anleihe an Reinerovás Buch »Das Traumcafé einer Pragerin«. Reinerová sei jetzt ebenfalls dort eingezogen und treffe ihre Freunde und Weggefährten wie Kisch, Weißkopf, Haas, Goldstücker oder Anna Seghers. Auf deren Frage, was es denn Neues auf der Erde gebe, werde Reinerová unter anderem von ihrem einzigartigen Projekt erzählen können, besagtem Literaturhaus, dessen Anfänge sie noch erlebt und genossen habe.

Der frühere tschechische Botschafter in Deutschland, František Černý, würdigte das politische Engagement, das die Autorin immer geprägt habe. Unter Hinweis darauf, dass die ganze Familie Reinerovás von den Nazis umgebracht worden war, sagte Černý: »Sie hätte allen Grund gehabt, alles Deutsche zu meiden. Sie hat es nicht getan.« Eine Sprache sei doch unschuldig – das war immer ihr Argument. »Lenka Reinerová war vielleicht die wichtigste Botschafterin der deutsch-tschechischen Aussöhnung«, meinte Černý. Der frühere Diplomat verlas auch die ehrenden Worte, die Bundesaußenminister Frank-Walter Steinmeier zum Ableben Reinerovás gefunden hatte. Sie habe sich »ihr Leben lang uner-

Lenka Reinerová, 2006 in ihrer Wohnung.

müdlich für ein lebendiges deutschsprachiges Literaturleben in Prag eingesetzt«. Das Prager Literaturhaus sei ihr »Herzensprojekt« gewesen. »Ihr Tod ist uns Verpflichtung, es zum Erfolg zu führen.«

Reinerová war 1916 als Tochter einer Deutschböhmin und eines tschechischen Eisenwarenhändlers in Prag geboren worden. Als junge Frau musste sie vor den Nazis fliehen und überlebte den Zweiten Weltkrieg im mexikanischen Exil. Zurück in Prag wurde sie vom kommunistischen Regime mit Publikationsverbot belegt. Erst nach der Wende von 1989 konnte sie frei veröffentlichen und wurde bei Lesern in Deutschland und Tschechien beliebt.

Zu ihren Zeitgenossen und Freunden zählten im Vorkriegs-Prag Autoren wie Kisch, Brod und Werfel. Literarisch befasste sie sich mit Kafka. Auf dem jüdischen Friedhof in Prag, auf dem Kafka begraben liegt, fand auch Lenka Reinerová ihre letzte Ruhe. Besagtes Prager Literaturhaus lebt über den Tod seiner Initiatorin hinaus.

An das deutsch-tschechische Zusammenleben erinnern und ihm Perspektiven geben will auch eine Forschungsstätte zur Geschichte der Deutschen in den böhmischen Ländern, die seit 2004 in Ústí nad Labem, dem früheren Aussig, angesiedelt ist und unter anderem vom deutsch-tschechischen Zukunftsfonds unterstützt wird, der infolge der Deutsch-Tschechischen Deklaration von 1997 gegründet worden war. Das »Collegium Bohemicum« geht auf die Initiative einiger wissenschaftlicher Einrichtungen der Stadt Ústí zurück, die sich schon viele Jahre lang mit der bewegten Geschichte der Stadt und der Region Nordböhmens befassen. Die Forschung richtet sich nicht nur auf die Konflikte, auf Auseinandersetzungen und Gewalt in den deutsch-tschechischen Beziehungen. Das »Collegium Bohemicum« hat es sich zur Aufgabe gemacht, auch das Verbindende ausführlich zu untersuchen und auf verschiedenen Wegen der Öffentlichkeit zu vermitteln: mit Ausstellungen, Publikationen, Konferenzen, Vorlesungen und pädagogischen Programmen. Im Juni 2006 haben die Stadtverordneten der Gründung des »Collegium Bohemicum« als einer gemeinnützigen Gesellschaft zugestimmt, die von der Stadt, der ortsansässigen Universität und der Gesellschaft für die Geschichte der Böhmen getragen wird. Petr Pithart, derzeit stellvertretender Senatspräsident in Prag, zeigte sich von Beginn an begeistert von der Idee, die ohne Drängen aus Deutschland ganz llein in Tschechien heranwuchs. »Die Stadt und die Region Ústí ist durch gemeinsames Streben von Tschechen und Deutschen entstanden. Und es ist gut, dass wir uns endlich auch mit den positiven Seiten unseres Zusammenlebens beschäftigen. Das ist das Neue. Wir beginnen, die Geschichte der Deutschen mit unseren Worten zu erzählen.« Das »Collegium Bohemicum« hat inzwischen auch die Ausschreibung für das vom tschechischen Premier Jiří Paroubek angedachte Projekt gewonnen, das die Schicksale der Deutschen respektive der Sudetendeutschen dokumentieren soll, die aktive Gegner des Nationalsozialismus gewesen waren, nach dem Ende des Zweiten Weltkrieges aber wie Feinde behandelt worden sind.

Manch Unbedarfter mag beckmessern, dass es sechzig Jahre gebraucht hat, bis sich eine solche Initiative in Tschechien zusammengefunden hat. Doch das wäre ungerecht. Ex-Präsident Václav Havel hat in einem Grußwort an eine in Ústí 2004 veranstaltete Konferenz zum deutsch-tschechischen Verhältnis die Gründe dafür noch einmal benannt: »Die sehr erregte und dramatische und sowohl mit gerechtem Zorn als auch mit Hass erfüllte Atmosphäre, die von ungerechter und unentschuldbarer

Rachsucht begleitet worden war, die in vielerlei Hinsicht aus dem Gefühl des schlechten Gewissens entsprang, hatte hier bei uns keine Zeit und Möglichkeit, in eine sachliche und freie Debatte überzugehen, wie es in westlichen Demokratien geschah. Jahrzehntelang war es nicht möglich, unsere Gegenwartsgeschichte und speziell unsere Beziehungen mit Deutschland frei zu untersuchen, zu analysieren und zu bewerten. Wenn es trotzdem geschah, dann nur in den Oasen des freien Denkens, die von den unabhängigen Initiativen mit der Charta 77 an der Spitze gebildet wurden.« Und Václav Klaus, der heutige Präsident, erinnerte in einem Vortrag auf erwähnter Konferenz daran, dass zwar »viele Kriege, Zwiste und Zusammenstöße über die Grenzen gebrodelt sind; die tiefsten Spuren von deutscher Seite in unserem Lande stammen aber von jenen, die in Frieden kamen. (...) Heute bleibt es unsere Aufgabe, die in jenen schlimmen Augenblicken des 20. Jahrhunderts entstandenen Vorurteile aus unseren gegenseitigen Beziehungen zu entfernen. (...) Ich würde mir sehr wünschen, in unserer Stellung zur Vergangenheit Demut zu finden, ebenso wie die Fähigkeit, das Gefühl einer abstrakten Schuld zu akzeptieren und daraus einen einfachen und allen verständlichen moralischen Imperativ abzuleiten: niemals die Wiederholung der Tragödien der Vergangenheit zuzulassen. Ich rufe deshalb zur Versöhnung mit der Vergangenheit auf. Nur sie schafft die Voraussetzung für gute nachbarschaftliche Beziehungen, die wir so sehr brauchen.«

Vom Balkon meiner letzten Prager Wohnung ging mein Blick direkt hinüber zu einer frisch renovierten Ziegelmauer. Hinter der verbirgt sich ein Stück deutsch-tschechischer Vergangenheit: unter hohen Linden, Kastanien und Platanen ruhen hier die toten deutschen Prager evangelischen Glaubens. Bis 1945 wurden sie an diesem Ort bestattet. Seither verwildert der Friedhof. Aus dem teils dichten Gestrüpp, das über den alten Gräbern wuchert, weckten mich morgens Heerscharen von Amseln. Ihr Gesang nahm etwas von der Melancholie, die dieser Ort verströmt. Einen Steinwurf weiter nur, in einer schicken Pizzeria, wie es sie in Prag zu Dutzenden gibt, drängten sich um die Mittagszeit vorwiegend junge Leute, die in der Zentrale eines Mobiltelefon-Anbieters oder in der tschechischen Dependance einer deutschen Bausparkasse arbeiten. Junge Tschechen, die vielleicht wissen, was sich hinter den Friedhofsmauern verbirgt, die sich aber mit dieser Geschichte nicht belasten. Sie sind auf dem Weg, Europäer zu werden, und dabei schon ein beachtliches Stück vorangekommen. Sie plaudern über ihre Träume, ihren Glücksanspruch. Und ihre Träume, das kann man bei einem gemeinsamen kühlen Bier sehr schnell feststellen, unterscheiden sich nicht von denen ihrer Altersgenossen in Deutschland oder anderswo in Europa.

Anhang

Anmerkungen

1 Jiří Gruša: Gebrauchsanweisung für Tschechien und Prag, Piper Verlag München 1999, S.15 f.
2 Egon Erwin Kisch: Marktplatz der Sensationen/Entdeckungen in Mexiko, Aufbau-Verlag Berlin und Weimar 1979, S. 82 ff.
3 František Palacký: Déjiny národu českěho v Čechách a v Morave (Geschichte der tschechischen Nation in Böhmen und Mähren), 6 Bände, Neuauflage, Praha 1939, 1. Band, S. 62
4 Niklas Perzi: Die Beneš-Dekrete – Eine europäische Tragödie, NP Buchverlag St. Pölten/Wien/Linz 2003, S. 36
5 Ebenda, S. 87
6 Ebenda, S. 139
7 Tomáš Krystlík: Jak začala okupace, Mladá fronta Dnes, 16.3.2006
8 Milena Jesenská: Prag, am Morgen des 15. März 1939. In: Prag erzählt, Fischer Taschenbuch Verlag, Frankfurt am Main 1994, Seite 101 ff.
9 Niklas Perzi: Die Beneš-Dekrete – Eine europäische Tragödie, NP Buchverlag St. Pölten/Wien/Linz 2003, S.16
10 Zitiert nach Karl-Peter Schwarz: Tschechen und Slowaken. Der lange Weg zur friedlichen Trennung, Europaverlag Wien/Zürich 1993, S. 169 ff.
11 Mario Frank: Walter Ulbricht – eine deutsche Biografie, Siedler Verlag Berlin 2001, S. 339 ff.
12 Ebenda
13 Zdeněk Mlynář: Nachtfrost. Das Ende des Prager Frühlings, Athenäum-Verlag, Frankfurt am Main 1988, S. 229
14 Václav Havel: Versuch, in der Wahrheit zu leben, Rowohlt Taschenbuch Verlag, Reinbek bei Hamburg 1989, S. 14 ff.
15 Ebenda
16 Harald Salfellner, Werner Wnendt: Das Palais Lobkovicz in Prag. Ein Ort deutscher Geschichte, Vitalis-Verlag Praha 1999, S. 36
17 Václav Havel: Angst vor der Freiheit, Rowohlt Taschenbuch Verlag, Reinbek bei Hamburg 1991, S. 178
18 Jiří Dienstbier: Träumen von Europa, Rowohlt-Berlin Verlag, Berlin 1991, S. 74
19 Václav Havel: Prosím stručně, Gallery-Verlag Praha 2006, S. 79 f.

20 Václav Havel: Sommermeditationen, Rowohlt-Berlin Verlag, Berlin 1992, S. 19 f.
21 Tschechisch-deutsche Beziehungen nach dem EU-Beitritt. Factum Invenio/Soziologisches Institut der Akademie der Wissenschaften, Abteilung Tschechisches Grenzland. Praha/Ústí nad Labem 2005, nachzulesen unter www.borderland.cz
22 Ebenda.
23 Ebenda.
24 Václav Klaus: Soziale Marktwirtschaft oder neue Versuche um die Quadratur des Kreises. In: Signale aus dem Herzen Europas. Gabler (Gennex), Wiesbaden (Praha) 1991, S. 56 ff.
25 Ebenda.
26 Ebenda.
27 Czech Radio 7, Radio Prague, 28.1.2006
28 Zitiert nach Fritz Böhm: 6 mal Prag, München 1988
29 Eva Tenzer: Befreiende Bilder, verbotener Lauf. Die tschechoslowakische »Neue Welle« im Film. In: Kommune 8/1998
30 R. H. Bruce Lockhart: Als Diplomat, Bankmann und Journalist im Nachkriegseuropa, Deutsche Verlagsanstalt Stuttgart, Berlin 1935, S. 76 ff.

Zitate, die nicht speziell ausgewiesen sind, entstammen Interviews des Autors.

Bildnachweis

Björn Steinz, Prag: S. 24 f., 28 f., 48, 50, 93, 105, 117, 125, 142, 149, 157 f., 165, 175, 181, 183, 186, 207, 211, 221, 233, 237
Archiv des Verlages: S. 21, 33, 47, 55, 58, 62, 67, 75, 77, 83, 89, 111, 145, 203
Bundesbildstelle, Bonn: S. 103
CTK, Prag: S. 131
Forschungsstelle Osteuropa, Bremen: S. 99
Sylvia-Marita Plath, Leipzig: S. 91
Kartendienst Linke, Leipzig: S. 8, 60

Literaturverzeichnis

Klaus ARNOLD/Christoph CLASSEN (Hg.): *Zwischen Pop und Propaganda – Radio in der DDR,* Berlin 2004
Timothy Garton ASH: *Ein Jahrhundert wird abgewählt,* München – Wien 1990
Miroslav BECK/Jiří VESELÝ: *Exil und Asyl – Antifaschistische deutsche Literatur in der Tschechoslowakei 1933–1938,* Berlin 1981
Zdeněk BENEŠ u.a.: *Rozumět Dějinam – Vývoj česko-německých vztahu na našem území v letech 1848–1948,* Prag 2002
Beppo BEYERL: *Die Beneš-Dekrete,* Wien 2002
Hartmut BINDER: *Wo Kafka und seine Freunde zu Gast waren,* Prag – Furth im Wald 2000
Dieter BLUMENWITZ: *Der Prager Vertrag,* Bonn 1985
Fritz BÖHM: *6 mal Prag,* München 1988
Oskar BÖSE/Rolf-Josef EIBICHT (Hg.): *Die Sudetendeutschen,* München 1989
Detlef BRANDES: *Der Weg zur Vertreibung 1938 – 1945,* München 2001
Bruno BRANDL (Hg.): *Liebe zu Böhmen – ein Land im Spiegel deutschsprachiger Dichtung,* Berlin 1990
Jiří BURGERSTEIN: *Tschechien,* München 1998
Peter ČORNEJ: *Alles Wesentliche aus der Geschichte Böhmens,* Prag 1992
Peter DEMETZ: *Prag in Schwarz und Gold,* München 2000
Jiří DIENSTBIER: *Träumen von Europa,* Berlin 1991
Alexander DUBČEK: *Leben für die Freiheit,* München 1993
Felix ERMACORA: *Die sudetendeutschen Fragen,* München 1992
Ota FILIP: *Mein Prag,* Dortmund 1992
Karlheinz FILIPP: *Misericordia Bohemiae,* Dresden 2003
Mario FRANK: *Walter Ulbricht – Eine deutsche Biografie,* Berlin 2001
Peter GLOTZ: *Die Vertreibung – Böhmen als Lehrstück,* München 2003
Jiří GRUŠA: *Gebrauchsanweisung für Tschechien und Prag,* München 1999
Heidrun HAMERSKY (Hg.): *Gegenansichten. Fotografien zur politischen und kulturellen Opposition in Osteuropa 1956–1989,* Berlin 2005
Václav HAVEL: *Am Anfang war das Wort,* Reinbek bei Hamburg 1990
Václav HAVEL: *Angst vor der Freiheit,* Reinbek bei Hamburg 1991
Václav HAVEL: *Fernverhör – Ein Gespräch mit Karel Hvížďala,* Reinbek bei Hamburg 1987
Václav HAVEL: *Versuch, in der Wahrheit zu leben,* Reinbek 1989
Rudolf HEMMERLE: *Sudetenland,* Würzburg 1993
Christine HESSE u.a.: *Informationen zur politischen Bildung – Tschechien*
Stefan HEYM: *Nachruf,* Frankfurt/Main 1990
Georg Hermann HODOS: *Schauprozesse – Stalinistische Säuberungen in Osteuropa 1948–54,* Frankfurt/Main – New York 1988

Karel HVÍŽD'ALA: *Moc a nemoc médii*, Prag 2003
Miloš JAKEŠ: *Dva Roky Generálním Tajemníkem*, Prag 1996
Karel JECH (Hg.): *Němci a Mad'ari v dekretech Prezidenta Republiky*, Brno 2003
Egon Erwin KISCH: *Marktplatz der Sensationen / Entdeckungen in Mexiko*, Berlin – Weimar 1979
Václav KLAUS: *Evropa Václava Klause*, Prag 2001, 2004
Václav KLAUS: *Signale aus dem Herzen Europas*, Wiesbaden – Prag 1991
Daniel KRAFT u.a.: *Kde domov můj... – Wo ist meine Heimat ...*, Dresden 1999
Václav KRÁL: *Die Deutschen in der Tschechoslowakei 1933–1947*, Dokumentensammlung, Prag 1964
Eda KRISEOVÁ: *Václav Havel – Dichter und Präsident*, Berlin 1991
R. H. Bruce LOCKHART: *Als Diplomat, Bankmannn und Journalist im Nachkriegseuropa*, Stuttgart 1935
Josef MACEK: *Die hussitische revolutionäre Bewegung*, Berlin 1958
T. G. MASARYK: *Die Weltrevolution – Erinnerungen und Betrachtungen*, Berlin 1927
Zdeněk MLYNÁŘ: *Nachtfrost – Das Ende des Prager Frühlings*, Frankfurt/Main 1988
František PALACKÝ: *Dějiny národu českého v Čechách a v Moravé*, Prag 1939
Jan PATOČKA: *Co jsou Češi?*, Prag 1992
Niklas PERZI: *Die Beneš-Dekrete – Eine europäische Tragödie*, St. Pölten – Wien – Linz 2003
Petr PITHART / Jaroslav VALENTA / Jan VÍT: *Listopad '89*, Prag 1990
Sibylle PLOGSTEDT: *Im Netz der Gedichte. Gefangen in Prag 1968*, Berlin 2001
Otfrid PUSTEJOVSKY: *Die Konferenz von Potsdam*, München 2001
Ludmila RAKUŠAN: *Václav und Dagmar Havel – eine Prager Geschichte*, München 1999
Ctibor RYBÁR: *Das jüdische Prag*, Prag 1991
Jan RYCHLÍK: *Rozpad Československa*, Bratislava 2002
Peter SACHER: *Prag erzählt*, Frankfurt / Main 1994
Inge SANTNER und AUGUSTIN: *Prag für Anfänger*, Zürich 1969
Karl-Peter SCHWARZ: *Tschechen und Slowaken – Der lange Weg zur friedlichen Trennung*, Wien – Zürich 1993
Ferdinand SEIBT: *Deutschland und die Tschechen*, München 1993
Michael SIMMONS: *Václav Havel – Staatsmann mit Idealen*, Zürich 1992
Walter SPERLING: *Tschechoslowakei*, Stuttgart 1981
Tomáš STANĚK: *Verfolgung 1945*, Wien – Köln – Weimar 2002
Ota ŠIK: *Prager Frühlings-Erwachen*, Herford 1988
Milan ŠIMEČKA: *Das Ende der Unbeweglichkeit*, Frankfurt/Main 1992
Richard ŠKVAŘIL / Jiří MATĚJKA: *Době navzdory*, Prag 1990
Herbert WERNER/Jaroslav ŠABATA: *Deutsche und Tschechen – neue Hoffnung? / Češi a Němci – nová naděje?*, Prag 1992

Kontaktadressen

Botschaften

Tschechische Botschaft in Deutschland
Wilhelmstraße 44
10117 Berlin
Telefon: 030-22 63 80
E-Mail: berlin@embassy.mzv.cz
www.mzv.cz/berlin

Generalkonsulat Bonn
Ferdinandstraße 27
53127 Bonn
Telefon: 0228-919 70
E-Mail: bonn/embassy.mzv.cz
www.mzv.cz/bonn

Generalkonsulat Dresden
Erna-Berger-Straße 1
01097 Dresden
Telefon: 0351-65 56 70
E-Mail: dresden@embassy.mzv.cz
www.mzv.cz/dresden

Generalkonsulat München
Libellenstraße 1
80939 München
Telefon: 089-95 83 72 32
E-Mail: munich@embassy.mzv.cz
www.mzv.cz/munich

Deutsche Botschaft Prag
Vlašská 19, P. o. Box 88
118 01 Praha 1 – Malá Strana
Telefon: (+420) 257 11 31 11
E-Mail: zreg@prag.auswaertiges.amt.de
www.deutsche-botschaft.cz/de/home

Politik

Tschechische Regierung
Úřad vlády CR
Nabřeží Edvarda Beneše 4
118 01 Praha 1 – Malá Strana
Telefon: (+420) 224 00 21 11
www.vlada.cz

Präsident
Kancelář prezidenta republiky
Pražský Hrad
119 08 Praha 1
Telefon: (+420) 224 37 11 11
E-Mail: posta@hrad.cz
www.hrad.cz

Parlament – Abgeordnetenhaus
Poslanecká sněmovna Parlamentu ČR
Sněmovní 4
118 26 Praha 1
Telefon: (+420) 251 17 11 11
E-Mail: posta@psp.cz
www.psp.cz

Parlament – Senat
Senát Parlamentu ČR
Valdstějnské nám. 17/4
118 01 Praha 1
Telefon: (+420) 257 07 11 11
E-Mail: posta@senat.cz
www.senat.cz

Tageszeitungen

Mladá fronta Dnes
Anděl Media Centrum, P. o. Box 43
Karla Engliše 519/11
150 00 Praha 5 – Smíchov
Telefon: (+420) 225 06 11 11
E-Mail: mfdnes@mfdnes.cz
www.mfdnes.cz

Lidové noviny
Anděl Media Centrum
Karla Engliše 519/11
150 00 Praha 5 – Smíchov
Telefon: (+420) 225 06 71 11
E-Mail: dopisy@lidovky.cz
www.lidovky.cz

Hospodářské noviny
Dobrovského 25
170 55 Praha 7
Telefon: (+420) 233 07 11 11
E-Mail: hn@economia.cz
www.ihned.cz

Právo
Slezká 2127/13
121 50 Praha 2
Telefon: (+420) 221 00 11 11
E-Mail: redakce@pravo.cz
www.pravo.cz

Deutsche Wochenzeitung

Prager Zeitung
Orlická 9
130 00 Praha 3
Telefon: (+420) 222 25 01 25
E-Mail: info@pragerzeitung.cz
www.pragerzeitung.cz

Deutsche Redaktion Radio Prag

Radio Prag
Vinohradská 12
120 99 Praha 2
Telefon: (+420) 221 55 29 40
E-Mail: cr@radio.cz
www.radio.cz

Portal Tschechien Online

Deutschsprachige Informationen
über Tschechien
www.tschechien-online.org

Deutsche Stiftungen

Konrad-Adenauer-Stiftung
Uruguayaská 17
120 00 Praha 2
Telefon: (+420) 222 32 01 90
E-Mail: kasprag@kasprag.cz
www.kas.de

Heinrich-Böll-Stiftung
Spálená 23
110 00 Praha 1
Telefon: (+420) 251 81 41 73
E-Mail: info@boell.cz
www.boell.de

Friedrich-Ebert-Stiftung
Lazarská 6
120 00 Praha 2
Telefon: (+420) 224 94 70 76
E-Mail: fes@fesprag.cz
www.fesprag.cz

Friedrich-Naumann-Stiftung
Na Šafránce 43
100 00 Praha 10
Telefon: (+420) 267 31 22 27
E-Mail: borek.severa@fnst.org
www.finst.de

Hanns-Seidel-Stiftung
Václavské nám. 55
110 00 Praha 1
Telefon: (+420) 221 42 56 40
E-Mail: hss@mbox.vol.cz
www.hss.de

Nichtstaatliche Organisationen mit deutsch-tschechischem Bezug

Deutsch-Tschechischer Zukunftsfonds (Česko-německý Fond budoucnosti)
Na Kazance 634/7
171 00 Praha 7 – Troja
Telefon: (+420) 283 85 05-12, -13, -14
E-Mail: info@fbcz
www.zukunftsfonds.cz

Deutsch-Tschechische Gesellschaft
Karl-Hermann-Flach-Str. 36
61440 Oberursel/Ts.
Telefon: 06171-886 80
E-Mail: info@dtg-ncs.com
www.dtg-ncs.com

Brücke/Most-Stiftung
Reinhold-Becker-Straße 5
01277 Dresden
Telefon: 0351-43 31 4-0
E-Mail: info@bruecke-most.de
www.bruecke-most-stiftung.de

TANDEM – Deutsch-tschechischer Jugendaustausch
Koordinierungsstelle Deutschland
Maximilianstr. 7
93047 Regensburg
Telefon: 0941-58 55 70
E-Mail: tandem@tandem-org.de
www. tandem-org.de

TANDEM – Koordinierungsstelle Tschechien
Sedláčkova 31
306 14 Plzeň
Telefon: (+420) 377 63 47 55
E-Mail: tandem@tandem.adam.cz
www.tandem.adam.cz

Wissenschaftliche Einrichtungen

Collegium Carolinum – Forschungsstelle der böhmischen Länder
Hochstr. 8
81669 München
Telefon: 089-55 26 06-0
www.collegium-carolinum.de

Institut für internationale Beziehungen Prag
Nerudová 3
118 01 Praha 1
Telefon: (+420) 251 10 81 11
www.iir.cz

Karls-Universität Prag
Ovocný trh 5
116 36 Praha 1
Telefon: (+420) 224 49 12 00
www.cuni.cz

Euroregionen im Grenzgebiet

Euroregion Neisse-Nisa-Nysa
Tr. 1 máje 858/26
460 01 Liberec 3
Telefon: (+420) 485 34 09 91
E-Mail: j.zamecnik@ern.cz
www.neisse-nisa-nysa.org

Euroregion Elbe/Labe
Velká Hradební 8
400 01 Ústí nad Labem
Telefon: (+420) 47 52 72 43 78
www.euroregion-elbe-labe.de

Euroregion Erzgebirge/Krušnohoří
Topolová 1278 (Divadlo Rozmanitostí)
434 01 Most
Telefon: (+420) 476 706 128
http://euroregion-erzgebirge.de

Euroregion Egrensis
Nám. Jiřího z Poděbrad 33
350 02 Cheb
Telefon: (+420) 353 50 25 63
www.euregioegrensis.org

Euroregion Bayerischer Wald/Böhmerwald/Šumava/Mühlviertel
Nám. Míru 63/I
339 01 Klatovy
Telefon: (+420) 376 39 94 72
E-Mail: info@euregio.cz
www.euregion.cz

Sudetendeutsche Vereinigungen

Ackermann-Gemeinde
Heßstraße 24
80799 München
Telefon: 089-27 29 42-0
www.ackermann-gemeinde.de

Adalbert Stifter Verein
Hochstraße 8
81669 München
Telefon: 089-448 98 07
E-Mail:
asv.kulturinstitut@t-online.de
www.asv-muen.de
Sudetendeutsche Landsmannschaft
Hochstraße 8
81669 München
Telefon: 089-48 00 03 41
www.sudeten.de

Sudetendeutsche Landsmannschaft
Prager Büro
P.o. Box 47
Pošta 011
11801 Prag 2
Telefon: (+420) 257 53 55 04
E-Mail: sks-praha@cmail.cz

Wirtschaftskontakte

Deutsch-Tschechische Industrie- und Handelskammer
Václavské nám. 40
110 00 Praha 1
Telefon: (+420) 224 22 12 00
E-Mail: info@dtihk.cz
www.dtihk.cz